Fazendo as Pazes com Deus

Harold Bloomfield, M.D.
Philip Goldberg, Ph.D.

Fazendo as Pazes com Deus

UM GUIA PRÁTICO

Tradução:
NEWTON ROBERVAL EICHEMBERG

EDITORA PENSAMENTO
São Paulo

Título original: *Making Peace with God.*

Excetuando-se as experiências pessoais dos autores, todos os casos e personagens neste livro são fruto de conhecimento e de trabalho clínico. Nomes e detalhes foram trocados a fim de proteger a privacidade e confidencialidade. Este livro não se destina a ser um substituto para os conselhos de um conselheiro treinado, de um terapeuta ou de outros profissionais da saúde mental. Se você está fazendo aconselhamento ou terapia, consulte o seu provedor de saúde mental antes de alterar ou de interromper o seu regime terapêutico.

Todos os esforços foram feitos para assegurar que a informação contida neste livro seja acurada e completa. Entretanto, nem o editor nem os autores estão empenhados em dar conselhos profissionais ou prestar serviço ao leitor individualmente. As idéias, procedimentos e sugestões contidas neste livro não servem como substituto para a consulta a um terapeuta licenciado. Todos os assuntos relativos à sua saúde exigem supervisão médica. Nem os autores nem o editor serão responsáveis por qualquer perda ou dano presumivelmente causados por qualquer informação ou sugestão deste livro.

Dados Internacionais de Catalogação na Publicação (CIP)
(Câmara Brasileira do Livro, SP, Brasil)

Bloomfield, Harold H., 1944-
Fazendo as pazes com Deus : um guia prático / Harold H. Bloomfield, Philip Goldberg ; tradução Newton Roberval Eichemberg. — São Paulo : Pensamento, 2004.

Título original: Making peace with God
Bibliografia.
ISBN 85-315-1375-8

1. Espiritualidade 2. Religião I. Goldberg, Philip, 1944-. II. Título.

04-7125 CDD-291.4

Índices para catálogo sistemático:

1. Espiritualidade : Religião 291.4

O primeiro número à esquerda indica a edição, ou reedição, desta obra. A primeira dezena à direita indica o ano em que esta edição, ou reedição, foi publicada.

Edição	Ano
1-2-3-4-5-6-7-8-9-10-11	04-05-06-07-08-09-10-11

Direitos de tradução para o Brasil
adquiridos com exclusividade pela
EDITORA PENSAMENTO-CULTRIX LTDA.
Rua Dr. Mário Vicente, 368 — 04270-000 — São Paulo, SP
Fone: 6166-9000 — Fax: 6166-9008
E-mail: pensamento@cultrix.com.br
http://www.pensamento-cultrix.com.br
que se reserva a propriedade literária desta tradução.

Impresso em nossas oficinas gráficas.

A todos os que anseiam
pela paz de Deus

Sumário

Fazendo as Pazes com Deus

1.
POR QUE DEUS?

Um Pedaço de Deus Ansiando pela Paz de Deus*

Vós, ó Deus, nos fizestes para vós,
E o nosso coração está inquieto enquanto não repousar em vós.

SANTO AGOSTINHO

O que é normalmente uma planície estéril de solo arenoso torna-se, da noite para o dia, um imenso mar de pessoas e tendas. Contra o empoeirado pano de fundo, os saris vermelhos, verdes e dourados das mulheres e os mantos alaranjados dos monges salientam-se como pinceladas sobre o pergaminho, e as cores vibrantes são realçadas pelo branco salpicar dos sorrisos — mais sorrisos do que se esperaria ver em multidões amontoadas em extremo desconforto. Muitos viajaram centenas de quilômetros até chegar ali, espremidos como sardinha em lata em sufocantes vagões de trens, ônibus raquíticos e picapes que gemiam pendendo a cada curva e sacudindo a espinha dos passageiros a cada solavanco. Muitos estão dormindo no chão frio e irregular, enrolados em xales esfarrapados, tentando cozinhar e permanecer aquecidos com fogueiras improvisadas, bebendo e comendo o que eles conseguiram levar consigo ou o que eles podem comprar por algumas rupias no próprio local, e depositando, sem se envergonhar, resíduos humanos onde quer que eles possam deixá-los. Mesmo os afortunados que se alojam em tendas de estilo dormitório, e os mais ricos, que se hospedam em hotéis com ar condicionado, têm de tolerar situações que, em circunstâncias normais, seriam consideradas insuportáveis. Aqui, essas situações não parecem mais aborrecidas do que uma longa fila luminosa de tráfego congestionado.

* No original, um trocadilho com as palavras *piece* e *peace* (N.T.)

É a maior reunião espiritual já empreendida. De acordo com algumas estimativas, 70 milhões de peregrinos passariam por Allahabad, uma cidade de tamanho médio no norte da Índia, durante a festa espiritual com um mês de duração — em sua maioria hinduístas vindos de todas as partes do enorme subcontinente, mas também cristãos, judeus, muçulmanos, budistas, jainistas e outros, provenientes de mais de cinqüenta países. Monumentais multidões congregam-se em Allahabad a cada doze anos para o Kumbha Mela, e no ano de 2001, a reunião é especial, pois o *Maha* (grande) Kumbha Mela é comemorado apenas uma vez a cada 144 anos. Nos dias mais auspiciosos, cerca de 20 milhões de pessoas se acumularam no local, número quarenta vezes maior que o das pessoas que estiveram em Woodstock.

Com exceção dos jornalistas, dos organizadores e dos que estavam à procura de curiosidades, a multidão congregou-se com um único propósito: purificar sua alma e se ligar com o Divino. Eles entoam cânticos, rezam, meditam, fazem oferendas e desfrutam da cálida presença de swamis, iogues e homens santos, muitos dos quais deixam suas cavernas e mosteiros apenas nessas ocasiões raras. Para a maioria, o motivo central da peregrinação consiste em se banhar da maneira prescrita na confluência de três rios sagrados: a mãe Ganges, parda e lenta nessa altura do seu fluxo serpenteante; o verde e rápido Yamuna; e o Saraswati invisível, que se diz fluir sob a terra. Apenas a intenção sagrada e a atividade de devoção dos participantes podem explicar uma das mais notáveis características dessa notável reunião: a serenidade que permeia o caos.

O Mela está longe de ser tranqüilo; não há como escapar da barragem dos avisos ensurdecedores, dos discursos fervorosos e dos cantos apaixonados que, em alto volume, clangoram dos minúsculos alto-falantes. Também não é bucólico; é um incessante tumulto de movimentos, e a poeira produzida por milhões de pés e também a fumaça que se desprende de fogueiras acesas para se obter aquecimento e preparar alimentos e rituais ardem nos olhos e sufocam os pulmões. Quanto à solidão, dificilmente pode-se encontrar refúgio em meio à multidão aglomerada. No auge da hora do banho, quando os fiéis se despem, entram na água sagrada, saem novamente do rio, escalando-o até a margem, e trocam de roupa, você está acotovelando-se com um rebanho humano, em meio ao qual não é nada fácil abrir caminho se você precisa ir ao banheiro ou sente claustrofobia. Ao cruzar o Ganges sobre uma ponte para pedestres, você precisa andar com passos muito curtos, pois se caminhasse com os passos largos de uma marcha normal você pisaria nos calcanhares de alguém, e você mantém os seus braços fechados junto ao corpo porque até mesmo o menor balanço natural atiraria sua mão nos quadris de um estranho.

E, no entanto, tudo é tranqüilo. Você não se sente ameaçado, você não se sente apreensivo, você não se preocupa achando que a frustração de alguém extravasará ou que algum bêbado ou drogado perderá o controle. Ninguém é rude, ninguém usa os cotovelos para se avantajar, ninguém critica ou pragueja ou se queixa. Até mesmo os mendigos e os mascates são polidos. Os rostos não registram tédio nem impaciência, mas, em vez disso, calma e bem-estar e, muitas vezes, alegria. A santidade é uma presença sutil, mas palpável; às vezes, ela penetra tão profundamente que você se sente abençoado por uma graça inefável. À sua própria maneira, cada alma nessa multidão colossal está *fazendo as pazes com Deus.*

Um Anseio Ardente em nossa Alma

Ansiando por Deus em cada pensamento, dirigindo cada alento para o Uno, não pretendendo mal algum, isso é prece.

BAWA MUHAIYADDEEN

É isso o que todos nós estamos fazendo, quer o saibamos ou não, cada um à sua própria maneira. Nós somos *todos* pedaços de Deus ansiando pela paz de Deus. Nós não estamos apenas à procura de uma serenidade momentânea, ou de um êxtase passageiro, ou da ausência de tensão e de ansiedade. Nós não queremos apenas que tudo esteja bem no nosso relacionamento com o Todo-Poderoso e seguir em frente num estado de coexistência pacífica. Isso pode ser um começo, mas aquilo por que nós realmente ansiamos é conhecer Deus intimamente, sentir Deus vividamente e, indo até mesmo além disto, dissolver a ilusão da separação do Divino e experimentar o que a Bíblia chama de paz que transmite o entendimento.

Como gotas de chuva ansiando por retornar ao oceano, como crianças muito novas e confusas implorando pela bem-aventurança original, que deixamos para trás no útero materno, ansiamos por nos unir com a Fonte da qual nascemos e nos tornar unos com tudo o que existe. Esta é a meta suprema de todo desejo humano e o motor que aciona a busca espiritual. É um anseio que abre um atalho através do tempo e da tradição. "Da bem-aventurança nós viemos, na bem-aventurança nós vivemos e nela o nosso ser se mantém, e nessa sagrada bem-aventurança nós um dia nos fundiremos novamente", declaram os Upanishades da Índia antiga. "Conhecer a doçura do Infinito dentro de nós", escreveu um místico cristão do século quinze, Nicolau de Cusa, "é a causa, a razão, o propósito, o *único* objetivo do nosso ser." O rabino contemporâneo Michael Lerner assim se expressa: "No coração, o nosso desejo mais profundo é realizar a nossa unicidade com essa energia, com essa realidade transcendental que está dentro de nós, no centro do nosso ser, e por toda a nossa volta, saturando cada parte desse universo sagrado."

O anseio por união equivale, no nível da alma, à obrigação genética de procriar, um componente essencial do nosso projeto humano. O instinto poderia ser expresso consciente ou inconscientemente, explícita ou implicitamente, com paixão febril ou controlada cautela; ele pode levar ao prazer e à virtude, ou ser maldirecionado por caminhos que causam dor e injúrias. Mas sempre está presente, sempre nos impelindo para diante, para experimentarmos mais, conhecermos mais, sentirmos mais, amarmos mais, sermos mais.

Isso vale não apenas para os reverentes hinduístas em Kumbha Mela ou para os templos sagrados de Varanasi, e não apenas para os milhões de muçulmanos que fazem a peregrinação a Meca para o hajj anual, ou para os católicos que se reúnem na Praça de São Pedro no Domingo de Páscoa, ou para os judeus devotos que viajam para Jerusalém para rezar junto ao Muro das Lamentações. Não apenas para os seus irmãos que permanecem em casa e ocupam as igrejas, templos e mesquitas nas ocasiões prescritas. Não apenas para os fiéis cotidianos — os muçulmanos que interrompem o que estão fazendo cinco vezes por dia a fim de se prostrarem sobre tapetes de prece; ou para os cristãos que começam e terminam o seu dia com uma oração e que também oram antes das refeições; ou para os judeus que acendem velas para dar boas-vindas ao sabá ou que beijam o mezuzah quando entram em sua casa ou quando a deixam; ou para os hinduístas que oferecem frutas e flores a ídolos em altares feitos em casa; ou para os budistas que meditam em silêncio e entoam bênçãos destinadas a aliviar todos os seres que estão sofrendo. E não apenas para os nativos norte-americanos, que dançam e cantam em louvor da Mãe Terra, do Pai Céu ou do Grande Espírito; ou para os povos tribais da África, que tocam tambores, entoam cantos e invocam fervorosamente Amma ou Chukwu ou divindades de outros nomes; ou para os pentecostalistas, que falam em línguas; ou para os hassídicos, que dançam em celebração do Todo-Poderoso; ou para os sufis, que rodopiam em êxtase e recitam os noventa e nove nomes de Deus. Não apenas para os New Agers que repetem afirmações ou visualizam os seus Eus Superiores, e não apenas para os adeptos dos 12 Passos, que se dedicam a meditar sobre um poder superior.

E, quanto a isso, não apenas para aquele que é declaradamente religioso e espiritual, mas também para aqueles que são ardentemente seculares ou céticos agnósticos e, sim, até mesmo para os ateus convictos, pois eles também mantêm um relacionamento com tudo o que concebem como o Todo universal. Alguns podem se encolher e tremer ao ouvir a palavra Deus. Eles podem preferir palavras como natureza ou evolução. Eles poderiam pensar a seu próprio respeito como entidades biológicas numa vasta teia ecológica da vida, ou construir suas filosofias em torno do conhecimento científico mais atual, mas ainda assim a sua paz interior dependeria, em grande parte, de entrar em acordo com tudo o que eles reconhecem que o universo é, amistoso ou hostil, propositado ou destituído de significado, aleatório ou planejado. Eles ainda lutam tentando saber qual a razão de ser de todas as coisas, qual o seu lugar na paisagem mais ampla e como eles se relacionam com o poder ou força — ou como aparentemente eles carecem disso — que modela o cosmos do qual eles são parte integrante.

Você pode amar a palavra Deus ou preferir outra palavra; você pode pensar que Deus não tem nome ou pode atribuir a ele um nome como, por exemplo, Alá ou Hashem; você pode conceber Deus como sem-forma ou encarnado numa figura como Jesus ou Maria ou Krishna ou Avalokiteshvara; você pode tirar inspiração da Torá ou do Novo Testamento, do Alcorão ou do Tao Te Ching, dos Vedas ou do Sutra do Diamante; você pode entender Deus como masculino ou feminino ou como nenhum dos dois ou como ambos; você pode pensar em Deus como Pai ou Mãe ou Amigo ou Soberano, ou como uma força ou um campo energético; você pode conceber Deus como imanente ou transcendente, dentro de você ou fora de você, ou ambos, dentro e fora, como um ator ativo na vida humana, ou como um criador que nos deixou entregues às nossas próprias invenções. Todas essas diferenças meramente dão forma às nossas tarefas individuais, mas o objetivo em cada caso é o mesmo: fazer as pazes com o Supremo.

Sementes de Deus

Nosso Verdadeiro Eu não é diferente da Verdade suprema chamada Deus.

UPANISHADES

Nós ansiamos pelo Divino porque nós *somos* divinos. É nossa natureza essencial, a parte de nossa identidade que é criada "à imagem e semelhança de Deus" — e somos levados a entender isso da maneira como os rios são obrigados a correr em direção ao mar e as plantas a se curvar em direção ao sol. "A semente de Deus está em nós", disse o místico cristão do século quatorze Meister Eckhart. "Nas mãos de um agricultor inteligente e aplicado, ela crescerá com vigor e se elevará até Deus, de quem ela é semente; e conseqüentemente os seus frutos serão da natureza de Deus. Sementes de pêra crescem e se tornam pereiras, sementes de noz se tornam nogueiras, e a semente de Deus crescerá e se tornará Deus." A memória da Unicidade oceânica faz parte do código da nossa alma. Ela está profundamente enterrada na nossa percepção; nosso próprio cérebro está programado para recuperá-la, como pesquisas no novo campo da neuroteologia têm revelado. E quando nós, criaturas nostálgicas, conseguimos nos encaminhar em direção à nossa casa, à nossa Fonte, nós atingimos a paz suprema que tem sido chamada por vários nomes: consciência de Deus, auto-realização, salvação, moksha, satori, nirvana, iluminação.

Algumas pessoas têm consciência de que são "sementes de Deus". São os buscadores espirituais e os religiosos devotos que derivam grande parte do significado e do propósito da vida do seu relacionamento com o Sagrado. Muitas pessoas sentem uma presença divina nos primeiros anos de sua vida, e os afortunados se prendem a essa ligação sublime, apesar das pressões da maturidade e do materialismo. Como crianças que sabem, antes mesmo de começarem a escola, que elas estão destinadas a se tornarem músicos ou pilotos de avião, algumas se sentem chamadas para o ministério, ou se encaminham para um mosteiro ou ashram ainda na mais tenra idade. Outras simplesmente sabem em seu coração que, enquanto estiverem construindo uma família e uma carreira, elas estarão no mundo, mas não serão do mundo, pois um olho sempre estará voltado para Deus. Dennis Carpenter*, um estudante seminarista de Chicago, é um desses florescimentos precoces. "Eu posso me lembrar de quando ainda era muito jovem e me senti banhado numa presença amorosa", diz ele. Fisicamente maltratado quando ainda era muito pequeno, ele corria para o seu quarto depois de levar uma surra do pai, para os braços reconfortantes dessa proteção sagrada. "Às vezes, ela não estava lá, e eu me perguntava por quê", diz ele. "Mas, em algum momento, eu apenas soube que o meu propósito na vida era aprender como tê-la comigo o tempo todo." Em sua maioria, as crianças maltratadas culpam a si mesmas pelas surras que recebem, e muitas acreditam que Deus as está punindo. Mas não Dennis. "Era o meu santuário", diz ele referindo-se àquela Presença. "Quando eu estava com cerca de cinco anos, eu comecei a chamá-la de Deus. Nós íamos à igreja todos os domingos, e o Deus a cujo respeito eles falavam não podia esperar para banir todos para o inferno. Eu sabia exatamente que eles tomavam tudo isso pelo lado errado."

Para a maioria de nós, o impulso inato para transcender a existência finita e se aquecer junto ao Eterno toma um caminho mais tortuoso. Impulsionados pelo que Freud chamava de princípio do prazer, nós nos precipitamos em direção ao prazer e fugimos da dor. Nós não apenas *queremos* ser felizes, mas somos impelidos instintivamente em direção à felicidade, assim como as abelhas são impelidas a fazer mel. Esse desejo natural nos impulsiona em direção a mais e melhores fontes de deleite, emoções de maior intensidade e fontes sempre novas de gratificação do ego. Nós nos voltamos para os suspeitos usuais: sexo e dinheiro, carreira e família, realização e excitação, casas, carros e outros benefícios, e quando cada um destes

* Nomes seguidos por um * foram mudados em respeito à solicitação das pessoas para permanecerem no anonimato.

segue o seu curso, nós renovamos a procura nos mesmos velhos lugares, como crianças que, repetidas vezes, querem ver o mesmo truque de mágica. Mas, assim como essas crianças, nós acabamos ficando entediados, ou nos conscientizamos do fato de que tudo é uma ilusão. Nós questionamos nossas escolhas e prioridades. Suspeitamos de que nenhuma quantidade de prazer ou de realização temporários jamais satisfará as aspirações mais recônditas da nossa alma, e começamos a sondar mais profundamente dentro de nós mesmos para descobrir o que estamos realmente procurando.

Crises Espirituais

De onde viemos? Para onde estamos indo? Qual é o significado desta vida?
É isto o que cada coração está gritando, o que cada cabeça
está perguntando enquanto pulsa sobre o caos.

NIKOS KAZANTZAKIS

Agitações de anseio espiritual são sentidas mais freqüentemente em épocas de mudanças pessoais radicais: divórcio, nascimento de um filho, perda de emprego ou revés financeiro, morte de uma pessoa amada, doença ou ferimento sérios. Para indivíduos reflexivos, esses eventos quase garantem uma reavaliação de quem nós somos e do que realmente importa. O período mais provável para a ocorrência dessas coisas é a meia-idade, quando percebemos que o número dos anos que nos sobrou pode ser menor que o número de anos que nós já vivemos. Tipicamente, é uma ocasião de olhar para trás para ver o que a nossa vida significa. Ponderamos os nossos erros, questionamos os nossos valores e procuramos por sonhos perdidos. Nós nos acusamos de falta de autenticidade, de nos trairmos e de abandonar os nossos ideais. Para os afortunados, a crise não leva a uma farra ou a um carro esporte vermelho ou a uma série de parceiros sexuais jovens, mas a um compromisso consciente com a busca espiritual.

Se isso não acontece na meia-idade ou em outra época de crise, o progresso efetivo pode esperar até atingirmos a idade da aposentadoria, quando o ninho está vazio e o trabalho que nos definia não estrutura mais os nossos dias. Quando os coquetéis e o golfe e o ato de levantar bem cedo para ocasiões especiais perdem o que tinham de excitante ou de atraente, quando os amigos começam a conversar apenas sobre doenças, indisposições e netos — ou pior, quando começam a morrer como moscas no outono — e nossas juntas rangem e nossa própria morte pairando sobre nós nos leva a perguntar sobre o que nos espera além do túmulo —

bem, se nessas ocasiões nós não começamos a pensar a respeito da nossa alma, então nós nunca iremos fazê-lo.

Em seu trabalho pioneiro sobre auto-realização, o psicólogo Abraham Maslow nos demonstra que, uma vez que as nossas necessidades mais básicas foram satisfeitas, nós somos impelidos, "no mesmo sentido científico naturalista que se pode dizer que uma bolota é impelida em direção à árvore em que ela se transformará", para o desdobramento do nosso potencial mais pleno e mais elevado. Uma vez que faz parte da nossa natureza procurar constantemente mais e mais realizações, nós escalamos a escada das necessidades humanas degrau por degrau, e mais cedo ou mais tarde descobrimos um anseio pelo Infinito, onde todos os desejos e necessidades entram em repouso. É a extensão suprema do nosso desejo ardente por conexão — de início, com os nossos pais, em seguida, com os grupos de pessoas que afinam conosco de alguma maneira, e com nossas amantes, nossas esposas, nossas crianças — que nós experimentamos como um desejo de amar e de ser amados. "A base da nossa necessidade de amar reside na experiência de separação e na resultante necessidade de superar a ansiedade da separação pela experiência da união", escreveu Erich Fromm em *The Art of Loving* (A Arte de Amar). "A forma religiosa de amar, aquilo que é chamado de o amor de Deus, não é, psicologicamente falando, diferente dessa experiência. Ela nasce da necessidade de superar a separação e alcançar a união." Pode haver inúmeras razões pelas quais você não está em paz com Deus, mas todas elas se resumem em uma coisa: a separação.

Todos os nossos ardentes esforços, tenham eles o propósito de obter poder ou sexo ou prazer ou verdade ou aperfeiçoamento humano, são, no fundo, uma tentativa para transcender os limites da nossa *persona* separada e nos unir com alguma coisa maior e mais ampla do que nós mesmos — e a maior das maiores e a mais ampla das mais amplas, além da qual a mente não pode conceber, é o mistério inominável ao qual os seres humanos deram mil nomes, a essência sem forma à qual atribuímos mil formas. "Deus é aquilo que nos diz respeito em última análise", diz o teólogo Paul Tillich. Essa idéia ecoa em todas as tradições. Diz o mestre hinduísta do século vinte Paramahansa Yogananda: "Não importa o que o mundo lhe dê, o seu coração ainda ansiará por Deus." Portanto, o seu desejo de fazer as pazes com Deus é uma expressão de um instinto ainda mais profundo e primordial: o de fazer desabar o resistente muro entre você e o santo dos santos e tornar-se, finalmente, o todo.

As Noites Escuras do Anseio da sua Alma

Absolutamente nada é alcançado na vida espiritual sem anseio.

RAMAKRISHNA

Você pode ter sido atraído para este livro, sabendo disso ou não, devido a uma crise espiritual na sua vida — uma crise de fé, talvez, na qual você se perguntou se Deus realmente existe, ou se este universo, moldado pelo acaso ou por um plano, é realmente digno da sua confiança. Você pode se sentir zangado com Deus porque suas preces não foram respondidas e seus desejos mais profundos não foram realizados. Você pode se sentir irritado devido à presença contínua do mal no mundo e à ubiqüidade do sofrimento humano — em particular, do tipo aleatório ou sem sentido, e em especial do seu próprio sofrimento e do sofrimento daqueles que você ama. Você pode gritar para Deus: "Eu tenho sido bom, eu tenho seguido as regras, eu tenho feito todas as coisas certas, e mesmo assim você me nega o sucesso e a felicidade e enche de tristeza os meus dias!" — apenas para depois se encolher sentindo-se culpado ou tremer de medo porque você teve a ousadia de censurar severamente o Todo-Poderoso.

A sua necessidade de fazer as pazes pode ter origem numa crença de que você não tem as qualificações necessárias aos olhos de Deus. No fundo do coração você pode pensar que Deus o desaprova. Você pode suplicar por perdão pelos seus pecados, quer esses pecados sejam reais ou imaginários, quer você os tenha realmente cometido ou quer tenha apenas pretendido cometê-los. Você pode se sentir indigno do amor de Deus e implorar por ajuda para se tornar mais merecedor. Talvez um casamento que foi realizado no céu tenha despencado no inferno, fazendo-o refletir como duas almas companheiras, dois pedaços de Deus, puderam se dilacerar e separar. Ou você mergulhou num abismo de aflições devido à morte de uma pessoa amada, e você se pergunta se não está sendo tolo em acreditar que um dia irá se reunir a ela em outro reino. Ou você mesmo está olhando fixamente para o interior da face impiedosa da morte — porque você está envelhecendo ou padecendo de uma doença grave ou se aproximando de um aniversário que demarca uma fase importante da sua vida — e você está tentando desesperadamente entrar em acordo com o significado de tudo isso antes que seja tarde demais.

Talvez você se sinta espiritualmente sem lar porque a tradição em que você foi educado malogrou porque não era compatível com os seus padrões, e o deixou frustrado porque não conseguiu inspirá-lo ou lhe oferecer a orientação espiritual que você almejava. Você pode estar desiludido porque aqueles que supostamente deveriam representar Deus na Terra o desapontaram. Talvez você esteja perturbado pelo ressentimento porque um membro do clero maculou a santidade da sua fé com hipocrisia, exploração ou abuso. Você pode se sentir como uma folha numa tempestade, torcido desta maneira ou daquela pelos ventos do dogma que sopram vindos de diferentes direções.

Seu espírito pode estar clamando por respostas para as Grandes Perguntas: Quem eu sou? *Por que* eu existo? De onde eu vim? Para onde eu vou? Você pode ter iniciado uma conversa com Deus apenas para descobrir que se trata de um monólogo. Você pode estar ansiando dolorosamente por saber o que Deus tem em mente para a sua passagem pela Terra — o que você está destinado a fazer ou a aprender, que serviço você pode prestar, que dádivas você foi predestinado a deixar para trás — e você está tentando sacudir o universo para tirá-lo do seu silêncio. Você pode ser um veterano do caminho espiritual ou pode, desde há muito tempo, estar seguindo uma tradição religiosa que enveredou por um desvio de enlouquecer ou entrou num aparente beco sem saída. Você pode estar frustrado pelo seu desejo insatisfeito de sentir a presença de Deus. Ou você pode não ter absolutamente nenhuma razão específica para isso, percebendo apenas que agora o anseio se fez conhecer.

Quaisquer que sejam as suas preocupações imediatas, é importante você se lembrar de que os pedaços de chão escuros e gelados onde você tropeça podem ser um prelúdio para a paz e a graça. O desafio consiste em reconhecer uma crise espiritual pelo que ela é: uma fase de crescimento, uma oportunidade para acelerar o seu desenvolvimento espiritual, um tempo para a disciplina, a reflexão e a honestidade emocional. Historicamente, os santos e os sábios lutaram, enfrentando as crises envolvidas na procura de Deus, tanto quanto os buscadores comuns o têm feito e, na maioria dos casos, com muito mais intensidade. Freqüentemente, os seus maiores desafios surgem depois que uma prática espiritual diligente, que se estendera ao longo de anos, o conduziu até as magníficas alturas da transformação, originando o que João da Cruz chamou de noite escura da alma e os Vedas chamaram de "longos exílios para fora da luz". Para eles, o fato de sofrerem um aparente retrocesso depois de terem provado do êxtase da iluminação divina era experimentado como mais do que um desapontamento; era uma perda devastadora. Algo sublime fora tirado deles. "Eu provei", exclamou Santo Agostinho, "e agora estou faminto e sedento. Vós me tocastes, e agora eu queimo com o anseio pela vossa paz."

Para Wendy, uma enfermeira do sul da Califórnia, a noite escura começou no meio de uma farmácia que vendia remédios com desconto. Ela ficou mergulhada naquilo que ela chama de união profunda e íntima com Deus por vários meses.

"Eu nunca senti tamanha aceitação total, tamanho amor e beatitude absolutos", diz ela. "Era tão intenso que o mundo inteiro deixou de existir. Ele desapareceu num sonho insignificante. Havia somente Deus e eu e a eternidade. E, no entanto, era mais vivo e mais real do que este mundo o é para mim agora." E então, enquanto "*Oh Come, All Ye Faithfull*" (Oh Venham, Todos Vós Fiéis) tocava no alto-falante e os compradores decidiam a respeito do rolo de papel para presentes que deveriam comprar, a conexão foi rompida tão repentinamente quanto surgiu. "Eu continuei a ter um relacionamento com Deus durante alguns anos", recorda Wendy. "Mas esse relacionamento estava comprometido. Eu nem sempre estava ciente da sua presença absoluta, como antes estivera. Eu sentia um sabor dessa presença, e ela desaparecia. Era doloroso."

O vazio havia substituído a plenitude extática que ela conhecera. "Eu não estava recebendo aquele amor magnífico e tinha de obtê-lo novamente", diz Wendy. Quando ela não conseguia fazê-lo, ela se sentia desesperançada e indigna. "Eu queria saber o que tinha de fazer para ser digna de obter novamente aquela proximidade com Deus. Então, eu orava muito e tentava ser tão pura quanto possível." Depois de vários anos, alguns dos quais foram gastos em rebelião no limiar desse ponto de transição, "correndo o mais depressa que eu podia para me afastar de Deus", ela chegou num ponto em que não conseguia mais suportar a situação. "Então, num certo dia", diz ela, "eu gritei para Deus: 'Você tem de fazer alguma coisa! Você tem de me levar para mais perto de você ou me deixar esquecer, para que a dor possa desaparecer." Não se passou muito tempo desde essa ocasião e ela encontrou o seu primeiro mestre espiritual. A partir daí, o seu caminho tem sido o de aprender como integrar a presença divina na vida cotidiana. "Está mais arraigado desta vez", diz ela. "Antes, eu realmente não queria estar neste mundo. Eu queria apenas a beatitude."

Além disso, a lembrança de sua extraordinária união com Deus a assombrava. "Eu realmente anseio por ter isso novamente", diz ela, "mas estou aprendendo a aceitar o anseio e nele ver a beleza, vê-lo como uma bênção, porque se não fosse por esse anseio, eu não seria mais capaz de seguir adiante."

Sempre que ele surge, e de qualquer maneira que o faça, o anseio por Deus é doce e amargo. Doce como o desejo que a pele sente do toque de um amante ausente e como a palpitação do coração quando o telefone toca. Amargo como as noites solitárias com o travesseiro vazio e uma cadeira vazia. O anseio pode ser uma emoção e um conforto, ou pode doer, atormentar e machucar, especialmente se você não tiver certeza de que conseguirá realizar a intimidade pela qual anseia. Em meio a tudo isso, é de importância vital entender que a sua separação de Deus é, em si mesma, uma forma de conexão. "Dois prisioneiros cujas celas eram contíguas comunicavam-se um com o outro batendo na parede", escreveu a filósofa francesa Simone Weil. "A parede é a coisa que os separa, mas é também o seu meio de comunicação. Acontece o mesmo conosco e Deus. Cada separação é um elo."

O Amor — e o Temor — de Deus

A proximidade de Ti é a minha esperança, e o amor por Ti é o meu companheiro.

BAHÁ'U'LLÁH

O anseio por preencher a lacuna entre o seu eu individual e o Eu de todos os eus pode ser considerado como uma forma de ligação. Em seu poema "Cães Amorosos", o místico sufi Rumi descreve um homem abatido, que desiste de orar porque Deus nunca respondeu às suas preces. Khidr, o guia das almas, diz para o homem: "Esse anseio que você expressa *é* a mensagem respondida. Ouça o lamento de um cão pelo seu dono. Esse ganido é a ligação." Em outras palavras, o anseio que você sente por "habitar na casa do Senhor eternamente" é, em si mesmo, uma forma de graça. O fato de você querer acabar com a separação e se tornar cada vez mais íntimo do Bem-Amado é um sinal de amor — o seu por Deus e o de Deus por você.

O anseio da alma pelo Divino foi comparado com um homem que ouve o bramido do oceano ao longe. O som é a primeira de todas as evidências, ou pelo menos é uma forte sugestão de que o oceano existe. É também a convocação de um clarim chamando para o início da jornada. E uma vez que a busca começou, o canto do mar se torna um sistema de navegação, um farol que orienta a sua volta ao lar e o mantém se movendo na direção correta enquanto você, às apalpadelas, segue o seu caminho rumo à fonte desse som. Com isso em mente, você pode usar a dor da separação de Deus como um impulso para continuar a busca sagrada. "A aflição de onde você lança o seu grito", canta Rumi, "o atrai para a união."

Ao longo do caminho, o seu relacionamento com Deus pode se defrontar com o mesmo tipo de problemas que surgem nos seus relacionamentos humanos, em grande parte porque você, assim como todos nós, projeta em Deus os sentimentos sobre si mesmo e sobre outras pessoas. O conflito poderia provir de um mal-entendido ou de um desapontamento ou de uma relutância em se comprometer, porque você tem medo de mergulhar no abismo sem fundo e perder a sua individualidade. E cai pesado sobre seus ombros o peso da ambivalência: você ama a Deus e você teme a Deus; você sente a presença de Deus e você duvida da existência de Deus; você agradece a Deus e você se ressente com Deus; você tenta agradar a Deus e você desafia Deus a agradar você; você pensa que entende Deus e você fica totalmente confundido por Deus; você humildemente se curva diante de Deus e você agita os punhos contra Deus; você permanece orgulhoso diante de Deus e você se encolhe de medo ou de vergonha diante de Deus; você se sente próximo de Deus e você sente que há galáxias de distância separando você de Deus. Esses conflitos poderiam fazer você se sentir culpado ou envergonhado. Mas por que o deveriam, quando o próprio projeto de Deus deixa espaço para tais revoltas? Como você pode não ser ambivalente a respeito do Criador quando a própria Criação está mergulhada em contradições, paradoxos e enigmas?

Lutar com a dúvida, a raiva e a confusão relacionadas com Deus não é um sinal de inadequação espiritual. Não faz de você um pecador ou um tolo ou um ser humano defeituoso. Sua tensão com relação ao Divino mostra que você está vivo, que você ousa ponderar o imponderável e questionar tanto as afirmações transmitidas pela tradição como as próprias suposições que você estima. Isso mostra que você é corajoso o suficiente para sentir emoções fortes, mesmo que elas o assustem ou o angustiem, em vez de suprimi-las ou negá-las. Acima de tudo, isso mostra que você é um afortunado por *ter* um relacionamento com Deus, e que esse relacionamento é dinâmico, apaixonado e comprometido — e isso é exatamente o que qualquer relacionamento deveria ser se ele deve amadurecer em intimidade, força e paz.

Os Frutos da Paz

Possa a Sua paz permanecer com você. Possa a Sua presença iluminar o seu coração agora e sempre.

Oração Sufi

Fazer as pazes com Deus é a própria recompensa desse ato. Ele concede ao buscador sincero um grau de totalidade, de alegria e de serenidade que não pode ser encontrado por nenhum outro meio. Mas também há recompensas específicas. Se você trouxer para o seu trabalho a sua intenção mais elevada e a sua completa atenção, você, nos seus próprios termos, será capaz de:

- Viver a beatitude da paz profunda
- Tornar-se parceiro de Deus em co-criar a sua realidade
- Esclarecer o seu entendimento de Deus
- Resolver as suas dúvidas e restaurar a sua fé
- Olhar a Deus nos olhos sem culpa ou vergonha

- Resolver o seu ressentimento, e até mesmo a sua raiva, contra Deus
- Perdoar a Deus (e a você mesmo por romper com Deus)
- Criar um relacionamento maduro com Deus, baseado em dignidade, integridade e verdade
- Chegar a um acordo com a sua mortalidade
- Resolver os seus sentimentos com relação às instituições espirituais e às figuras de autoridade
- Transformar o seu medo de Deus em reverência, admiração e maravilhamento
- Renovar o seu sentido de significado e propósito
- Fortalecer o seu compromisso com o seu caminho espiritual
- Viver a sua espiritualidade e manter as suas promessas para com Deus e para consigo mesmo
- Descobrir o seu pacto fundamental com Deus

Essa grandiosa jornada espiritual traz consigo benefícios concretos para o bem-estar físico e mental. Até recentemente, os modernos profissionais da saúde eram indiferentes à religião e à espiritualidade, e com freqüência se contrapunham a elas como seus antagonistas diretos. Na melhor das hipóteses, as crenças e práticas religiosas de um paciente eram consideradas fontes de consolo ou de esperança; na pior das hipóteses, eram consideradas obstáculos para a saúde pelo fato de que a "superstição" ou a "fé cega" poderiam impedir pacientes necessitados de tirar vantagem de remédios cientificamente comprovados. Nos cenários psiquiátricos, a espiritualidade era, em grande medida, considerada prejudicial porque alimentava o que se considerava uma visão ilusória da realidade. O pai da psicologia moderna, Sigmund Freud, escreveu que a religião "impõe igualmente sobre todos o seu próprio caminho para a aquisição da felicidade e a proteção contra o sofrimento. Sua técnica consiste em diminuir o valor da vida e distorcer a imagem do mundo real de uma maneira enganadora — o que pressupõe uma intimidação da inteligência. A esse preço, prendendo-as à força num estado de infantilismo psíquico e arrastando-as numa ilusão em massa, a religião é bem-sucedida em poupar muitas pessoas de uma neurose individual. Mas dificilmente o é em alguma coisa mais."

Se "poupar muitas pessoas de uma neurose individual" fosse tudo o que a religião tivesse para oferecer, isto já seria o suficiente, como os judeus dizem dos milagres de Deus na Páscoa judaica, e de fato esse resultado teria sido melhor do que aqueles que muitas escolas de psicoterapia poderiam se vangloriar de conseguir. Não obstante, os terapeutas geralmente brincam dizendo o quanto eles são gratos às instituições religiosas pelo fato de elas levarem, até as portas dos seus consultórios, milhões de clientes sofredores, que temem a cólera divina e se sentem culpados pelos seus pecados. Mas, embora sempre tenham existido psicólogos que levam a espiritualidade a sério — de William James, no início do século vinte, até Carl Jung, Abraham Maslow e outros apóstolos da psicologia humana, e os psicólogos transpessoais dos dias de hoje — a idéia de que a fé e a prática espiritual poderiam ser efetivamente benéficas só recentemente criou raízes na corrente principal da sociedade. Duas décadas de dados científicos forçaram os profissionais de saúde a tomar conhecimento desse fato.

Por exemplo, um levantamento feito pelo National Opinion Research Center (Centro Nacional de Pesquisa de Opinião) constatou que "relações simbólicas com um outro divino são um correlato significativo de bem-estar". Outro grupo de pesquisadores descobriu que esse relacionamento é "um prognóstico mais forte do bem-estar do que raça, sexo, nível de renda, idade, *status* marital ou comparecimento na igreja". Vários estudos psicológicos constataram que as pessoas espiritualmente ativas são as que têm menor probabilidade de sofrer devido à ansiedade ou à depressão. E entre aqueles que *estão* deprimidos, os que são ativamente religiosos — o que é medido por fatores tais como o comparecimento em serviços religiosos e o uso da oração privada — superam essas condições mais rapidamente do que as suas contrapartidas não-religiosas. A espiritualidade também está associada com riscos menores de abuso de substâncias e de tentativas de suicídio. E testes psicológicos relativos a estilos usados para se enfrentar e resolver problemas com sucesso indicam que a espiritualidade ajuda as pessoas a lidar com o desafio e com a adversidade de uma maneira mais saudável.

A participação na religião e a prática espiritual estão sendo correlacionadas com várias medidas associadas com a qualidade de vida. Revendo a literatura psiquiátrica sobre o assunto no periódico *Psychiatric Annals* (de agosto de 2000), o Dr. Edward P. Shafranske conclui que "meta-análises têm constatado que o compromisso religioso está associado com a redução dos riscos em fatores importantes para a saúde mental, tais como suicídio, uso de drogas, abuso de álcool, delinqüência, satisfação marital e depressão". Descobertas como essas têm superado o histórico ceticismo da comunidade psiquiátrica. A edição mais recente (a quarta) do *Diagnostic and Statistical Manual of Mental Disorders* (Manual Diagnóstico e Estatístico de Doenças Mentais) (DSM-IV), a Bíblia virtual da profissão, inclui pela primeira vez a categoria "Problemas Religiosos ou Espirituais". Além disso, todos os programas de residência psiquiátrica estão requerendo atualmente a inclusão, em seus currículos, de cursos sobre assuntos religiosos e espirituais. Este é um desenvolvimento da maior importância; no passado, pessoas que consultavam terapeutas em conseqüência de uma crise espiritual recebiam, com freqüência, um diagnóstico errôneo ou então suas principais preocupações eram inteiramente ignoradas. Na verdade, o próprio envolvimento religioso era freqüentemente considerado evidência da psicopatologia. Atualmente, é muito mais provável que uma pessoa dilacerada por conflitos espirituais ou religiosos seja tratada por um terapeuta que sabe como lidar com isso ou que sabe como encaminhar essa pessoa a um especialista apropriado.

Evolução semelhante tem ocorrido na medicina. Devido à existência de dados sólidos ligando a espiritualidade com a saúde, hoje estão as mais exigentes instituições científicas do mundo levando a sério o envolvimento religioso. Em 1993, apenas 3 das 125 faculdades de medicina dos Estados Unidos ofereciam cursos que examinavam as implicações da espiritualidade e da religião na saúde. Por volta de 2001, esse número já estava se aproximando de oitenta, e outras faculdades haviam declarado sua intenção de adotar esses cursos.

Centenas de estudos têm constatado que o compromisso religioso e as práticas espirituais são úteis para a redução da pressão sangüínea, para o fortalecimento da função imunológica e para o aumento das chances de sobrevivência em operações do coração, entre outros índices de melhoramento da saúde. Por exemplo, pesquisadores do Centro Médico da Universidade de Duke, num estudo que abrangeu 4.000 homens e mulheres com mais de 65 anos de idade, descobriram que aqueles que rezavam, liam a Bíblia ou outros textos sagrados e compareciam regularmente a serviços religiosos tinham uma probabilidade 40 por cento menor de ter um derrame cerebral ou um ataque do coração do que as pessoas que não eram religiosas. Outro estudo realizado em Duke constatou que os seniores que compareciam a serviços religiosos pelo menos uma vez por semana tinham metade da probabilidade de suas contrapartidas não-religiosas de apresentar níveis elevados de interleucina-6, uma proteína que prejudica a função do sistema imunológico. Parece que a prática religiosa pode até mesmo ajudá-lo a viver mais: um estudo maciço de mais de 5.000 pessoas, realizado ao longo de um período de vinte e oito anos, constatou que as pessoas que compareceram a serviços religiosos pelo menos uma vez por semana apresentaram uma probabilidade 23 por cento menor de morrer durante o tempo abrangido pelo estudo. Outro estudo, realizado entre 21.000 pessoas ao longo de um período de oito anos, constatou que aqueles que compareceram a serviços religiosos mais de uma vez por semana viveram uma média de sete anos a mais do que aqueles que não o fizeram.

Os pesquisadores explicam as evidências de melhoria da saúde física e mental postulando que a participação religiosa alimenta o otimismo, encoraja bons hábitos de saúde, facilita lidar com sucesso com os problemas, reduz o *stress*, proporciona um sentido de significado e de coerência e, para muitos, oferece um apoio social vital. Algumas descobertas, no entanto, não podem ser explicadas. Dentre estas, a mais notável é o efeito extraordinário da prece intercessória sobre as condições médicas. Parece que as pessoas doentes não apenas melhoram quando rezam como também melhoram quando outras pessoas rezam *por* elas — mesmo quando elas não *sabem* que alguém está rezando por elas.

Os estudos sugerem um fato interessante: ser simplesmente religioso ou declarar uma crença em Deus não é suficiente; a *qualidade* do relacionamento da pessoa com o Divino também é importante. Por exemplo, num experimento os pesquisadores constataram que "as pessoas que se sentiram desapontadas, frustradas ou incapacitadas de perdoar no seu relacionamento com Deus relataram mais aflição emocional do que outras pessoas". Um levantamento realizado entre pacientes idosos num hospital descobriu que as pessoas que tinham ansiedade religiosa — o que era indicado por afirmações como, por exemplo, "eu me pergunto se Deus me abandonou", "eu questiono o amor de Deus por mim" e "eu julguei que o demônio fez com que isso acontecesse" — tinham probabilidade de morrer antes do que as suas contrapartidas mais esperançosas e confiantes. Embora as conclusões do estudo devam ser consideradas provisórias, o Dr. Kenneth I. Pargament, o pesquisador principal, especula que a incapacidade para resolver a raiva, a culpa e a ansiedade com relação a Deus poderia contribuir para uma saúde pobre. Em outras palavras, é bom para a sua saúde ter um relacionamento com Deus, e é ainda mais saudável quando esse relacionamento é tranqüilo.

Em seu todo, o corpo de pesquisas sobre a relação entre a espiritualidade e a cura é notável no seu alcance e na sua consistência. De acordo com a revisão, feita pelo Dr. Jeff Levin, da literatura sobre o assunto, os efeitos são significativos "independentemente de idade, sexo, raça, etnia, nacionalidade ou denominação religiosa das pessoas estudadas, e independentemente dos programas utilizados e de quando ou onde esses estudos foram realizados". Deve-se enfatizar que não parece ter importância qual tradição de fé uma pessoa siga. Também se pode inferir que *nenhum* envolvimento institucional é necessário, uma vez que resultados significantes foram derivados de práticas espirituais não-sectárias, tais como a ioga e a meditação. Só no caso da Meditação Transcendental, trinta anos de pesquisas a respeito dos seus benefícios sobre a pressão sangüínea, o ritmo cardíaco, a utilização da assistência à saúde e uma multidão de outros índices médicos dão apoio a essa conclusão. Qualquer que seja o contexto, é claro que a intensificação da paz interior, da fé e da esperança, e a redução do *stress*, do medo e das preocupações, são fatores cruciais na luta contra a aflição mental e física — precisamente o que se esperaria que acontecesse quando alguém está fazendo as pazes com Deus.

Estes são apenas dados brutos. A verdade mais profunda, além de qualquer coisa que possa ser quantificada, é que quando você faz as pazes com Deus você se sente mais inteiro. Como resultado dessa integração maior, você adquire maior desembaraço em lidar com o fluxo e o refluxo da vida. Coisas boas tendem a acontecer, e as coisas ruins não parecem ter um impacto duradouro. Como o seu cálice fica cheio e extravasa, você se vê atuando com uma generosidade de espírito que, naturalmente, acrescenta mais compaixão, empatia e amor aos seus relacionamentos. Sua apreciação da vida como ela é, aqui e agora, é intensificada, e a gratidão vem substituir o ressentimento e a autopiedade. E como o momento presente é mais rico e mais pleno, você pode olhar para o seu passado sem sentimento de pesar e rumar para o seu futuro com maior otimismo e confiança, sabendo que você pode lidar com qualquer coisa que surja no seu caminho e co-criar com o Criador todas as bênçãos que você deseja para si mesmo, para as pessoas que você ama e para o restante da humanidade.

Deus Está Dentro; Nós Nunca Estamos Fora

Tenho procurado aproximar-me de vós. Com todo o meu coração
eu vos chamo, e, ao sair para me encontrar convosco,
eu vos encontro a caminho de se encontrar comigo.

JUDAH HALEVI

Fazer as pazes implica que existe um relacionamento entre duas entidades separadas, e que esse relacionamento se encontra num estado de conflito ou tensão. Quando se trata de Deus, essa percepção, em si mesma e de si mesma, pode perturbar a paz. "Este foi o meu problema", diz Evelyn Barr*, uma professora de quarenta e seis anos de idade, que foi educada por uma mãe católica e um pai judeu e que agora chama a si mesma de "uma mística sem denominação religiosa". "Eu não concebo Deus como alguma coisa que está lá fora, separada de mim. Tudo o que *existe* é Deus e Deus é tudo o que existe. Nada é não Deus. Então, como eu posso ter um relacionamento pessoal com alguma coisa que não tem fronteiras, que na verdade não é *alguma coisa*, em absoluto, e que também não é *alguém*?" Esse era o entendimento de Evelyn a respeito de Deus, e fazia perfeito sentido. Mas não era satisfatório, pois ela *sentia* que Deus estava separado dela. A separação era a realidade dela, como é para a maioria de nós quando olhamos através do vidro escuro e tentamos vislumbrar a luz da unidade olhando através da sujeira. Ela queria se comunicar com Deus na esperança de preencher a lacuna, mas ela não sabia como se comunicar com o sem-forma. "Solucionei o problema raciocinando que, se Deus é tudo, então ele pode ser ela, assim como é ele, e ela pode ter quaisquer qualidades que eu preciso que ela tenha. E assim, agora eu converso com Deus como se conversasse com uma amiga."

O dilema de Evelyn é tão antigo quanto a imaginação humana — assim como também o é a solução dela. Sábios e videntes, místicos e ministros, eruditos e paroquianos, têm, todos eles, lutado durante milênios com os paradoxos de Deus. "Deus existe, mas ao mesmo tempo Deus também não existe", escreveu Aldous Huxley em *The Perennial Philosophy* (A Filosofia Perene). "O Universo é governado pelo acaso cego e, ao mesmo tempo, por uma providência com preocupações éticas. O sofrimento é gratuito e insípido, mas também é valioso e necessário. O universo é um sádico imbecil, mas é também, simultaneamente, o mais benevolente dos pais. Tudo está rigidamente predeterminado, mas a vontade é perfeitamente livre. Essa lista de contradições poderia ser estendida de maneira a incluir todos os problemas que já inquietaram os filósofos e os teólogos."

Deus é transcendente e também imanente, sem forma e com forma, além do tempo e do espaço e dentro do tempo e do espaço, perfeita unidade e infinita diversidade, um e muitos, imóvel e em perpétuo movimento. "Deus, na sua quietude eterna, está escondido de cada olho mortal. Deus na sua dança eterna se manifesta em todos os lugares", escreve James Finley em *The Contemplative Heart* (O Coração Contemplativo). Os paradoxos de Deus foram resolvidos por grandes indivíduos que deixaram suas marcas na história espiritual exatamente da maneira como Evelyn os resolveu: submetendo-se humildemente à lógica ilógica de uma inteligência superior. Se Deus é tudo e nada, então por que Deus não pode ter dois aspectos aparentemente contraditórios: por um lado, ilimitado, absoluto e impessoal; por outro lado, circunscrito e pessoal? É difícil relacionar-se com o aspecto de Deus que é inteiramente transcendente. É difícil elogiar esse Deus ou venerar esse Deus ou falar a esse Deus ou até mesmo maldizer esse Deus, pois não existe nada nem ninguém sobre o qual se poderia focalizar a atenção. E, assim, nós nos voltamos para o aspecto pessoal de Deus.

Alguns diriam que nós meramente fabricamos um Deus pessoal por uma questão de conveniência, especificando atributos finitos ao Infinito para compensar nossa incapacidade para perceber a unicidade eterna do universo. Porém, há qualquer coisa de errado com isso? Assim como quando se suspende a descrença numa peça teatral a fim de participar mais intimamente do drama, esse fato tem uma longa e respeitável história. E reflete com precisão a natureza paradoxal da existência. Até mesmo os iluminados, que despertaram totalmente para a sua união com Deus e que viveram e respiraram essa verdade, permitiram-se o luxo de um certo grau de separação. Caso contrário, o que eles teriam feito com o seu amor superabundante, sua gratidão e sua ânsia de cair de joelhos para idolatrar ou explodir em canções de louvor? Por exemplo, Shankara, o fundador do Advaita vedanta, ensinava que a única realidade é o Absoluto (Brahman), o Uno não-dual sem um segundo. De acordo com essa visão, tudo o que nós percebemos como separado e distinto, inclusive nós mesmos, são como ondas num oceano — perturbações e flutuações que parecem ter uma forma que todas elas possuem, mas que na verdade são puro oceano e nada mais que puro oceano. E, embora Shankara pudesse escrever um hino de louvor a Deus: "Oh, Senhor, mesmo depois de perceber que não há diferença entre a alma individual e Brahman, eu afirmo numa súplica que eu sou seu e não que você é meu. A onda pertence ao oceano, não o oceano à onda."

Mesmo sabendo que não existe, na verdade, nenhuma separação entre nós e o Divino, nós nos permitimos ter um relacionamento com um Deus pessoal porque fazer isso tem valor e utilidade — e porque, no nosso nível ordinário de consciência, a separação é real. Assim como são reais o pressentimento da união final e o anseio por captar a sua bem-aventurança. E então, como Shankara, como Jesus, que puderam dizer: "Eu e o Pai somos um" e "santificado seja o Vosso nome", nós nos submetemos à ilusão da separação. Para facilitar a comunicação com o Divino, nós nos fixamos naquilo que no hinduísmo é chamado de *ishta*, a forma ideal de Deus para a pessoa. Alguns até mesmo atribuem *personas* singulares e nomes que eles próprios adotaram para se referir a Deus — ou a Deuses. Por exemplo, uma rabina com quem conversamos tem a sua própria Santíssima Trindade: três diferentes personalidades, com nomes correspondentes, para os aspectos de Deus com os quais ela precisava se ligar em diferentes ocasiões. Há Sissy, a irmã ou irmão com quem ela pode conversar qualquer coisa; Sol, o ancião instruído que lhe dá conselhos práticos; e Rose, a velha e sábia anciã que conhece tudo. "Se isso prosseguir", ela brinca, "eu terei de me tornar muçulmana. Eles têm noventa e nove nomes para Deus, cada um deles representando uma qualidade diferente." Em seguida, há o imaginário da cultura popular no romance *Dream A Little Dream* (Sonhe um Pequeno Sonho), de Susan Elizabeth Phillips, no qual um personagem tem um Deus Conselheiro, Oprah Winfrey; um Deus Mamãe, a Sra. Cunningham (a mãe de Richie), de *Happy Days*; e um Deus Impositivo, Clint Eastwood. Finalmente, o trio se dissolve na unidade de um Deus único: o Sr. Rogers.

O que quer que funcione. O que importa é encontrar uma maneira de se relacionar com Deus que seja autêntica e satisfaça às suas necessidades. "Eu considero meu Deus pessoal como meu companheiro", explica um dentista de Boston, que deliberadamente não atribuiu um nome ou imagem particular a Deus e salta de um lado para o outro entre os pronomes masculino e feminino. "Ele é um ser com quem eu posso ser completamente eu mesmo. Ela me pede apenas que eu seja verdadeiro para com quem eu sou e para a pessoa em quem eu estou me tornando. Deus não quer que eu seja melhor nem pior. Quando eu me volto para ele, eu me sinto como se estivesse numa prisão psíquica e, de repente, fosse declarado inocente. Eu não preciso estar na guarda de mim mesmo; eu posso dizer o que eu penso, contanto que seja a verdadeira voz da minha alma. Ela entende as contradições da minha natureza porque foi ela que as colocou lá em primeiro lugar. Eu nunca sinto que Deus me julga mal. Eu posso contar-lhe sobre as minhas invejas, lamentações, ódios, vaidades e mesquinharias, e quando eu compartilho desses sentimentos, isso é curativo. Posso ficar completamente em silêncio com Deus, posso chorar com Deus, posso rir com Deus, e, sim, posso até mesmo pecar com Deus. Ele entende que, às vezes, eu o negligenciarei, e que eu posso ficar enfurecido com ele, mas, através de tudo isso, Deus me conhece e me ama."

Quanto à ausência de paz no relacionamento, Deus, ao contrário dos amantes e amigos, não compartilha nossas imperfeições e não contribui para a tensão. Isso pode soar injusto, mas a verdade é que os problemas são todos criados por nós mesmos, e a responsabilidade de resolvê-los é toda nossa, e não de Deus. Cabe a nós resolver o conflito. No final das contas, a essência que habita tudo o que existe, a inteligência universal cuja natureza é o amor, não é um adversário que precisa ser persuadido na mesa de negociações. Deus não precisa fazer as pazes; Deus *é* a paz. É você quem precisa fazer as pazes. E, para conseguir isso, você precisa eliminar os buracos negros na sua consciência, que sugam a luz. Suas dúvidas a respeito de Deus; suas ilusões e desilusões a respeito de Deus; suas expectativas mágicas com relação a Deus; sua raiva, seu desapontamento e seu medo com relação a Deus; seus reservatórios secretos de culpa, vergonha e maldade que o fazem se sentir indigno das bênçãos que são o seu direito nato — tudo isso são véus que surgem entre você e Deus, e é preciso lidar com eles. "Deus está sempre pronto, mas nós estamos muito despreparados", escreveu Meister Eckhart. "Deus está perto de nós, mas nós estamos longe Dele. Deus está dentro, e nós estamos fora. Deus é amigo — e nós estamos distanciados e alheios."

Em resumo, fazer as pazes com Deus requer fazer as pazes com você mesmo, com sua vida e com tudo o que existe. Significa dar passos para preencher a lacuna entre você e o Divino — uma lacuna que na realidade não existe, mas apenas parece existir.

O Seu Eu Quintessencial

O homem é a sua própria estrela.

JOHN FLETCHER

Nos capítulos seguintes, estaremos adotando uma abordagem integrativa para fazermos as pazes com Deus, trabalhando com todos os cinco aspectos do que nós chamamos de Eu Quintessencial: mental, físico, emocional, relacional e espiritual. Sim, a estrada à nossa frente pode ser entendida como uma jornada puramente espiritual, mas nós somos seres espirituais que têm uma experiência humana, e nossa condição humana inclui a nossa mente, o nosso corpo, os nossos sentimentos e os nossos relacionamentos. Nós nos relacionamos com Deus por meio de cada uma dessas grandes vias de acesso, e para que a paz esteja assegurada, e seja duradoura, todas elas precisam estar envolvidas no processo. Pense nelas como as cinco pontas de uma estrela cujo centro é o seu Eu Superior, ou alma, consciência pura.

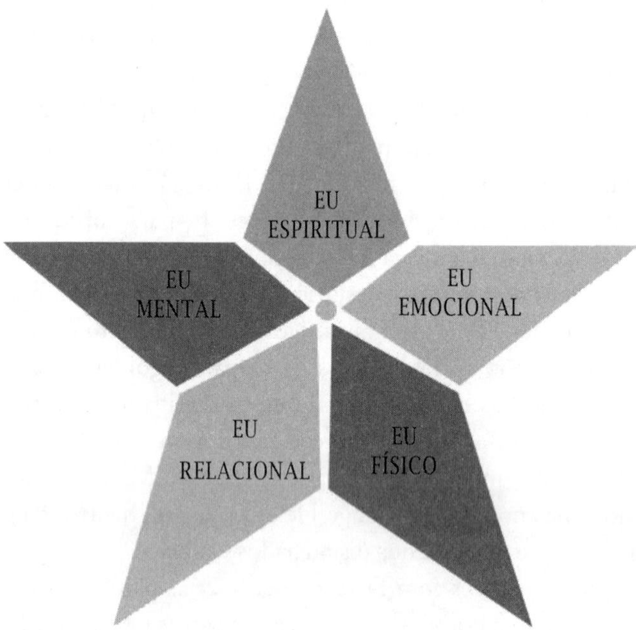

O Eu Quintessencial

O Eu Mental: Repensar as possíveis crenças errôneas e falsas suposições a respeito de quem é ou do que é Deus; entender as raízes das suas atitudes com relação a Deus; abrir a mente para novas maneiras de conceituar o seu relacionamento com Deus.

O Eu Emocional: Reconhecer, solucionar e liberar todas as "emoções do tipo 'bicho-papão'" (raiva, mágoa, vergonha, culpa, tristeza, etc.) que você sente com relação a Deus; acender uma luz na sombra, onde você tem escondido sentimentos e tendências repudiados; desatar os laços apertados que o impedem de expressar plenamente as qualidades divinas do coração — amor, compaixão, perdão, reverência e gratidão.

O Eu Físico: Adquirir força física para apoiar a sua busca espiritual e evitar as doenças que distraem a atenção; curar o seu corpo dos resíduos físicos de traumas passados e de crises psicoespirituais; aprimorar a maquinaria da percepção para que ela possa se elevar até um nível de acuidade sensorial capaz de apreender a presença de Deus em todas as coisas.

O Eu Relacional: resolver quaisquer relacionamentos humanos (com os pais, os amigos, as autoridades religiosas, etc.) que possam ter criado tensão entre você e Deus; acabar com o hábito de projetar em Deus seus sentimentos sobre você mesmo e sobre outras pessoas; elevar o seu relacionamento pessoal com Deus até o nível mais alto possível.

O Eu Espiritual: Descobrir — ou criar — o caminho espiritual que é mais apropriado para quem você é no presente estágio da sua jornada; elevar os outros quatro aspectos do Eu Quintessencial até o nível mais elevado de integração; despertar para a sua verdadeira natureza: um ser espiritual em forma humana; dar todos os passos necessários para realizar a sua união com o Divino, para que então você possa brilhar fortemente como uma estrela de Deus.

O seu Relacionamento com Deus

Quando você começou, você encontrou apenas escuridão e, por assim dizer,
uma nuvem de desconhecimento. Você não sabe o que isso significa,
exceto que, na sua vontade, você sente uma intenção simples
e constante de se estender em direção a Deus.

EXTRAÍDO DE *A NUVEM DO DESCONHECIMENTO*

Para começar o processo de fazer as pazes, reserve um certo tempo para refletir sobre o seu relacionamento com Deus. Os exercícios a seguir o ajudarão a clarear seus pensamentos e sentimentos.

1. Escreva a seguir, em uma ou duas frases, a sua própria definição, sentimento e experiência de Deus.

2. Circule as palavras a seguir que se ajustem à sua concepção, sentimento e/ou experiência de Deus.

Pai	Mãe	Amigo
Protetor	Bem-Amado	Soberano
Juiz	Espírito	Inteligência
Energia	Criador	Perdão
Amor	Misericordioso	Punição
Auxiliador	Provedor	Transcendente
Dentro	Acima	Presença
Bondoso	Aterrador	Onisciente
Participante	Não-envolvido	Todo-Poderoso

3. Que papel Deus desempenha (ou não desempenha) na sua vida?

4. Se você pudesse fazer apenas três perguntas a Deus, quais seriam essas perguntas?

5. Se você pudesse ter três desejos ou pedidos específicos realizados por Deus, quais seriam eles?

6. Para identificar de que maneiras você mais precisa fazer as pazes com Deus, responda sim ou não às perguntas a seguir:

- Você sente que se afastou de Deus — ou que Deus se afastou de você?
- Você sempre se sente indigno de receber o amor de Deus?
- Você alguma vez ficou zangado com Deus?
- Você sempre duvida da existência de Deus?
- Você sempre tem medo da ira de Deus?
- Você sempre se pergunta por que Deus permite a existência da maldade e do sofrimento?
- Suas crenças espirituais estão em conflito com as da sua família ou da sua herança religiosa?
- Você anseia por sentir — ou tornar a sentir — a presença de Deus?

7. Examine o Seu Histórico Espiritual:

- Como você caracteriza a maneira pela qual os seus pais ou padrasto/madrasta se sentem a respeito de Deus?
- O que eles ensinam a você, explícita e implicitamente, a respeito de espiritualidade?
- De que maneira, se é que existe alguma, a sua espiritualidade foi afetada por outros membros da família, por exemplo, tios, tias, irmãos/irmãs, avós?
- Era Deus uma fonte de amor e alegria?
- Deus era usado para intimidá-lo ou para envergonhá-lo, ou para fazê-lo se sentir pecador e indigno?
- Que influência, se é que existe alguma, membros específicos do clero exerceram sobre as suas atitudes em desenvolvimento com relação a Deus e à religião?
- As festas religiosas constituíam uma experiência agradável e rica ou você participava delas de má vontade?
- Como a sua atitude com relação a Deus mudou quando você ficou adulto?
- Você chegou a questionar qualquer uma das suas crenças anteriores? Você as rejeitou? As desprezou?
- Quais foram os momentos decisivos do seu desenvolvimento religioso ou espiritual?

8. Finalmente, o que o levou a ler este livro na presente ocasião? Quais são as suas metas com relação a Deus? Seja tão específico e tão aberto quanto possível.

Sentindo a Paz de Deus

Todos têm uma jóia preciosa, todos abraçam uma gema especial;
se você não afastar a sua atenção das coisas ao seu redor e olhar para dentro,
sairá de casa e andará ao léu com um tesouro escondido.

DOGEN

Enquanto estiver lendo este livro, será extremamente útil ter em mente a diferença entre a paz *com* Deus e a paz *de* Deus. Fazer as pazes com Deus é um processo, é alguma coisa para ser alcançada por intermédio do evoluir e vir-a-ser; a paz *de* Deus é um direito nato, uma coisa que é eterna e incondicional, mas que precisa ser recuperada. Fazer as pazes com Deus é uma ação, um fazer, enquanto que a paz de Deus é um estado de ser. Fazer as pazes com Deus é uma atividade da mente, do coração, do corpo, dos sentidos e do espírito; a paz de Deus é uma não-atividade que transcende a mente, o coração, o corpo, os sentidos e o espírito. A paz de Deus está sempre disponível. Não existe um lugar ou tempo em que não se possa ter acesso a ela, e até mesmo — miraculosamente, surpreendentemente — enquanto você está lutando para fazer as pazes *com* Deus. Isso acontece porque a própria natureza da essência divina que nós chamamos de Deus é paz, e a sua Presença está dentro e ao redor de você, na calma do presente. Em qualquer momento, você pode, como na famosa frase do Salmo 46, "se aquietar e saber que Eu sou Deus".

Você poderia estar acostumado a chamá-lo por um termo espiritual — graça, satori, consciência-de-Cristo, mente-de-Buda, samadhi — ou alguma coisa mais comum — serenidade, tranqüilidade, silêncio interior, profunda quietude — mas, qualquer que seja o nome, ele é, na sua forma mais profunda, a paz de Deus. E, como disse o sábio hinduísta Ramakrishna, do século dezenove: "Quanto mais perto de Deus você estiver, mais paz você sentirá."

O processo de fazer as pazes com Deus aprofunda e torna mais durável a paz de Deus. Ao mesmo tempo, vivenciar a paz de Deus melhora, dá apoio e esclarece os seus esforços pacificadores. Pense nisso em termos metafóricos: Você pode ter de reparar um vazamento no telhado, mas, nesse meio tempo, a sua casa ainda lhe dá abrigo; esse abrigo facilita o conserto do telhado, e o conserto do telhado melhora o seu abrigo. Você pode ter de resolver algumas diferenças com o seu parceiro de negócios, mas enquanto isso você está vinculado por contrato; o seu acordo oferece proteção e diretrizes para estabelecer a disputa, e o processo de resolução reforça o espírito do contrato. Você pode estar perturbado com os seus filhos pelo fato de eles se meterem em problemas, mas o seu amor por eles permanece inabalável; esse amor guia a sua resposta aos meninos e, por sua vez, é reforçado pela necessidade que eles têm da sua orientação. De maneira semelhante, você pode estar furioso com Deus, duvidar de Deus, ressentir-se contra Deus, desconfiar de Deus, sentir-se rejeitado por Deus e, embora você esteja lutando contra, e metabolizando esses sentimentos perturbadores, você ainda pode, para além do melodrama ilusório, estar aquietado e conhecer a paz de Deus.

Portanto, e no grau em que você pode ter acesso a ela — seja por meio de atividades espirituais formais, como por exemplo a prece, a meditação ou os serviços de culto, seja caminhando na natureza, ouvindo música ou brincando com uma criança — a paz *de* Deus servirá bem a você conforme você trabalhar no sentido de fazer as pazes *com* Deus. (O Capítulo 6 contém muitas sugestões e práticas para experimentar a paz de Deus; sinta-se livre para assistir a uma pré-estréia.)

Nós o encorajamos a abordar o trabalho que você tem à frente como uma busca espiritual sagrada. Fazer as pazes com Deus raramente é uma jornada direta e linear, com começo, meio e fim claramente delimitados. Ela procede em meandros, se enrola, se move em espasmos e arranques, com explosões de progresso acelerado misturados com retrocessos e obstáculos. Pode ser uma viagem alegre e excitante; mas, em outras ocasiões, pode ser um desafio. Ao longo do caminho você pode ter de desistir de muitas coisas. Você pode ter de desistir dos seus ressentimentos, de sua raiva, de seus medos, de sua arrogância, de sua pomposidade e, talvez, do sentimento de ser vitimado pelo Todo-Poderoso. Você pode ter de perdoar a si mesmo por não ser "perfeito" ou por se sentir indigno. Você pode ter de aprender a aceitar Deus como ele ou ela é, em vez de fazê-lo da maneira como você pensa que Deus deveria ser. Você pode até mesmo ter de desistir do modo defeituoso como você enxerga a si mesmo em relação a Deus. Isso vale a pena? Pode não existir um propósito maior do que alcançar o que todas as pessoas, todas as culturas e todas as religiões tiveram como sua meta mais abrangente: a paz de Deus.

Do Judaísmo: "Ajude-nos, ó Deus, a nos deitarmos em paz, e a despertarmos para a vida na manhã seguinte. Que possamos sempre ser guiados pelo Seu bom conselho, e desse modo encontrar abrigo em Sua tenda de paz..."

Do Cristianismo (São Francisco de Assis): "Senhor, faça de mim um instrumento da Vossa paz. Onde houver ódio, deixe-me semear o amor; onde houver ofensa, deixe-me semear o perdão; onde houver dúvida, a fé; onde houver desespero, a esperança; onde houver escuridão, a luz; e onde houver tristeza, a alegria."

Do Islamismo: "Guie-nos, ó Deus, pelo caminho da harmonia perfeita, o caminho daqueles a quem abençoastes com as dádivas da paz, da alegria, da serenidade e do deleite..."

Do Budismo: "Possam todos os seres ficar livres do sofrimento. Possam todos eles ter felicidade e contentamento. Possam todos ser pacíficos e confortados... Possam todos ser livres. Possam todos os seres habitar na grande paz inata."

Do Hinduísmo: "Que haja paz nas regiões mais elevadas; que haja paz no firmamento; que haja paz sobre a Terra. [...] O Senhor Supremo é a paz. Que nós todos possamos estar em paz, paz, paz, paz; e possa essa paz chegar até cada um de nós."

2.
Deus, que Caminho Eu Devo Trilhar?

Os 9 Caminhos para a Paz Quintessencial

Nossa idéia de Deus nos revela mais
sobre nós mesmos do que sobre Ele.

THOMAS MERTON

Num certo sentido, há um número infinito de caminhos que levam a Deus, um para cada um de nós. Na mitologia hinduísta, o jovem Senhor Krishna é descrito como um vaqueiro que as *gopis* (ordenhadoras) acham irresistível. Quando Krishna toca a sua flauta celestial, as gopis largam tudo o que estão segurando e correm até ele, nada mais querendo a não ser estar com o seu bem-amado. Então Krishna se multiplica, tomando uma forma singular — jovem, velho, alto, baixo, etc. — para combinar com o desejo de cada uma das ordenhadoras. Essa antiga alegoria mostra como uma multidão de qualidades pode ser atribuída a Deus; os cultuadores tendem a se fixar naquelas que se ajustam melhor às suas personalidades, que concordem com as suas crenças e sirvam às suas necessidades psicoespirituais. O conto também ensina que o desejo pela união divina pode ser expresso de muitas maneiras, e que o caminho para Deus é altamente individual.

As tarefas que estão diante de nós quando fazemos as pazes com Deus, os métodos que nós utilizamos e as armadilhas e desafios que enfrentamos são tão únicos quanto os nossos perfis. Não obstante, cada um de nós está basicamente inclinado a seguir um dos nove caminhos distintos, com base nos arquétipos descritos neste capítulo.[1] Esses arquétipos podem ser concebidos como impulsos de

1. Os que estão familiarizados com o Eneagrama reconhecerão que esses nove arquétipos correspondem livremente aos impulsos de personalidade desse sistema, especificamente aplicados ao ato de fazer as pazes com Deus.

personalidade dominantes, cada um deles com tendências e forças específicas, e também com um lado escuro que cria obstáculos para a paz, e que deve ser examinado conscientemente e superado.

Quando você estiver lendo a respeito dos arquétipos, você descobrirá em cada um deles alguma coisa com a qual se identificará e introvisões que o ajudarão na sua jornada espiritual. Isto se deve ao fato de que todos nós temos características em comum com cada impulso de personalidade. Dois ou três arquétipos provavelmente farão com que você se lembre intensamente de si mesmo. Um deles poderá se erguer acima de todos os outros. Você dirá: "Este sou eu!" Bem, *não* é você. Como todos os sistemas de classificação de personalidade, este é tão útil — e tão limitado — como um bom mapa ou metáfora. Os arquétipos definem uma coleção de qualidades que descrevem como alguns indivíduos pensam, sentem e agem durante a maior parte do tempo. Eles desenham um esboço grosseiro do ego, esse aspecto da consciência que nos proporciona o nosso sentimento de individualidade. O ego é a voz do eu, do mim e do meu. Como nos contornos com giz que a polícia desenha para indicar a posição em que um cadáver estava quando foi encontrado, o ego define as fronteiras de uma ilusão. Ele nos convence de que o pequeno eu com quem nos identificamos — consistindo em nosso corpo, nossos valores e nossas atitudes, os papéis que nós desempenhamos, etc. — é o verdadeiro centro do nosso ser. Ele tenta vender essa mentira como um consumado artista que oferece falsos produtos e que sabe que no minuto em que nós apreendermos o que nós realmente somos, tudo estará perdido. A tarefa central de todos os buscadores espirituais é irromper através da ilusão de que nós somos o que o nosso ego define como "eu", e corajosamente abraçar o verdadeiro Eu que nós compartilhamos com tudo o que existe.

Um dos inúmeros paradoxos do caminho espiritual é que, embora tenhamos a sensação de que estamos tentando chegar a um destino específico, nós, na verdade, já estamos lá. Nós não precisamos encontrar o Eu, nós *somos* o Eu. Nós não temos de realizar a união com Deus, nós já somos unos com Deus. Ao mesmo tempo, nós podemos igualmente *não* ser unos, pois nós não *sabemos* que nós somos. É o mesmo que dizer: "O Sol não está brilhando", quando o Sol está realmente brilhando como sempre faz, estando apenas obscurecido por nuvens. A nossa identificação com o ego é uma nuvem auto-imposta. É uma miragem limitada pelo tempo e limitada pelo espaço, que bloqueia a nossa percepção do Eu eterno. Porém, outro paradoxo é este: o ego pode ser uma ilusão, mas ele também é real. Tão real quanto uma nuvem. É tão tolo fingir que nossa personalidade individual não existe como fingir que ela é tudo o que somos. Nosso pequeno eu é o veículo que nós estamos conduzindo (alguns diriam que nós o escolhemos ou até mesmo que o planejamos) ao longo do caminho sem-caminho para o Infinito.

Embora precisemos sempre nos lembrar de que nós não somos o que dirigimos, nós precisamos levar a sério o nosso veículo, cuidar dele sem ficarmos obcecados por ele e usá-lo para a nossa total vantagem até que não precisemos mais dele.

Tendo isso em mente, a leitura sobre os nove arquétipos lhe dará um entendimento maior das suas próprias necessidades e desafios espirituais, bem como introvisões a respeito de outras pessoas na sua vida — seu parceiro amoroso, os pais que o educaram, o clero e os congregados de sua afiliação espiritual ou casa de culto, seus amigos e colegas de trabalho — cuja orientação básica pode ser diferente da sua. Ela também lhe proporcionará um ponto vantajoso revigorado para você observar o seu passado e o ajudará a definir o que você precisa fazer agora a fim de fazer as pazes com Deus. Se você descobrir que um dos arquétipos descreve a sua personalidade melhor do que qualquer um dos outros, considere-o como a sua orientação fundamental, aquela para a qual você voltará a sua atenção com mais intimidade à medida que você prosseguir na leitura deste livro. Mas use-o com leveza. Não se perca em análises nem permita que ele o defina, assim como você não permite que o seu signo astrológico o defina. Os arquétipos são simplesmente resumos de alguns dos papéis que nós desempenhamos no palco da vida, onde, como nos lembra Shakespeare, somos todos atores.

Tenha em mente que nenhum arquétipo é melhor do que qualquer outro. Eles são apenas diferentes posturas que nós adotamos com relação a Deus, expressões peculiares do anseio eterno por união. À medida que amadurecemos espiritualmente, as diferentes características de personalidade que antes definiam quem nós somos tornam-se menos significativas. Como roupas da moda, ou antigas amantes que nós achávamos que não conseguiríamos viver sem elas, ou convicções adolescentes que nós outrora pensávamos que as defenderíamos até a morte, elas são apegos aos quais nós aderimos cada vez menos.

É também vital nos lembrarmos de que cada arquétipo abrange uma ampla faixa de qualidades. Dentro de cada um deles há indivíduos que são totalmente seculares e divorciados da espiritualidade, bem como outros que são cem por cento dedicados à união com Deus — e qualquer pessoa está entre esses dois casos. E, o que é mais importante, as características dentro de cada arquétipo existem num *continuum* que vai da integração à desintegração. Dependendo do nível de percepção do indivíduo, do seu desenvolvimento espiritual e da sua maturidade emocional, ele ou ela exibirá qualidades que são mais fortes ou mais fracas, mais evoluídas ou menos evoluídas, nobres ou rudes, construtivas ou destrutivas, catalisadoras da paz com Deus ou obstáculos à paz. À medida que nos movemos em direção à paz que ultrapassa a compreensão, nós naturalmente evoluímos em direção às melhores qualidades do nosso princípio arquetípico e nos afastamos de suas fraquezas. Porém, todo crescimento ocorre por meio da interação entre valores aparentemente opostos. Ao nos tornarmos conscientes de características que nos retêm, nós podemos mais facilmente superá-las e aproveitar nossas forças para o crescimento espiritual. Por isso, para tornar a discussão mais útil, dedicamos mais espaço às qualidades que nos colocam num caminho que leva à paz com Deus, enfatizando o que podemos fazer para nos elevar acima das características que nos retêm.

O que se segue são descrições dos nove caminhos arquetípicos para Deus, nesta ordem: o Reformador, o Amante, o Realizador, o Criador, o Pensador, o Buscador de Segurança, o Aventureiro, o Patrão e o Pacificador.

O Reformador

Se você disser: "Basta, eu alcancei a perfeição", tudo está perdido.

SANTO AGOSTINHO

Reformadores tendem a ver Deus como o Grande Fazedor de Regras, o doador dos mandamentos que, se forem seguidos, tornam todas as coisas boas, puras e sagradas. Idealistas, compassivos e altamente éticos, os Reformadores, no que têm de melhor, formam pregadores, cruzados e agentes de cura extraordinários. O seu compromisso para fazer o que é certo os torna leais seguidores e discípulos devotados. Porém, quando eles acreditam que a estrutura predominante não está de acordo com os melhores e mais altos ideais, eles lideram o movimento para mudar as regras. Eles mantêm a si mesmos e a outras pessoas em padrões elevados, e quando pessoas ou instituições não estão à altura, eles voltam suas energias produtivas para a reforma e a transformação. Assim como a água assume diferentes formas — rios, chuva, gelo, etc. — e remodela a terra, os Reformadores se adaptam às necessidades de suas vizinhanças a fim de purificá-las e reestruturá-las. Quando se elevam ao nível de um Jesus, de um Buda ou Maomé, ou de um Gandhi, de um Mandela ou de um Martin Luther King, Jr., os Reformadores mudam o curso da história. Se tivessem as suas mais altas aspirações realizadas, todos eles celebrariam as suas diferenças embora se mantivessem fixados na grande verdade da nossa Unicidade divina, e o céu desceria sobre a Terra.

Incansáveis em sua busca por auto-aperfeiçoamento, inflexíveis em sua auto-avaliação, os Reformadores querem fazer o melhor que podem e ajudar outras pessoas a fazer o mesmo. Eles olham para si mesmos com brutal honestidade, enxergam o que precisa ser feito e empreendem, com firmeza de propósito, a tarefa de remover obstáculos e limpar impurezas. Sendo, por natureza, solucionadores de problemas, sua orientação é imaginar as regras do caminho e segui-las ao pé da letra. Se eles conseguirem fazer isso, sentirão que, com certeza (dependendo de sua orientação religiosa), merecerão a graça de Deus, ganharão pontos para a vida após a morte ou ascenderão rapidamente para a iluminação espiritual.

O Desafio Espiritual do Reformador

O anseio dos Reformadores por perfeição torna difícil para eles tolerar um mundo que é, pelo menos na superfície, imperfeito. Eles podem ser hipersensíveis, críticos que vivem julgando e encontrando falhas nas coisas, sempre alertas para algo que precisa ser corrigido. Quando apanhados em seus egos, eles são impelidos a se concentrar em toda e qualquer pessoa ou a tentar convertê-las ao seu sistema de crença. Quando não o conseguem, eles ficam zangados — com Deus, por criar um mundo imperfeito; com os seres humanos, por bagunçar e emporcalhar o mundo perfeito de Deus; ou consigo mesmos, por não fazerem o bastante para as coisas darem certo. Seu perfeccionismo também pode torná-los inconstantes; quando as pessoas ou os ambientes estão além de sua capacidade para reformá-los, é provável que eles transfiram sua lealdade e dedicação a alguma coisa que pareça perfeita, ou pelo menos aperfeiçoável. Com freqüência, eles convertem cada novo ensinamento, guru, igreja, livro ou *insight* em A Resposta — até eles descobrirem que ela também é imperfeita.

As fileiras de fundamentalistas em cada religião estão cheias de Reformadores. Eles pensam que o seu caminho é o único caminho verdadeiro, o caminho que leva à bondade e a Deus, e eles querem que todos despertem e adotem o programa. Embora o seu zelo missionário tenha nascido das melhores intenções, eles, nos casos mais extremos, não pouparão esforço algum para ganhar convertidos. Como a história lamentavelmente testemunhou com as Cruzadas, a Inquisição e várias jihads (guerras santas), Reformadores desesperados podem destruir as próprias almas a que eles se propuseram salvar. Em posição de autoridade, eles podem ser obsessivos fazedores de regras e impositores de regras. Dogmáticos, intransigentes, intolerantes e donos da verdade, eles sentem que precisam converter os infiéis e descrentes — ou eliminá-los — para que a perfeição de Deus possa ser realizada sobre a Terra. Seu fervor pode destruir uma instituição corrupta só para instalar em seu lugar a marca de um novo estilo de opressão.

Em sua maioria, os Reformadores, é claro, não chegam a tais extremos. Mas eles sempre trabalham arduamente por aquilo em que acreditam, e às vezes o seu nobre senso de propósito e os seus elevados padrões de responsabilidade os transformam em sobrecarregados animais de carga que trabalham por uma causa. Em momentos de fraqueza, eles poderiam se voltar para Deus e gritar: "Por que você me dá esta pesada cruz para carregar?" — quando eles involuntariamente amontoam a lenha sobre os seus próprios ombros. Ou, vendo que ainda estão sofrendo apesar de terem trabalhado duramente para se aperfeiçoar, eles poderiam se erguer frustrados e gritar: "Eu segui todas as regras, Deus! Por que eu estou sendo castigado?"

Por um lado, quando eles voltam a luz do seu olhar perfeccionista sobre si mesmos, os Reformadores podem ser impiedosamente autocríticos. Eles são altamente inclinados a se culpar e a se envergonhar. "Eu não sou compassivo o suficiente." "Eu não tenho vivido de acordo com os padrões de Deus." "Eu não consigo subir acima dos meus impulsos sexuais ou das minhas ambições materiais." Eles trabalham implacavelmente para serem perfeitos, e quando, invariavelmente, não conseguem chegar à altura das suas expectativas, podem afundar na autoaversão e no desespero. Excessivamente sérios, eles podem tornar-se Goody Twoshoes*, suprimindo os seus instintos humanos e negando a si mesmos o prazer e a alegria. Freqüentemente, acabam exauridos ou acabam contraindo uma doença induzida pelo *stress*. Ou então, as emoções negativas que eles enterraram explodem em formas extremadas de ação; eles quebram todas as regras pelas quais tentaram viver e se entregam a comportamentos que mais tarde os levam a se sentir culpados.

Não estando em paz com Deus, se sentem trágicos como Reformadores. Isso reforça neles a convicção de que são inerentemente defeituosos ou corrompidos. Para fazer as pazes, eles precisam reformar a si mesmos — e não apenas da maneira como eles pensam que fazem. O credo que eles adotam deveria ser Alivie-se! Eles precisam entender que no nível espiritual todas as imperfeições do mundo fazem parte da criação de Deus, perfeita em sua imperfeição. Ao entrar em contato com a compaixão natural que se encontra na extremidade positiva do espectro do Reformador, eles podem aprender a aceitar a realidade como ela é, as outras pessoas como elas são e Deus como Deus é. Mas ainda mais importante é a *auto*-aceitação; Reformadores precisam se aliviar para serem humanos. Quando eles o fazem, eles mal podem dar permissão a si mesmos para desfrutar dos prazeres da vida na Terra.

---

* Personagem de uma história para crianças. Era uma menina que só tinha um sapato. Quando ganhou um par, ficou tão emocionada que dizia para todos que encontrava: "Dois sapatos!" Passou a indicar alguém com excesso de autoconfiança ou um moralista de mente estreita (N.T.)

Mas talvez o mais importante de tudo é que os Reformadores precisam interromper por algum tempo o impulso que eles têm de avaliar tudo ao seu redor e olhar clara e profundamente dentro de si mesmos. Seus esforços persistentes para fazer deles pessoas melhores ficam, em geral, restritos ao nível do comportamento externo. Eles precisam entender que o problema real não é o que está se passando "lá fora", mas a sua própria tendência para criticar, encontrar defeitos e ficar facilmente irritados. Devido ao fato de que tendem a negligenciar o que é nutritivo e curativo para a alma alegando que isso seria auto-indulgência, é extremamente importante para os Reformadores se refugiar, de tempos em tempos, das irritantes imperfeições do mundo. É apenas no âmago do Eu, onde os aguarda a paz infinita do Divino, que os perfeccionistas podem encontrar a perfeição verdadeira e uma proteção perfeita.

O Amante

O Amor caminha pela trilha dourada que leva a Deus.

PARAMAHANSA YOGANANDA

Amantes são devotados a Deus como o supremo Bem-Amado e sentem com muita profundidade o amor infinito de Deus. Eles querem beber o néctar do amor divino, e a sua maneira de conseguir isso é por intermédio do culto, da devoção e da entrega. Na Índia, o caminho do Amante é chamado de bhakti ioga, o caminho do coração, no qual o aspirante tem os pensamentos exclusivamente voltados para o objeto da sua adoração, seu guru ou Deus. Graças a essa adoração, diminui o agarrar firme do ego, pois ele se funde na união com o divino.

Românticos espirituais, os Amantes estão apaixonados pelo amor. No que têm de melhor, eles acham fácil subordinar seus próprios desejos em favor da generosidade, da empatia profundamente sentida e da profunda compaixão. Alguns se tornam devotos extáticos, inebriados de Deus, que cantam e dançam e choram de exaltação, voltando-se tão exclusivamente, em sua paixão, para o objeto único dos seus pensamentos, que eles perdem o interesse por qualquer coisa que não seja Deus, o Bem-Amado. Outros inclinam os seus inflados corações para as suas criaturas companheiras, e encontram genuína alegria e profunda satisfação em dar desse amor. Eles sabem que quem dá sempre obtém mais do que quem recebe. Humildes e deliberadamente imperceptíveis, eles são doadores naturais de cuidados. Pense em Madre Teresa e em outras pessoas, cujo caminho para Deus é um serviço abnegado em favor dos necessitados, ou nos bodhisattvas da tradição budista, que se abstêm de sua própria libertação final e permanecem na forma humana para ajudar a aliviar o sofrimento de todos os seres. Para os Amantes espirituais que escolhem a vida familiar, o sacrifício do ego que ocorre com o exercício das funções parentais, o mútuo intercâmbio do casamento e o êxtase da união sexual pode servir como veículo sagrado para vivenciarem o amor de Deus.

Como o exemplo ideal tanto do amante como do amado é a Mãe Divina, os Amantes freqüentemente cultuam o sagrado feminino, às vezes na forma de Maria, às vezes como uma figura de deusa. Em sua expressão mais elevada, eles também *adquirem* as qualidades da Mãe Divina. Isto se aplica tanto para os amantes como para as amantes, pois as qualidades da Mãe são compartilhadas por ambos os sexos (como o são as qualidades "masculinas" do Protetor e do Provedor). Isso proporciona aos Amantes a capacidade para assumir diferentes papéis — provedor, nutricionista, psicólogo, educador, agente de cura, etc. — dependendo das necessidades daqueles a quem eles amam. Como o pai divino, Amantes espiritualmente maduros são capazes de dar de maneira incondicional e aparentemente incessante, quase nunca exaurindo o seu reservatório de amor. Como o amor é uma força magnética delicada que unifica a diversidade e traz totalidade à variedade, eles prontamente abraçam a visão espiritual da união com Deus e empreendem a tarefa com o máximo de humildade.

O Desafio Espiritual do Amante

Para os Amantes no seu estado menos evoluído, o ato de amar não é tão generoso, nem tão sagrado. O anseio nasce do vazio e não da plenitude. Seu propósito é satisfazer os desejos de um pequeno eu, e não transcendê-los. E o seu amor vem com cordas a ele amarradas. Freqüentemente possessivos e indigentes, eles querem alguma coisa em troca, em geral o tipo de amor que eles mesmos ainda não são capazes de dar. Eles precisam se sentir especiais aos olhos do amado. No que se refere a Deus, isso pode se traduzir não apenas num forte desejo de beatitude divina, mas às vezes até mesmo mais — um sinal de que eles foram ungidos como um dos escolhidos.

Freqüentemente, o que parecem ser atos de serviço e de pura generosidade poderão na verdade ser tentativas calculadas para ter alguma coisa em troca — no mínimo, apreciação e elogios. No contexto de um grupo espiritual e religioso, eles são os bajuladores, que estão sempre procurando maneiras de chamar a atenção do guru ou serem escolhidos em meio a vários outros para uma rodada de aplausos pelo ministro pelo seu serviço de sacrifício para a congregação. Amantes, em sua busca por mais e mais amor, podem tornar-se excessivamente acomodados.

Eles também são inclinados a "forjar o seu estado de ânimo" — fingindo para si mesmos e para os outros que são santos, mais humildes e mais compassivos do que você. Sua falsa humildade se origina, realmente, de uma qualidade que eles declaram detestar: o orgulho. "Olhe para mim!", declaram eles silenciosamente. "Você vê como o meu amor é abnegado? Como eu sou devotado? Quão perfeitamente livre do ego eu me tornei?" Essa charada raramente é consciente, pois eles se acham tão determinados a esconder o seu lado escuro de si mesmos quanto das outras pessoas. Para compensar, muitos Amantes projetam a sua sombra sobre outras pessoas e as culpam quando as coisas dão errado. Podendo ser facilmente feridos, e sendo vulneráveis à rejeição e à humilhação quando não recebem o amor pelo qual ansiavam, eles rapidamente encontram defeitos no objeto das suas afeições.

Mas os Amantes não podem tão facilmente culpar Deus se eles não obtêm o amor divino que desejam. Então, em vez disso, eles culpam o Diabo, ou um cônjuge não-crente, ou uma instituição corrupta, ou talvez um pastor ou guru cujos defeitos humanos se tornaram evidentes. Então eles se põem a caminho para encontrar um substituto que reconheça neles as almas especiais que eles são. Enquanto isso, eles poderão se munir de um sentimento requintado de satisfação emocional que parte do anseio pelo próprio amor, pois muitos Amantes amam o anseio tanto quanto o próprio amor.

Alguns Amantes *culpam* a si mesmos quando as bênçãos que eles querem de Deus ou de algum ser humano não estão em vias de ocorrer: "Eu não devo merecê-lo. Eu não devo tê-lo amado com a pureza suficiente." Ao chegar a esse ponto, eles poderiam ir a extremos de desespero para provar a si mesmos que são merecedores — durante todo esse tempo sentindo-se aterrorizados ao imaginar que, na verdade, eles não o merecem, em absoluto. É nessa ocasião que os egos dos Amantes tornam-se vulneráveis à sua principal armadilha: o martírio. Como Ado Annie, a personagem do musical *Oklahoma*, eles "não podem dizer não". E, como Annie, eles freqüentemente acabam numa "terrível enrascada". Eles darão e se sacrificarão, e em seguida darão e se sacrificarão um pouco mais, sempre procurando maneiras de ajudar, proteger, alimentar e, em outros aspectos, provar o seu valor como Amantes.

Os Amantes precisam aprender a dedicar a outras pessoas cuidados e preocupação e, além disso, precisam aprender a cuidar de si mesmos. Seu credo poderia muito bem ser "Deus ama aqueles que amam a si mesmos". Você não pode florescer plenamente como Amante a menos que possa amar a si mesmo. Eles também precisam distinguir entre atos que estão arraigados num impulso sincero para servir a outras pessoas e aqueles que resultam de indigência ou de dependência. Talvez mais do que tudo, eles têm de parar de procurar pelo amor de Deus em todos os lugares errados e entrar em contato direto com ele, onde ele sempre habita, na profunda quietude do Eu.

O Realizador

A finalidade da vida não é obter o prazer e evitar a dor.
A finalidade da vida é realizar a vontade de Deus, aconteça o que acontecer.

MARTIN LUTHER KING, JR.

Os Realizadores reverenciam Deus como Mestre Construtor, o Supremo Arquiteto da Criação e Diretor Presidente do Cosmos, que realiza uma ordem magnífica em meio à complexidade infinita. Realizadores espiritualmente motivados gravitam em direção a boas obras, incansavelmente servindo a Deus ou à idéia que eles fazem de um bem maior. Do ponto de vista oriental, o caminho deles é o da karma ioga. Eles podem ser sonhadores no sentido em que o decretou Robert Browning: "O alcance de um homem deve exceder a sua capacidade de apreensão; caso contrário, para que haveria um céu?" Mas eles sabem que se deve exercer uma ação sobre os sonhos para eles se tornarem realidades concretas. Os Realizadores são aqueles que poderiam interromper uma cadeia interminável de sessões de planejamento para dizer: "Chega de conversa. Vamos arregaçar as mangas e trabalhar!" Precisamos levantar mais dinheiro? Enviar a correspondência? Construir uma nova ala? Avante com isso! Como as abelhas operárias ou os capitães dos times, eles estão lá fora, na frente, certificando-se de que o trabalho de Deus está sendo feito, quer servindo diretamente aos necessitados ou criando um fundamento caridoso.

Os Realizadores, progressistas por natureza, estão sempre procurando seguir em frente em seu crescimento espiritual, tornando-se autênticos cavaleiros em busca do Santo Graal. Fazer as pazes com Deus torna-se uma nobre tarefa a ser realizada. Generosos por natureza, os Realizadores maduros indicarão o caminho para os outros, e, como os guerreiros espirituais, matarão qualquer dragão que se interponha no caminho. No melhor dos casos, eles se tornam santos cujos esforços abnegados em tornar o mundo um lugar melhor inspiram veneração. Seu anseio espiritual mais profundo é transformar a Terra num reino (*queendom*) celeste.

O Desafio Espiritual do Realizador

A dificuldade fundamental que está sempre à espreita do Realizador é a de equilibrar o valor espiritual com o desempenho e a realização exteriores. É provável que os Realizadores tratem o caminho para o Inefável como se fosse uma competição. Eles querem saber exatamente o que Deus espera deles, e que passos eles precisam dar para merecer as chaves do céu TÃO LOGO QUANTO POSSÍVEL. Com freqüência, quando eles parecem estar trabalhando para um bem superior, eles na verdade estão servindo o seu eu inferior numa tentativa calculada de serem espiritualmente recompensados. A cada passo, os Realizadores que carecem de integração estão exclamando: "Como estou me saindo, Deus?" Eles medem o seu progresso espiritual por qualquer moeda corrente que a sua tradição ou ensinamento oferece, e comparam seus pontos ganhos com os dos seus companheiros viajantes, do mesmo modo que nos negócios eles comparariam sua participação no mercado com a da concorrência. Sempre olhando para a frente, tendo em vista a realização superior, eles não conseguem estar no Agora, onde o objetivo que procuram atingir só pode ser obtido por meio do desprendimento. Eles podem ficar tão obstinados com o destino que não conseguem desfrutar da surpresa e do mistério do caminho.

Quando adquirem posições de autoridade religiosa, os Realizadores são altamente habilidosos em propagar a palavra e atrair seguidores. Com seu carisma natural e sua capacidade para projetar uma *persona* que se ajuste às expectativas do grupo, eles rapidamente reúnem um rebanho. Alguns deixam uma marca positiva na história espiritual, mas outros se juntam às fileiras dos gurus decaídos, dos clérigos envolvidos em escândalos e das instituições desacreditadas.

Os Realizadores precisam aceitar a si mesmos como seres humanos, e não apenas como praticantes humanos. O seu mantra deveria ser: Deus me ama por quem eu sou e pelo que eu sou, e não apenas pelo que eu realizo. Interrompendo a sua atividade incessante de vez em quando para se voltar para o seu interior, eles poderiam fazer algo que acham difícil: distinguir os seus valores verdadeiros daqueles que eles absorveram das suas famílias e das suas religiões. Os Realizadores têm problemas com a quietude porque eles se sentem como se nada estivessem fazendo — e esse é precisamente o ponto, pois é desse nada que surge o espírito, vivo. "O silêncio é a linguagem de Deus", disse o Padre Thomas Keating, "e tudo o mais é uma má tradução." Os Realizadores precisam perceber, por meio de experiência direta, que o silêncio no âmago do seu ser não é um vazio a ser evitado, não é um abismo de nada ou um poço de trevas, mas uma fonte de plenitude bem-aventurada e um manancial de luz.

Eles também precisam aprender que alimentar a alma não é incompatível com a realização. O romancista francês Marcel Proust disse certa vez: "Os livros são obra da solidão, e filhos do silêncio." Pode-se dizer o mesmo de qualquer esforço que valha a pena. As realizações mais criativas manam da fonte primordial de energia e inteligência dentro de nós. Os Realizadores deveriam trazer em suas mentes os ideais que todas as tradições espirituais advogam — trabalhar pela alegria envolvida nessas realizações, e não apenas para obter reconhecimento e recompensa; servir ao bem mais elevado; realizar bem o seu dever, e, tendo feito isso, permanecer desapegados dos frutos das suas ações. "Até mesmo uma pessoa comum pode realizar coisas extraordinárias quando ele ou ela dá passagem e deixa Deus entrar", diz o rabino Shoni Labowitz. Os Realizadores precisam reconhecer, além disso, que também estará tudo bem se eles *não* realizarem coisas extraordinárias; Deus pode não exigir isso deles.

O Criador

Do individual até o universal, tudo o que nós vemos é jogo e exibição da Inteligência Criadora.

MAHARISHI MAHESH YOGI

O aspecto de Deus que mais atrai os Criadores é, naturalmente, o do Criador Supremo, o Mestre Pintor, o Escultor Sagrado, o Músico Divino e o Contador de Histórias Cósmico. Os Criadores se aproximam de Deus com admiração e temor, reverência e maravilhamento, por meio da apreciação estética e da experiência sensorial extática. Eles são atraídos por rituais elaborados, cerimônias coloridas e cantos corais que agitam a alma. Em suas próprias expressões artísticas, eles utilizam a criatividade como uma espécie de sacramento. Hinos evangélicos, a voz pura de barítono de um preceptor, as obras sagradas de Bach e Beethoven; a Esfinge, Angkor Wat e o Taj Mahal; os tankas tibetanos, as miniaturas islâmicas e a Capela Sistina; as poesias de Rumi e de Rilke e o Cântico dos Cânticos — todas estas são expressões imortais da adoração a Deus e do anseio para se conectar com o Divino por intermédio da expressão criativa. Se os Criadores pudessem inventar um mundo, seria uma coisa bela e uma alegria eterna, livre da vulgaridade e da feiúra, onde todos viveriam em perpétuo deleite.

Dramáticos e apaixonados por natureza, os Criadores são românticos incuráveis. Eles sentem repugnância pelo convencional e reverenciam a verdadeira originalidade. No seu estado mais integrado, os Criadores são compassivos, dão apoio e são gentis, e são capazes de formar fortes ligações interpessoais. Eles sentem profundamente e, no seu estado integrado, eles se permitem vivenciar o espectro completo das emoções, da bem-aventurança celeste às bolhas das mãos calejadas, da exaltação ao desespero, desfrutando do cômico e do patético da vida humana. Em sua busca espiritual, os Criadores anseiam não apenas por se cercar de beleza, mas também por *ser*, eles próprios, belos espiritualmente. Muitos direcionarão sua energia apaixonada e compassiva para ajudar os outros a levar vidas interiormente mais ricas.

Os Criadores, intuitivamente, entendem a alegria de estar abertos para a Presença do momento, dançando extaticamente com os ritmos divinos da vida e regozijando-se na grandeza da Criação. Seu senso natural de proporção e de simetria leva-os do caos e da desordem na superfície da vida para a unidade nas profundezas. Procurando o que é excepcional, assim como o belo, eles se dedicam a embelezar os trabalhos manuais de Deus, semelhantes a jóias. E, junto com a sua paixão pelo prazer e pela beleza, os acompanha uma ardente busca pelo significado e pelo propósito — "O que isso tudo significa?" Procuram desenvolver um refinamento da percepção capaz de apreciar plenamente a grandeza do Criador e da Criação. Eles podem ser grandes visionários, embora os detalhes da manifestação das suas visões geralmente os entediem. No nível mais básico, eles procuram converter as coisas num todo, e a totalidade, na sua forma mais elevada, é a união com Deus.

O Desafio Espiritual do Criador

Espreitando nas sombras do Criador exuberante há uma propensão para a tragédia. Uma das suas principais armadilhas está no fato de que eles não conseguem lidar com a realidade comum. Tudo lhes parece muito mundano, muito comum, muito brando. Apenas o extático lhes convirá. Combinado com o medo que sentem de serem eles mesmos vistos como comuns, serão impelidos para novas e excitantes experiências; quanto mais extraordinárias, melhor. Isso pode levá-los a um comportamento autodestrutivo. Até que eles reconheçam que há caminhos melhores e mais seguros para satisfazer seu anseio pela transcendência, eles tentarão escapar dos confins da realidade monótona através de experiências sensoriais extremadas, e freqüentemente acabam se viciando em alguma forma de "entrar em órbita". É como se eles levassem ao pé da letra a afirmação de William Blake: "O caminho do excesso leva ao palácio da sabedoria", não percebendo que essa afirmação vem dos "Proverbs of Hell" (Provérbios do Inferno).

O lado negro dos Criadores é um potencial buraco negro de loucura. Propensos à depressão, eles usam a sensibilidade para o sinistro e a melancolia como um distintivo de honra. As imagens clássicas da alma torturada, do gênio atormentado e do romântico fatídico são feitas sob medida para esse melancólico arquétipo. Eles com freqüência parecem almas perdidas, espreitando nas margens da sociedade e à beira do desespero. Em muitos casos, suas depressões cavernosas se alternam com suas subidas a alturas de arranha-céus, à clássica moda bipolar, fazendo com que lhes seja tão difícil estar *com* eles como ser eles. Pois eles anseiam por intensidade emocional, estão constantemente criando dramas em sua vida. Seu fardo particular é se sentirem sozinhos e abandonados. Eles sempre parecem aflitos devido a alguma coisa perdida ou ansiando por alguma coisa ainda não encontrada, às vezes se comportando de uma maneira tal que lhes garanta *estar* aflitos e ansiosos. De fato, muitos Criadores são viciados em ansiedade, preferindo inconscientemente essa ansiedade a possuir de fato o que eles estão ansiando.

Os Criadores podem ser excessivamente sensíveis e melindrosos. Facilmente feridos, eles se perturbam constantemente. Embora todos nós tenhamos um crítico interior dentro de nossa cabeça, o do Criador é especialmente cruel, revendo cada *performance* com uma língua ácida. Essa autoflagelação está arraigada num cerne de vergonha, o verdadeiro calcanhar-de-aquiles do Criador. Profundamente deprimidos, os Criadores religiosos freqüentemente se sentem inúteis e sem valor aos olhos de Deus.

Os Criadores sentem freqüentemente que alguma coisa está carente de espiritualidade. "Por que Deus recompensa a *ela* e não a mim?" "Por que Deus está me punindo com visões tão magníficas que eu não posso materializar?" "Eu *jamais* alcançarei a graça?" Pode-se encontrá-los freqüentemente rasgando suas roupas porque não conseguem achar alguma coisa que eles perderam: a alma gêmea que só aparece uma vez na vida e que foi embora, o pai que os amou incondicionalmente e morreu muito jovem, a visão extática que eles tiveram ao ingerir LSD mas que nunca conseguiram duplicar, a Unicidade que eles sentiram quando observaram o Sol se pondo em Machu Picchu e que nunca voltaram a recapturar. Espiritualmente, isso se traduz no fato de se sentirem abandonados por Deus. Os Criadores tendem a se sentir exilados de tudo o que é sagrado, como uma personagem do Velho Testamento que é banida de sua tribo por decreto divino.

O relacionamento que eles têm com Deus é freqüentemente contraditório. Por um lado, eles têm uma sensação de "estar autorizados"; eles esperam que as suas preces sejam magicamente respondidas e que os seus desejos sejam prontamente realizados. Por outro lado, eles se sentem tão fundamentalmente estragados que não merecem a felicidade ou a paz. O termo "desespero existencial" foi feito para eles: "Há realmente qualquer significado para esta vida? Deus realmente existe, e se Ele existe, por que eu não posso ter uma oportunidade?"

Os Criadores precisam saber que, quando Jesus disse: "Bem-aventurados os que choram", ele não estava nos aconselhando a viver em lamúrias. Eles precisam se orgulhar dos seus talentos e realizações, e não se desesperar porque não ganharam o Academy Award ou um Grammy ou um Prêmio Nobel. Eles também precisam entender que a grama é abundante e suficientemente verde do seu lado da cerca. Ser menos melindrosos também ajudaria; eles não precisam tomar como ofensa pessoal cada coisa que eles pensem que Deus está lhes fazendo. Eles têm de aceitar que o propósito divino não é puni-los, mas abraçá-los e eliminar a sua vergonha.

O trabalho interior fundamental dos Criadores consiste em abrir espaço para o equilíbrio e a serenidade. Eles precisam apreciar o fato de que a vida pode ser emocionante e tranqüila ao mesmo tempo. A condição dos que se encontram seriamente deprimidos precisa ser tratada adequadamente. Eles também precisam entrar em contato com as raízes da sua vergonha, que usualmente vêm do início da infância, e silenciar as vozes interiores agressivas que constantemente as reforçam. A gratidão é a virtude que eles mais precisam cultivar. Eles fariam bem em se lembrar do provérbio muçulmano: "Escreva na areia as coisas erradas que são feitas a você, mas escreva as coisas boas que acontecem com você num pedaço de mármore."

Ao aprender como extrair alegria das coisas comuns, os Criadores poderiam tropeçar na Presença transcendente pela qual eles anseiam. Se Deus está lhes enviando uma mensagem, essa mensagem não é: "Você não merece o que deseja." Ela é: "Pare de procurar por mim numa sarça ardente, numa visão, num trovão ou num clarão de luz divina. A excitação é tão efêmera quanto o vento, tão inconstante quanto a neve. Você pode encontrar êxtase tão prontamente, e talvez de maneira ainda mais duradoura, no tinir de carrilhões eólicos e não apenas na Nona de Beethoven; numa planta em um vaso e não apenas em montanhas majestosas; numa capela nos fundos de um edifício com lojas na frente e não apenas na Catedral de Chartres; na leitura do Dr. Seuss para uma criança e não apenas em Dante ou em Donne; em tiras de histórias em quadrinhos dominicais e não apenas em Van Gogh; num toque de mãos e não apenas num orgasmo."

Como Henry Miller observou, "nós vivemos nas margens do miraculoso". A paz de Deus está aqui para que nós lancemos mão dela. Possam os Criadores apreendê-la da maneira como eles hoje apreendem emoções intensas.

O Pensador

Eu ouço e contemplo Deus em cada objeto; e, no entanto, eu não tenho sequer uma compreensão mínima de Deus.

WALT WHITMAN

Para os Pensadores, Deus é a Inteligência Pura, a Grande Mente Cósmica, o Gênio Supremo, o Sábio Definitivo. Estudiosos, obstinados em sua busca por certeza intelectual, quando os Pensadores são atraídos para a contemplação de Deus, eles com freqüência se tornam eruditos religiosos e teólogos. Quando eles deixam as suas torres de marfim para se empenhar na vida do espírito, eles poderiam sentir-se atraídos para o mosteiro. Mesmo que eles tenham empregos e famílias, você os encontrará com tanta freqüência quanto as circunstâncias o permitem meditando atrás de portas fechadas, caminhando compassada e contemplativamente em algum local enclausurado ou partindo para um retiro solitário. O caminho deles é o do conhecimento, que na Índia seria chamado de *gyana* (ou *jnana*) ioga. Seu método preferido é a investigação persistente da natureza das coisas e sua ferramenta favorita é o intelecto discernidor.

Naturalmente desprendidos, os Pensadores acham fácil — na verdade, acham preferível — estar sozinhos. Eles são capazes de formar relacionamentos sólidos e duradouros, contanto que lhes seja permitido reservar para si mesmos uma certa quantidade de solidão. Mais do que a maioria das pessoas, eles acham fácil renunciar às posses materiais e aos assuntos mundanos ou viver em simplicidade voluntária por causa dos seus valores espirituais. Conhecer é, para eles, muito mais importante do que ter ou fazer. Eles anseiam por saber como Deus opera, quer expressem esse anseio numa linguagem científica ou religiosa. Sua independência resoluta permite que eles pensem por si mesmos, questionando repetidamente e debatendo persistentemente até que suas indagações intelectuais sejam satisfeitas — se é que elas *podem* ser satisfeitas, pois algumas das questões para as quais os Pensadores são atraídos são tão enigmáticas quanto esta: "Qual é o som de uma única mão batendo palmas?" Para os Pensadores, as pazes com Deus estarão realizando a suprema experiência do Aha!

Os Pensadores anseiam por revelação, e eles trazem à busca uma ardorosa dedicação à verdade. Eles se recusam a se contentar com dogmas, respostas convencionais ou explicações cômodas. Sabendo como é fácil ser iludido pelas limitações dos sentidos, eles exigem clareza e precisão, testando cada pressentimento e cada dedução. Em seu estado mais integrado, os Pensadores "sacam" que a mente só pode levá-los até a porta do Transcendente, e por isso eles dirigem seus poderosos intelectos para a tentativa de conceber, de subjugar sua tagalerice mental contínua e transcender o próprio pensamento.

O Desafio Espiritual do Pensador

Para os Pensadores, os principais obstáculos para fazer as pazes estão literalmente em sua mente. Eles fazem o melhor que podem para pensar demais. Eles não conseguem enxergar os limites de seu intelecto. Ficam atolados em sua cabeça, ruminam obsessivamente e com o pensamento seguem caminho até seu próprio inferno privado. Discutindo interminavelmente com eles mesmos, eles perseguem suas próprias caudas intelectuais, assim como tentam em vão se apoiar na razão enquanto rumam para o Incognoscível. Deus não é um objeto que pode ser observado e examinado de longe, como os astrônomos analisam as estrelas. Deus não pode ser reunido e colocado sob um microscópio, como os botânicos estudam as plantas. Deus só pode ser conhecido pela absorção num lugar além do pensamento.

Alguns Pensadores se sentem tão desconfortáveis com a incerteza, a imprevisibilidade e a ambigüidade que eles ficam atolados em suas próprias conclusões convenientes. Quando eles se tornam sabe-tudo, como muitos, eles podem ser arrogantes com relação aos que têm visões que se contrapõem às suas. Eles podem fechar a própria mente, privando-se de novas idéias e de perspectivas diferentes. Quando a lógica e a razão entram num beco sem saída — para onde eles usualmente são levados quando perseguem a verdade espiritual — os Pensadores podem se tornar céticos ou crentes compulsivos.

Os Pensadores não gostam de obrigações e de exigências, preferindo a exploração solitária. A partir do ressentimento, eles com freqüência se rebelam em silêncio contra as expectativas dos outros, sejam eles um parente, um cônjuge ou uma instituição religiosa. Mas o que eles consideram uma oposição saudável à convenção é, em alguns casos, apenas uma rebeldia insignificante. Num nível espiritual, a rebelião pode isolar os Pensadores, impedindo-os de tirar vantagem de ensinamentos valiosos e privando-os do apoio e da nutrição de companheiros espirituais. A solidão é de imenso valor no caminho que leva a Deus, mas a comunidade também o é. Daí o fato de que sangha — a sociedade dos buscadores — é uma das Três Jóias do Budismo. Os judeus exigem um grupo de dez pessoas para rezarem adequadamente. E Jesus disse aos seus discípulos: "Sempre que dois ou três estiverem reunidos em meu nome, eu estarei no meio deles."

Ensinamentos que exigem a renúncia do desejo aparecem facilmente aos Pensadores, porque eles tendem, antes de mais nada, a ser desapegados, e não têm muita confiança em aquisições materiais. No entanto, uma coisa é estar plenamente engajado na vida, embora desapegado de expectativas e resultados; outra coisa, totalmente diversa, é ser indiferente. A primeira é uma sonhada posição espiritual; a última pode ser apenas uma outra forma de preocupação consigo mesmo. O verdadeiro desapego espiritual nasce da plenitude interior e do absoluto contentamento, e não do desapego emocional. Se você está distanciado, como os Pensadores tendem a estar, você deixa de experimentar os benefícios espirituais da intimidade interpessoal e do serviço a outras pessoas — ou a Deus — um conceito difícil para os Pensadores adotarem. Sua inclinação natural para se desprender da vida torna-os emocionalmente distanciados. Isso faz com que percam as oportunidades de abrir o seu coração. E para fazer as pazes com Deus você precisa envolver o coração, e não apenas o cérebro. Os Pensadores precisam deixar sua cabeça de tempos em tempos e se empenhar na vida, visceral e emocionalmente. Ao emergir de seus retirados santuários interiores para passar o tempo com outras pessoas, eles estão prontos para aprender muito.

Os Pensadores têm de compreender que eles não podem usar a razão para abrir caminho até Deus e que o pensamento racional só pode caminhar enquanto consegue responder às suas perguntas *a respeito de* Deus. Os caminhos de Deus têm frustrado os mais prestigiosos intelectuais da história, e então, que chances sobram para o restante de nós? O desafio do Pensador é aceitar que algumas coisas são simplesmente insondáveis para a mente humana. Mas os Pensadores têm problemas com o não-pensar; até mesmo os mais dedicados buscadores espirituais entre eles resistiriam ao instinto de se fundir com o Infinito. Eles têm medo de ser engolidos e perder sua mente autônoma.

Os Pensadores são atraídos naturalmente por práticas de meditação que eles possam realizar sozinhos, na privacidade. Esta é uma enorme vantagem no caminho que leva à paz com Deus. Mas, embora essas práticas sejam poderosas e vitais, elas também podem ser realizadas em excesso e usadas como desculpa para se desembaraçar do mundo. Os Pensadores estão bem advertidos de que devem acrescentar ao seu repertório disciplinas praticadas em grupo, tais como a entonação de cânticos e os serviços de culto, bem como práticas não-mentais, tais como a ioga, o trabalho sobre a respiração e as artes marciais. Para fazer isso com êxito, talvez eles também precisem superar sua tendência para resistir à disciplina e às obrigações.

Talvez o mais importante de tudo seja o fato de que os Pensadores precisam estar dispostos a assumir o compromisso de trabalhar sobre o seu desenvolvimento espiritual. Eles têm uma tendência para se afastar dos desafios e observar à distância, esperando que as coisas venham até eles. Bem, Deus não irá até eles porque Deus já está lá. O próximo lance é o deles.

O Buscador de Segurança

Sede fortes e corajosos; não temais, nem vos atemorizeis.

DEUTERONÔMIO 31:6

Devido ao fato de que aquilo que mais os impele é a necessidade de segurança, os Buscadores de Segurança tendem a ver Deus como o Grande Protetor ou o Supremo Provedor. Quando a vida está indo bem, eles também vêem Deus como aquele que concede bênçãos, uma mãe benevolente que cuida das necessidades dos filhos e dispensa freqüentes alegrias com generosidade suprema. Deus cuidará de mim, eles acreditam, enquanto eu permanecer leal e firme, e seguir a lei. Os Buscadores de Segurança se sentem protegidos, agraciados por um universo generoso, embora bem no fundo eles temam com freqüência que o tapete possa ser puxado debaixo dos seus pés e que tudo seja levado embora.

Naturalmente voltados para o auto-sacrifício, os Buscadores de Segurança trabalharão arduamente para o que eles percebem como a obra de Deus no mundo. Se eles se sentem convocados por alguma causa digna, eles se fazem de vigorosos soldados, parceiros devotados, excelentes jogadores de equipe e modestos subordinados. Se pudessem fazer isso, eles criariam um mundo ideal onde todos estariam sob a proteção divina, onde não haveria ameaças à segurança de ninguém e onde coisas ruins nunca aconteceriam para as pessoas boas.

Os Buscadores de Segurança são bem ancorados, vigilantes e desembaraçados em sua busca pessoal pela paz com Deus. Sólidos como rochas, não se deixam enganar pelo extremismo e é mais provável que sejam seres sensíveis do que fanáticos. Sua curiosidade natural e seu senso de equilíbrio lhes permitem ver todos os lados de um problema. Seu lar espiritual está no meio, que lhes parece mais protegido e mais seguro.

O Desafio Espiritual do Buscador de Segurança

Os Buscadores de Segurança querem que Deus seja um pai perfeito que alivia os seus temores e os protege do perigo que eles percebem ao seu redor. Mas a vida nem sempre se mostra assim totalmente segura, e quando isso acontece, eles temem que Deus seja um outro tipo de pai, o Punidor. Então, eles se sentem ainda mais angustiados do que normalmente o são, o que serve apenas para reforçar outra tendência natural do Buscador de Segurança: a dúvida. Eles são os Tomés com suas dúvidas proverbiais. Apresente a eles uma explicação ou opinião razoável e suas mentes automaticamente mudarão para a posição de advogado do Diabo. Sua capacidade para ver ambos os lados de uma questão tem suas vantagens, mas também os torna indecisos. Eles podem ficar paralisados pela ambivalência, o que os torna excelentes agnósticos que podem argumentar com igual poder de persuasão tanto a favor como contra a existência de Deus.

No seu estado mais fraco, os Buscadores de Segurança se tornam hipervigilantes. Defensivos em sua postura, eles exploram o ambiente com um radar psíquico à procura de mísseis arremessados na sua direção. Quando estão planejando, eles projetam cenários com os piores casos em vez das melhores conseqüências, quando ambos têm igual probabilidade de acontecer. Eles podem até mesmo ficar paranóicos, certos de que um determinado indivíduo — ou uma multidão — está tentando aproveitar-se deles.

O Buscador de Segurança mais típico, aquele que tem uma fobia, é atraído para a segurança das organizações religiosas. Não há nada de errado nisso, a não ser que a afiliação não sirva às suas verdadeiras necessidades espirituais e que o Buscador de Segurança permaneça atolado em seu abraço protetor, temendo explorar as alternativas. Eles também são atraídos para líderes fortes e carismáticos. Muitos são cativados em cultos, especialmente grupos isolados com missões messiânicas e uma crença segundo a qual eles precisam se unir para se proteger de estranhos. Suas tendências *anti*autoritárias podem ser ativadas ao primeiro sinal de que um líder respeitado manifesta fraquezas humanas. Nesse caso eles podem se juntar à oposição com o objetivo de destruir o pedestal onde o mestre repousa.

Uma vez que Deus é a suprema figura de autoridade, eles podem lutar ferozmente com o Todo-Poderoso. "Mostre-me um sinal inequívoco! Prove que você manterá o seu acordo até o fim e tornará o meu mundo seguro!" Eles querem ser servos obedientes de um Senhor benigno, e freqüentemente tentam fazer o melhor que podem. Mas, às vezes, eles simplesmente não conseguem obter sucesso porque estão atormentados pela dúvida: "Senhor, me ajude na minha descrença!" Então eles se vêem como delinqüentes e deficientes, incapazes de fazer a vontade de Deus e sendo, portanto, indignos da graça de Deus — um lugar muito perigoso e inseguro para se estar.

O desafio para os Buscadores de Segurança consiste em conquistar as suas dúvidas e aprender a confiar em si mesmos e em Deus. Mas a sua fé não pode ser cega; ela não pode ser imposta pela força da vontade ou abalada por uma declaração afirmativa. Em vez disso, eles precisam usar a força de sua própria advocacia do Diabo e olhar para a realidade da existência. Estou realmente sob ameaça? O universo é realmente mau? A projeção do pior caso tem realmente maior probabilidade de ocorrer que a do melhor? Será que Deus está realmente longe demais para me alcançar?

Ainda mais importante é o fato de que eles precisam derivar a sua fé da experiência convincente. Como o Leão Covarde, eles precisam de coragem para se opor aos seus medos inatos, e a coragem surge da força — e da *crença* de cada um na sua própria força. Os Buscadores de Segurança precisam entender que a raiz do seu medo não está em Deus nem num universo perigoso, mas no seu próprio sentimento de fraqueza. Deus fortalece aqueles que se fortalecem. Quando eles conseguem dominar seus demônios, encarando-os de frente, e sair ilesos, eles normalmente percebem que são mais fortes e mais desembaraçados do que imaginavam. A simples confiança que eles têm em poder mergulhar de cabeça quando a segurança *não* está assegurada é uma tônica para a fé dos Buscadores de Segurança em Deus e neles mesmos.

O mais importante é que eles precisam ficar fortes espiritualmente. Um dos seus desafios é perceber que não existe segurança verdadeira em nenhum apego mundano — em nenhum trabalho, em nenhum casamento, em nenhuma opção sobre ações, em nenhum lar, nem mesmo em nenhum templo ou igreja — porque tudo está sujeito à mudança e ao declínio. Apenas se ligando à parte de si mesmos que é indestrutível e eterna, poderão os Buscadores de Segurança espiritualmente cientes encontrar segurança duradoura. Quanto mais eles recorrem à fonte do poder divino dentro deles, mais eles conseguem caminhar através do vale das sombras da morte e não temer mal algum, pois o bordão e o cajado da força infinita está dentro deles. Então, finalmente, eles podem abaixar a guarda.

O Aventureiro

Aquele que a si mesmo prende uma alegria,
A vida alada destrói.
Mas aquele que beija a alegria que voa,
Vive na aurora da Eternidade.

William Blake

Para os Aventureiros, Deus não é uma Divindade solene, nem um ser antiquado, pomposo e preocupado com ninharias, ou um austero chefe de serviço, mas, em vez disso, uma Força selvagem e excitante, um Embusteiro Glorioso, um Mestre Mago que quer que abracemos a vida com paixão e entusiasmo. Eles apreciam não apenas o Deus Criador, mas também o Deus Destruidor, quando estão mais inclinados a explorar o lado negro. Os Aventureiros têm igual probabilidade de experimentar uma epifania observando uma tempestade no mar ou um leão atacando sua presa, ou então observando um glorioso pôr-do-sol ou uma borboleta. Para eles, o caminho espiritual é uma saga emocionante, um grande poema, uma busca épica. Se eles estiverem nessa busca, eles tentarão qualquer coisa, e explorarão em qualquer lugar, para sentir Deus. Para onde eu vou? Para o topo da montanha? Ótimo. Para a caverna? OK. Para uma cozinha pública que distribui pão e sopa aos mendigos? Mostre-me o caminho. Apenas, não deixe que isso se torne enfadonho.

Na superfície, os Aventureiros raramente parecem constituir o tipo devoto. Perpétuos não-conformistas, eles desprezam as formalidades e gostam de quebrar os padrões do comportamento espiritual correto. Os membros consumados da congregação podem considerá-los ultrajantes, e até mesmo evitá-los como pagãos ou tipos esquisitos, mas os Aventureiros não se preocupam com o que os outros poderiam pensar a seu respeito. Eles têm certeza de que Deus os ama porque eles refletem o espírito livre de Deus.

Você não verá muita penitência da parte dos Aventureiros. Nenhum cilício, nenhuma reverência ou comportamento obsequioso para com os representantes de Deus. Se eles sentem a necessidade de acertar as coisas diretamente com o cosmos, eles irão diretamente ao topo. E abordarão a tarefa sem grandes cerimônias, apenas uma conversa franca com Deus — o equivalente a acertar as coisas com o patrão no campo de golfe em vez de requisitar uma audiência formal.

Os Aventureiros são idealistas e otimistas decididos. Inabalavelmente animados, eles vêem o universo como a casa de diversões de Deus e a vida como uma série de travessuras excitantes. Quando despertam para o valor da espiritualidade, eles procuram a iluminação com prazer. Eles estão plenamente abertos a novos conhecimentos e a novas práticas — qualquer coisa para explorar ou experimentar, contanto que faça parte da grande aventura. Eles irrompem através de fronteiras — uma enorme vantagem no caminho espiritual, porque nesse caminho tudo se refere a romper fronteiras e alcançar o ilimitado. Se um bloqueio interno está no seu caminho, eles imediatamente tentarão encontrar um modo de contorná-lo.

Um obstáculo com o qual eles odeiam lidar é o tédio e a estagnação espirituais. Eles abominam a complacência. Para os Aventureiros, trata-se sempre de seguir em frente. Eles não esperam por um messias ou por salvadores ou por vidas celestiais após a morte. Eles são atraídos por ensinamentos que prometem a felicidade *nesta* vida e uma ocorrência do céu na Terra.

Os Desafios Espirituais do Aventureiro

O principal obstáculo espiritual para os Aventureiros é valorizar a vida do espírito em primeiro lugar. Para muitos, a dimensão interior parece uma terra plana estéril. Por que ir até lá? Quanto à religião, livra-nos do tédio. Dê-nos neste dia o nosso pontapé diário. Os Aventureiros geralmente estão voltados para fora, para as margens da vida, onde os pontapés são mais fortes. Sempre à procura de experiências de pico, eles estão em perigo de ser exatamente o que eles pensam que não são: superficiais.

Em muitos casos, eles vivem para esses momentos altos, e as ocasiões em que estão "para baixo" podem ser enlouquecedoras. Maníacos e impulsivos em sua procura da próxima travessura de tirar o fôlego ou de algum espetáculo assustador, eles são propensos a um comportamento autodestrutivo. Os que não conseguem tomar os devidos cuidados consigo mesmos podem se tornar desregrados ou ficar doentes quando ainda são jovens. Alguns caem no fundo do poço devido ao vício, seja ele em drogas ou sexo ou no jogo, ou em esportes de alto risco ou em negócios de risco — o que é um infortúnio, pois os Aventureiros odeiam a dor tanto quanto o tédio. Por outro lado, é no ponto baixo que muitos deles se voltam para Deus. Isso acontece tipicamente quando estão na meia-idade, quando eles fazem um balanço da sua vida e percebem que ela não se tornou tão grandiosa quanto eles sonhavam que seria. Agora, o corpo não pode mais ficar de pé para a procura do prazer. Agora, o casamento está em dificuldades e os filhos os desprezam porque eles não estavam presentes para eles — ou então eles não têm família, não têm na verdade nenhuma intimidade, em absoluto, porque estavam muito ocupados divertindo-se. Agora um pensamento os inquieta: "Teriam todas as minhas aventuras sido em vão? Estou perdendo alguma coisa?"

Para os Aventureiros sábios, a próxima grande aventura é a busca de Deus, e para muitos essa busca passa a ser apreciada como a mais surpreendente e excitante de todas as aventuras. No entanto, o perigo, nesse caso, é que eles olharão para a religião ou para a espiritualidade apenas como mais um outro meio de ficarem "altos", e esperarão continuar assim o tempo todo. Isto os fará cair em várias armadilhas potenciais.

Não progredir de acordo com a sua agenda espiritual torna-os impacientes e facilmente desapontados — consigo mesmos e com Deus. Se as suas expectativas são frustradas ou se eles encontram tragédias ou conflitos, os Aventureiros podem ficar desiludidos. Isso pode se converter numa grande luta para reconciliar a imagem que eles têm de Deus com a existência do sofrimento e da dor. Eles se sentem abandonados, e não como os queridinhos do Senhor que eles pensavam que eram. Sua maturidade e seu senso de integração dependem do fato de eles serem capazes de perceber que os aspectos desagradáveis da vida fazem parte da grandiosidade de Deus tanto quanto os prazeres.

Outra armadilha para os Aventureiros é o vício deles pela excitação. Eles não querem apenas desfrutar da vida; eles querem se embriagar e intoxicar com ela. Eles querem ser elevados, transportados, erguidos para fora de suas peles até um domínio de experiências transcendentes. Por essa razão, são atraídos para os aspectos espetaculares da espiritualidade; para os anjos e as revelações, para as grandes epifanias e para as projeções astrais; para milagres "psicodélicos" da mente e êxtases que despedaçam o corpo — todas as quais são tão transitórias quanto uma corrida recreativa em carro ou avião e tão esquivas quanto um perfeito encontro amoroso. E a queda da embriaguez espiritual na existência comum pode ser uma *bad trip*.

A inquietação dos Aventureiros também pode convertê-los em diletantes espirituais, com interesse apenas superficial. Eles gostam da variedade e precisam manter em aberto as suas opções, mas eles perdem rapidamente a paciência, em especial quando as coisas ficam entediantes ou exigentes. "OK, e o que vem a seguir?" Eles podem adejar de um seminário, *workshop* ou guru para o seguinte, mal se demorando neles por um tempo longo o bastante para conhecer o que estão deixando para trás.

Talvez o principal obstáculo para os Aventureiros esteja no fato de eles *não* admitirem, em primeiro lugar, que não estão em paz com Deus. Sua positividade compulsória pode ir longe a ponto de fazê-los aterrissar num local de negação. Em sua busca precipitada pela luz, eles não só farão o melhor que puderem para evitar a dor, o conflito e a ansiedade, como também repudiarão todos eles juntos. "O quê? Eu me preocupar? Sem problemas, tudo está bem, não poderia estar melhor." Como os assessores de imprensa, eles reestruturam mentalmente quaisquer resultados desagradáveis até torná-los palatáveis e destituídos de ameaça. Acrescente a isso um tipo de grandiosidade que muitos Aventureiros possuem, e você terá uma personalidade que acredita que foi escolhida por Deus e que é designada para uma viagem cheia de prazeres e livre de solavancos para a realização material e a salvação espiritual. Depressa! O problema é que, embora a positividade seja uma virtude, quando ela é compulsiva, pode cegá-lo para questões que precisam ser abordadas. Outro problema é que a verdade pode surgir repentinamente e forçar o Aventureiro a cair de joelhos: "Eu tenho sido um bastardo egoísta. Não dou a mínima para mais ninguém, nem mesmo para Deus. Sou arrogante. Sou preguiçoso. Não tenho disciplina." Se eles tiverem sorte, irão emergir da fragmentação do ego com genuína humildade e melhorar de maneira imensurável as suas chances de fazer as pazes com Deus.

Os Aventureiros precisam dirigir seu espírito de aventura para a busca da paz. A verdade deveria ser a sua meta mais elevada, e não um estímulo. A transformação requer paciência e perseverança, virtudes que nos estoques de muitos Aventureiros estão em falta.

Eles também precisam aceitar o fato de que a escuridão faz parte da criação tanto quanto a luz que eles buscam tão desesperadamente. Eles precisam espreitar dentro de suas sombras e enfrentar os seus demônios, e, se necessário, passar por alguma dor pelo bem do crescimento. Eles precisam estar dispostos a trabalhar para fazer as pazes com Deus, e não se retirar quando o trabalho fica difícil. A inclinação deles para a lisonja e pelo fascínio pode aliviar as tensões com outros seres humanos, mas Deus não irá se apaixonar por isso.

Os Aventureiros precisam integrar seus altos estados espirituais com a realidade mundana da existência no dia-a-dia. As experiências de pico são todas convenientes e boas; e podem ser janelas para o Divino. Mas elas não são, em si mesmas, a Essência. Elas são brinquedos de Deus, e não Deus. Isso pode parecer enfadonho, mas há boas razões para o fato de que cada tradição espiritual aconselha a moderação em todas as buscas, inclusive no anseio pelo Divino.

O Patrão

Nós alcançamos Deus quando amamos,
e apenas essa vitória permanece,
em conseqüência da qual ninguém é derrotado.

EXTRAÍDO DE UMA PRECE SIKH

Os Patrões são atraídos para os aspectos onipotente e onisciente de Deus. Eles se sentam, reverentes e temerosos, diante do Todo-Poderoso Soberano do universo, o Rei dos Reis, e se curvam diante desse imenso poder. Firmes em sua fé, felizes em deixar que Deus seja o verdadeiro patrão, mesmo que eles não consigam compreender como Deus administra a sua criação e mede a sua justiça, Patrões bem-integrados fazem líderes proeminentes de instituições religiosas. São fortes, confiantes e autoritários, totalmente comprometidos com as suas responsabilidades — inclusive com as responsabilidades de exercer o poder com integridade. Eles entendem que muito se espera daqueles a quem é dado muito.

Aparentemente favorecidos com energia ilimitada e autodisciplina, os Patrões sabem o que eles querem e o que devem fazer para obtê-lo. Para os espiritualmente esclarecidos, isto se aplica tanto à bondade celeste como a Mammon. Eles não esperam que a paz com Deus chegue facilmente. Estão dispostos a fazer o que for preciso e a enfrentar cada desafio, e mesmo quando a caminhada é difícil eles continuam andando. Eles são pessoas honestas que contam a verdade conforme a vêem, freqüentemente com crua honestidade. O que você vê é o que você apreende. No melhor dos casos, o vigor e a vontade indomável dos Patrões são equilibrados com sensibilidade e compaixão, o que lhes permite usar suas habilidades em benefício de outras pessoas, e não apenas de si mesmos. É provável que eles fiquem do lado das vítimas sociais, tentem erguer os fracos e oprimidos e liderem a luta contra a injustiça. E enquanto estão agindo dessa maneira, eles geralmente farão com que aqueles a quem lideram se sintam como se *eles* merecessem todo o crédito. No melhor de todos os mundos possíveis do Patrão, Deus está no comando e todos passam a trabalhar intensamente para realizar o Plano Divino.

O Desafio Espiritual do Patrão

No seu estado desintegrado, os Patrões cobiçam o controle e o poder acima de tudo. São obcecados por se tornar mais fortes e afirmar a sua vontade sobre outras pessoas. O medo que sentem de serem dominados não os deixa aceitar qualquer outra autoridade exceto eles mesmos; nem mesmo Deus. Como subordinados, torcerão as regras e empurrarão os limites com o propósito de ganhar algum grau de poder — não apenas porque anseiam por isso, mas também porque estão convencidos de que podem fazer um trabalho melhor. Como congregados, querem ser ministros. Como padres, acham que deveriam ser o Papa. No mais arrogante dos casos, eles chegam até mesmo a pensar que podem fazer um trabalho melhor do que Deus.

Quando atingem o apogeu da glória, os Patrões podem ser tiranos amedrontadores. Eles têm uma visão darwiniana do mundo: o que sempre conta é a sobrevivência do mais apto, do mais forte. Eles podem sentir um desprezo tão grande por emoções "fracas", como tristeza, remorso e, especialmente, medo, que farão tudo o que estiver em seu poder para negar a essas emoções um lugar em seus corações. Se um vislumbre de ternura se erguer neles por alguém que não faça parte da sua família imediata, eles reconhecerão nisso um calcanhar-de-aquiles. Ao longo dessas balizas, não se sujeitarão a precisar de alguém ou a dever a alguém — nem mesmo a Deus. Quando as coisas dão errado, o primeiro impulso deles é culpar outra pessoa — mais uma vez, até mesmo Deus — e, se possível, exigir vingança. Mas eles nem sempre podem culpar outras pessoas, e nesses casos não têm outra escolha a não ser voltar sua raiva para dentro. Eles podem ser tão duros consigo mesmos quanto eles são com os outros, repreendendo severamente a si mesmos por não serem bastante fortes, habilidosos e agressivos. "Abaixei a minha guarda. Vamos reerguê-la com firmeza."

Embora muitos Patrões sejam religiosos em virtude de sua educação, eles tendem a ser, no melhor dos casos, apenas nominalmente observantes das normas, participando da igreja, mesquita ou templo por causa da sua família ou para prolongar suas ambições por meio de contatos sociais. Muitos têm uma visão de mundo nietzschiana: Deus está morto; é o poder individual que faz o mundo girar. Racionais e pragmáticos, eles não estão abertos a qualquer realidade além daquela que os sentidos podem perceber ou que a lógica pode inferir. "De nada me servem muletas como Deus ou religião. Isso é para os fracos. Eu só acredito no que eu vejo." Em alguns casos, eles reconhecem que Deus, talvez, poderia existir mas, se ele existe, eles acrescentam, ele não é um Deus de amor e misericórdia, e sim um déspota em quem não se pode confiar — assim como eles mesmos são, é claro. Os Patrões acreditam que você precisa estar completamente protegido durante o tempo todo. Contem a eles que os mansos herdarão a Terra e eles rirão na sua cara — ou tirarão do bolso o seu balanço financeiro e mostrarão a você exatamente quem está herdando o quê.

Patrões orgulhosamente agnósticos usarão o ceticismo como um distintivo de honra. Eles desafiarão Deus, afrontando ruidosamente o que se considera serem as regras de Deus, como se ousassem pedir ao Todo-Poderoso para atirá-las por terra. "Vá em frente! Mostre-me o que você mandou fazer!" É uma maneira de eles testarem as suas próprias dúvidas. Se *existe* um Deus, eles argumentam, então eu nunca poderei ter sucesso.

E assim vai, a menos que eles sejam afortunados o bastante para experimentar alguma forma de graça espontânea ou que sejam fulminados por um relâmpago de epifania. Ou que atinjam o fundo do poço. Muitos Patrões sofrem sua primeira ruptura espiritual quando experimentam um fracasso particularmente esmagador. Tão grande é a reverência que eles têm pelo poder que é preciso um mergulho na completa derrota para levá-los a perceber que existe um poder maior do que eles mesmos, e que nenhuma supremacia terrestre, por maior que seja, poderia dar a eles o controle total de sua vida. Depois de receberem um nocaute de um ataque do coração, de um retrocesso nos negócios, de um divórcio ou de um colapso alcoólico, eles se levantam do chão do ringue como um boxeador derrotado que, contra a sua vontade, é levado a respeitar o seu oponente e a congratulá-lo pela vitória. Para muitos deles, é hora de dar o primeiro passo do Programa de 12 Passos: admitir que eles são impotentes.

Quando se ligam a Deus de alguma maneira, os Patrões freqüentemente sofrem um período de agonizante autodesprezo. Eles acumulam sentimentos de aversão por si mesmos devido às suas fraquezas morais — por não resistirem à tentação, por cederem ao pecado ou por sucumbirem aos seus instintos mais baixos. E uma vez que os Patrões tendem a manifestar apetites desproporcionados pela luxúria e pela gula sob qualquer forma, eles normalmente têm muitos motivos para se sentirem culpados. O seu egoísmo, a sua ganância, a sua desconsideração pelos sentimentos dos outros, a sua arrogância — todos os seus velhos pecados agora os assombram porque eles fizeram um acordo com uma moralidade superior. Eles poderiam então definir o ganho de uma maneira totalmente nova. Agora, nada será capaz de interrompê-los enquanto procuram ganhar o favor de Deus.

Em alguns casos, ironicamente, eles recorrem à forma padronizada do Patrão em nome da santidade. Eu serei o melhor servo de Deus na cidade, e não deixarei ninguém se colocar no meu caminho. "Você quer que eu dê o dízimo? Eis aqui *vinte* por cento! Você quer humildade? Veja isto!" — e eles se atirarão ao chão, com o rosto para baixo. Alguns Patrões se tornam fanáticos, suprimindo suas dúvidas porque a dúvida é apenas uma outra fraqueza a ser derrotada. Eles geralmente são atraídos para o evangelismo e para as guerras santas porque ser um soldado a serviço de Deus combina com a sua orientação para o poder e a dominação. O caminho que seguem não é apenas o caminho certo para eles; é o *único* caminho certo, e eles estão entre os ungidos encarregados de promover a vontade de Deus na Terra. Autocráticos e paternalistas, eles geralmente se tornam aiatolás em seus próprios domínios, quer estejam liderando uma cruzada moral ou organizando uma venda de bolos ou tortas para levantar dinheiro e ajudar as damas. O autor de comédias Charles Zucker expressou o lema dos Patrões verdadeiramente crentes: "Qualquer um que acredite menos do que eu é um pagão, e qualquer um que acredite mais do que eu é um maluco." Apenas os Patrões realmente pensam assim.

De todos os caminhos que levam à paz com Deus, o do Patrão é o mais difícil neste aspecto: eles acham extremamente penoso "soltar-se e deixar Deus entrar". Para eles, o poder não é algo que você cede voluntariamente; ele precisa ser tomado de você. Render-se é uma palavra suja. Para eles, significa capitulação, e nada é mais humilhante para um Patrão do que isso. Seja feita a Vossa vontade? Não enquanto eu estiver de plantão! Render-me a um Poder Superior? O que há nele que me diz respeito? Os Patrões precisam ser convencidos de que as recompensas por fazer as pazes com Deus superam os riscos. O desafio deles está em considerar a união com Deus não como uma aniquilação, mas como a suprema expansão, uma fusão, na qual eles renunciarão ao controle das suas operações cedendo-as a uma entidade maior, em troca de uma fortuna em opções sobre ações espirituais.

Por mais difícil que isso possa ser, os Patrões precisam parar de culpar outras pessoas, ou Deus, quando não conseguem o que querem. Num estado de espírito semelhante, eles precisam adquirir uma virtude que não se aproxima facilmente deles: o perdão. Eles são portadores de rancor e buscadores de vingança, e essas tendências não os levam exatamente a fazer as pazes com Deus. Duas outras características dos Patrões precisam ser ativadas em sua cabeça. Uma delas é a sua tendência para prestar atenção somente no seu próprio conselho e calar outras vozes, em especial as contrárias. Eles precisam aprender a ouvir as vozes sábias, os sinais sutis e os mudos sussurros do Divino. A outra característica que os Patrões precisam superar é o seu desdém pelas emoções "fracas". Eles precisam entender que sufocar os sentimentos que os tornam vulneráveis também destrói a sua capacidade para o amor, a alegria e outros tesouros que as traças e a ferrugem não corrompem.

Felizmente, os Patrões têm outras tendências naturais que não exigem que se pegue a outra via e se volte pelo sentido oposto, pois requerem apenas uma mudança de direção. A paixão deles por dizer a verdade pode ser desviada para longe do confronto hostil e redirecionada para uma avaliação honesta da realidade. Eles poderiam descobrir que o universo não é realmente uma selva vermelha com dentes e garras, mas um jardim verde e com paz. E por que não voltar para Deus a sua enorme voracidade pelo consumo? Há coisa melhor para se consumir do que o amor que é inexaurível? Os Patrões também têm uma consideração inata pelo poder do compromisso; eles podem usar isso para assinar um contrato pessoal com Deus. A atitude deles de "vencer é tudo o que importa" pode ser canalizada no sentido de vencer e receber como prêmio a paz de Deus. E o seu desejo insaciável por força e poder poderá finalmente ser satisfeito quando eles entenderem que a verdadeira força está em ser espiritualmente indestrutível e que a suprema viagem de poder consiste em se entregar e se alinhar com o poder mais elevado.

O Pacificador

Bem-aventurados os pacificadores, porque serão chamados filhos de Deus.

MATEUS 5:9

Para os Pacificadores, Deus é o Grande Harmonizador, o Unificador Supremo, o Príncipe da Paz e a Deusa da Compaixão. Eles ficam maravilhados diante da criação, percebendo-a como uma tessitura sem defeitos de unidade subjacente à diversidade. O sonho deles seria ver o equilíbrio restabelecido nos assuntos humanos e a promessa de uma fraternidade do homem realizada — nenhuma guerra, nenhuma violência, nenhum conflito. No seu estado mais evoluído, os Pacificadores são devotados a se tornarem instrumentos perfeitos da paz curativa de Deus, e uma parcela significativa do seu caminho espiritual consiste em *seva*, termo sânscrito para prestar serviço de acordo com a compreensão que se tem da vontade de Deus, sem ter em vista compensação ou recompensa.

Uma vez que eles trabalham melhor quando os procedimentos lhes são expostos claramente, os Pacificadores são atraídos para os aspectos formais da religião. Eles amam o ritual e a tradição, tratando com as exigências da sua afiliação com honra e respeito. Quando se desenvolvem espiritualmente, eles encontram no ato de fazer as pazes com Deus algo tão natural quanto amar uma criança. A consideração por outras pessoas evolui num amor incondicional por Deus e, em última análise, na capacidade para receber o mesmo em troca e se submeter à vontade de Deus. A inclinação natural que eles têm para se unir com outras pessoas pode ajudá-los a se unir com o Divino.

Enquanto buscadores, os Pacificadores são pacientes e receptivos, capazes de receber a sabedoria de braços abertos e de aceitar os conselhos de especialistas, contanto que estes sejam apresentados num estilo suave e capaz de lhes oferecer apoio. Eles não têm nenhuma dificuldade para reconhecer a totalidade em meio às partes e a unidade em meio à diversidade, no espírito da visão de William Wordsworth de "um movimento e um espírito que impulsionam todas as coisas pensantes, todos os objetos de todos os pensamentos, e que se espraia sobre todas as coisas". Como membros de um grupo espiritual, eles não fazem julgamentos e aceitam, sendo capazes de acompanhar o fluxo e estando dispostos a fazer a sua parte — qualidades que os Pacificadores mais envolvidos estendem a todas as pessoas e ao planeta como um todo.

O Desafio Espiritual do Pacificador

A atração dos Pacificadores por rituais e tradições pode convertê-los em escravos do hábito, robóticos e não-pensantes. Eles podem abordar apenas superficialmente as coisas, perdendo de vista o significado mais profundo da escritura, a riqueza dos símbolos e a energia transformadora dos costumes religiosos. Os ritos e rituais tornam-se rotinas áridas e vazias. Ao associar a sua identidade a uma instituição religiosa ou a uma pessoa influente, eles podem adotar sem crítica um pacote de crenças e práticas que lhes é oferecido. Isso os mutila de toda uma riqueza de possibilidades de crescimento. Pacificadores menos integrados também tendem a perder de vista suas próprias necessidades espirituais; sua atenção está quase sempre dirigida para fora, sempre em alerta à procura de maneiras de satisfazer às necessidades de outras pessoas.

Uma vez que a tensão com relação a Deus atua nos mais profundos recônditos da mente e do coração, a ausência de paz interior poderia estar fora da tela de radar para os Pacificadores que estão voltados para fora. É mais provável que eles reconheçam quando outra pessoa não está em paz com Deus e dediquem seus esforços para ajudar essa pessoa. No entanto, uma vez que eles percebam que neles mesmos não existe paz, os Pacificadores precisam superar sua inclinação natural para esperar que as coisas venham até eles. Em vez de tomar a iniciativa e trabalhar sobre si mesmos, eles esperam por uma graça espontânea. Isso está relacionado com outro desafio: uma vez que eles estão inclinados a localizar fora de si mesmos tudo o que tem valor, eles tendem igualmente a colocar Deus "lá fora", separado e à parte, e esse direcionamento errôneo pode ser um dos principais obstáculos.

O primeiro passo consiste em dar o primeiro passo. Os Pacificadores precisam remover de si mesmos a suja poeira espiritual e exigir paz no domínio interior. Eles precisam desviar a atenção do que os cerca e direcionar parte da sua empatia natural para si mesmos a fim de obter uma mudança. Uma vez que eles entrem em contato com o que realmente querem e precisam espiritualmente, eles terão de aceitar a legitimidade dos seus desejos mais nobres e de insistir em satisfazê-los. Se eles toparem com a dúvida ou com a confusão, eles precisam vencer sua relutância para perguntar coisas e apresentar suas inquietações a um pastor ou a outro especialista — ou diretamente a Deus. Eles não podem fazer as pazes com Deus se insistirem em fingir que não têm necessidades próprias.

Os Pacificadores também precisam parar de tentar agradar a todos. Eles precisam separar seus impulsos mais profundos dos valores que eles internalizaram de fontes externas. Eles também precisam aceitar que é correto tomar uma posição quando os seus motivos são puros e os seus objetivos são justos, mesmo que isso signifique perturbar o ambiente. Se eles duvidam que essa perturbação seja compatível com a religiosidade, eles deveriam considerar exemplos históricos recentes, tais como Gandhi, Martin Luther King, Jr. e o Arcebispo Desmond Tutu, da África do Sul.

Uma vez que eles iniciam a viagem pela estrada que leva à paz com Deus, os Pacificadores não podem se permitir ser esmagados pelo que parece uma tarefa desanimadora. Para eles, fazer as pazes com Deus é menos uma questão de trabalho pesado do que de deixar de fazer o que eles têm feito desde o começo. Os Pacificadores têm de seguir contra a sua natureza. Ninguém que tema a mudança pode esperar pela transformação interior que é necessária para forjar uma permanente paz com Deus. E ninguém que não olhe para o seu interior pode descobrir quais são as suas verdadeiras necessidades e prioridades. Eles também têm de se proteger contra a inércia. Eles têm de resistir às distrações e certificar-se de que os seus cobiçados hábitos e rotinas realmente servem às suas aspirações espirituais. Talvez mais do que tudo os Pacificadores tenham de prestar atenção ao antigo provérbio: "Médico, cura a ti mesmo." Eles têm de abrandar a sua missão para levar paz aos outros e, humilde e graciosamente, voltar-se para Deus, para a paz infinita pela qual, sem que o tenham percebido, eles sempre almejaram. Então, eles podem fazer um trabalho melhor de curar a todos os outros.

"Apenas um Ser Humano"

Numa entrevista que fizemos na Índia, perguntamos ao Dalai Lama o que significava para ele ser o Dalai Lama. Sua Santidade respondeu que o título muda de sentido de acordo com as pessoas. "Para alguns, significa que eu sou um Buda vivo, a manifestação terrestre do Bodhisattva da Compaixão. Para outros, significa que eu sou um Deus-Rei. Para alguns, Dalai Lama é um título que significa o cargo que eu ocupo. Eu mesmo sou apenas um ser humano e, incidentalmente, um tibetano que optou por ser um monge budista."

Além da humildade nessas palavras, o que é notável é o grau em que o Dalai Lama não se identifica com o seu título, com o seu *status* ou com o seu papel como líder espiritual e chefe político de um povo exilado. É nesse espírito que nós lembramos a você para fazer apenas levemente a sua identificação pessoal com qualquer um dos arquétipos que acabamos de descrever. Lembre-se, nós todos possuímos características atribuídas aos outros tipos de personalidade. Como os Amantes, por exemplo, os Pensadores podem ser dedicados. Como os Pensadores, os Amantes podem ser apaixonados por idéias.

A percepção da maneira como os arquétipos se aplicam a você pode fornecer-lhe um arcabouço para a tarefa que você tem pela frente ao iluminar as suas tendências pessoais, alertando-o sobre armadilhas em potencial e realçando as suas forças e desafios. Porém, ela também pode servir a outro propósito. Considerados em seu todo, os arquétipos demonstram como valores opostos se reúnem para criar o crescimento — neste caso, a maravilhosa diversidade da vida humana desdobrando-se dentro de sua unidade essencial. Isto é um magnífico reflexo da própria Criação, uma coreografia cósmica da variedade infinita e da Unicidade absoluta.

Nós somos todos filhos do Deus uno, separados da nossa Fonte pela ilusão e pela ignorância e enviados aos nossos alegres caminhos para aprender e crescer. Para conseguir isso, nós individuamos. Nós nos fazemos únicos. Nós ungimos a nós mesmos como os Dalai Lamas de nossos próprios domínios. Mas é útil nos lembrarmos de que cada um de nós também é "apenas um ser humano" que, incidentalmente, escolhe fazer as pazes com Deus.

3.
Qual Deus?
Lutando com a Dúvida

Você clama pela fé:
eu lhe mostro a dúvida, para provar
que a fé existe.
Robert Browning

Um homem cai de um penhasco. Enquanto despenca em direção à morte certa, ele estende a mão, desesperado, e consegue agarrar um galho. "Alguém está aí?", ele grita, enquanto se sustenta no ramo pendente. "Deus, se você de fato existe, por favor, me salve!"

Quando vacila a força com que ele agarra, ele grita novamente, com urgência ainda maior. E uma voz ressoa, vinda dos céus: "Eu estou aqui."

"Oh, Senhor, obrigado. Desculpe-me por sempre duvidar de ti. Eu prometo que serei melhor. Farei tudo o que me pedires, mas por favor, por favor, me poupe."

"Você tem fé?" pergunta a voz.

"Sim, sim, eu tenho fé."

"Então largue do galho."

O homem pensou por um momento, ponderou sobre suas opções e gritou: "Há mais alguém aí?"

Compare esse homem com o monge da famosa história zen que se encontra numa situação semelhante. Balançando precariamente de uma trepadeira, o monge olha para cima e vê um tigre rosnando no alto do precipício. Lentamente, ele olha para baixo só para ver um outro tigre faminto olhando para o alto na sua direção, avidamente esperando pelo seu almoço. Para piorar a situação, dois ratos começam a roer a trepadeira. Suspenso no ar sem nenhuma maneira evidente de evitar a morte, o monge observa um objeto vermelho brilhante sobre a encosta. Soltando uma das mãos da trepadeira, ele a estende e o agarra: era um morango silvestre. Ele o põe na boca, e, oh, como é doce o seu sabor!

Um dos homens com dúvidas persistentes, atribuindo condições à sua fé e aterrorizado em face do seu desamparo; o outro com uma certeza tão profunda e firme a respeito da segurança última do universo e da natureza imortal da existência que ele pode, com sua vida literalmente suspensa por um fio, extrair do momento um pedacinho de doçura.

Tal é o poder da fé. Sem ela, nós não poderíamos seguir em frente rumo à incerteza que surge diante de nós em cada bifurcação confusa do caminho. Nosso intelecto e o alcance da nossa percepção são limitados demais para serem capazes de solucionar cada quebra-cabeça. A fé nos mantém seguindo em frente. Isso não vale apenas para a vida espiritual, mas também para qualquer empenho a que nos dediquemos neste mundo imprevisível, em constante mudança. Parceiros dão um salto de fé quando fazem votos de casamento. Os inventores precisam de fé; os exploradores precisam de fé; artistas, executivos comerciais e inovadores em todos os campos precisam ter fé enquanto prosseguem com firmeza e determinação com as suas visões. Até mesmo a ciência, a mais racional das atividades de busca, requer fé; sem fé na ordem do universo e na veracidade das suas próprias observações, os cientistas não passariam pelo transtorno de ter de realizar experimentos.

Devido ao fato de que a fé é tão essencial para o caminho espiritual, a dúvida é considerada um grande obstáculo. Alguns ensinamentos religiosos tratam a dúvida como uma maldição, uma obra do Diabo, uma aflição à qual se deve resistir custe o que custar e que deve ser vencida por todos os meios disponíveis. Em alguns casos, duvidar é considerado um sinal de fraqueza ou de preguiça espiritual, e faz com que aquele que duvida se sinta como um infiel ou como alguém que está precisando de um exorcista.

Mas a dúvida não é o oposto da fé; esse papel seria preenchido pelo niilismo ou pela indiferença. Nem é a dúvida *inimiga* da fé. Pelo contrário, a dúvida é a companheira necessária da fé. Como o policial impulsivo que, nos filmes, deixa louco o seu parceiro sensível, a dúvida pode parecer um incômodo. Mas esse incômodo usualmente se revela, em última análise, indispensável para solucionar o mistério e acertar as coisas no final. Assim como o policial sensível acaba aceitando os hábitos irritantes do parceiro e aprendendo a trabalhar com ele, nós podemos aprender a usar a dúvida como um catalisador para uma fé mais elevada e mais madura. Num pequeno conto de Henry James, um personagem diz a respeito dos seus colegas artistas: "Nossa dúvida é a nossa paixão e nossa paixão é a nossa tarefa." Este é um excelente conselho para aqueles que buscam a paz com Deus.

A Fé Vai Além da Crença

A fé é a posse antecipada das coisas que se esperam,
a evidência de coisas que não se vêem.

HEBREUS 11:1

Deve-se enfatizar que o tipo de fé que sustenta a busca espiritual não é o mesmo que a crença. A crença é, com freqüência, retratada como a razão de ser de tudo e o propósito de tudo na vida religiosa. Na América do Norte, onde a crença na crença é forte, quando as pessoas perguntam: "Em que você acredita?", eles raramente querem dizer: "Em que você tem fé?", ou "Que visão da vida o impulsiona e o sustenta?" Em vez disso, eles querem dizer: "Com que filosofia você concorda?" ou "Quais conceitos e premissas você considera verdadeiros?" Em algumas tradições religiosas, a declaração pública de que você aceita uma doutrina específica é considerada a chave para a salvação. Mas apenas afirmar uma crença em particular é, no melhor dos casos, um ponto de partida para o desenvolvimento espiritual autêntico. No pior, é um obstáculo; ele pode travá-lo num rígido conjunto de idéias e enganá-lo fazendo-o pensar que é perigoso alimentar dúvidas.

A fé genuína, do tipo daquela que os guias proeminentes e influentes da história espiritual têm tentado nos inspirar, é algo mais do que a crença. A fé, diz o reverendo Scotty McLennan em *Finding Your Religion* (Descobrindo a Sua Religião), é "uma orientação de toda a personalidade, uma resposta completa. Não é apenas crença — a sustentação de certas idéias — que é uma função apenas da mente. [...] É algo muito maior; é a capacidade de vivenciar o universo como significativo". James Fowler, em sua pesquisa clássica a respeito dos estágios da fé, chamou-a de "um alinhamento do coração ou vontade". Embora ela possa se expressar na forma de um sistema de crença, a fé como tal, diz Fowler, é "a relação de confiança no transcendente e de lealdade para com ele e a cujo respeito os conceitos ou proposições — as crenças — são forjados".

Aceitar um conjunto de crenças pode despertar a fé, e a descrença pode disparar uma perda da fé — e vice-versa. Mas, enquanto a crença poderia ser considerada um compromisso da mente, a fé é um compromisso do coração. O erudito de religião Wilfred Cantwell Smith assinala que o uso latino original da palavra *credo*, do qual recebemos o credo, a profissão de fé cristã, "se aproximava do significado da sua raiz: 'Eu coloco o meu coração sobre', 'Eu dou o meu coração a'". É semelhante ao termo sânscrito *sraddha*, que é normalmente traduzido como "fé" e conota algo mais parecido com "colocar o próprio coração sobre". A fé, diz Smith, não é apenas "parte da mobília" da mente, mas "uma orientação da personalidade com relação a si mesmo, ao vizinho, ao universo; uma resposta total; uma maneira de ver tudo o que se vê e de lidar com tudo com que se lida; uma capacidade para viver num nível mais alto do que o mundano; ver, sentir e agir em função de uma dimensão transcendente".

Esse tipo de fé profunda e permanente não pode ser imposta ou coagida de fora. Nem pode ser planejada. Em *The Art of Loving* (A Arte de Amar), Erich Fromm distingue entre fé racional e fé irracional. A fé irracional é uma forma de submissão; ela impõe a aceitação de algo como verdadeiro apenas porque uma fonte de autoridade diz que é verdadeiro. A fé racional, por outro lado, está arraigada na "atividade intelectual e emocional produtiva" e na "confiança no poder de pensamento, de observação e de julgamento de cada um". Em outras palavras, a fé genuína não deriva do dogma aceito sem exame ou da confiança cega numa pessoa ou numa instituição. Ela emana de um sentimento intuitivo de retidão, de uma convicção interior que se opõe à análise e ao argumento. Ela não é, diz o rabino Abraham Joshua Heschel, "o apego a um santuário, mas uma incessante peregrinação do coração".

Mas a fé raramente é uma entidade estável. "A fé surge e desaparece como as marés de um mar invisível", escreveu o romancista Flannery O'Connor. Nós oscilamos, nós balançamos, nós hesitamos e trememos devido à agitação da dúvida: dúvida a respeito da existência de Deus; dúvida de que Deus possa não ser confiável; dúvida quanto aos dogmas religiosos; dúvida quanto ao caminho que escolhemos e se jamais iremos encontrar a graça que os sábios e videntes nos prometeram. Qualquer número de chaves pode libertar a dúvida da sua gaiola. Por exemplo, é muito comum que pessoas acordem num certo dia com sérias dúvidas sobre algum preceito fundamental da sua religião — a doutrina da Imaculada Conceição ou a ressurreição; os milagres no Êxodo; Maomé recebendo a palavra de Deus do anjo Gabriel — e a partir desse ceticismo inicial elas perdem a fé em todo o empreendimento religioso. Porém, esse momento de dúvida é com freqüência precedido por uma crise em algum aspecto do Eu Quintessencial. Uma grave doença física, especialmente numa idade precoce, pode levantar dúvidas sobre a justiça de Deus. Uma extrema agitação emocional pode levantar dúvidas sobre o amor de Deus ou sobre noções tradicionais de como fazer para que as suas orações sejam respondidas. Na área dos relacionamentos, o gatilho pode ser uma quebra de voto de casamento ou uma traição de confiança por uma figura religiosa. E, é claro, qualquer crise espiritual será imediatamente acompanhada por dúvidas. Por exemplo, a seguinte observação, feita por um adolescente em Los Angeles, manifesta uma fonte de dúvidas neste nosso mundo pluralista e que é cada vez mais comum em todas as religiões: "Eu simplesmente não posso aceitar um Deus que tem favoritos. Eu quero dizer, se se supõe que Deus é amoroso e misericordioso e tudo isso, então por que só as pessoas que aceitam Jesus como seu salvador podem ir para o Céu? Então, a maioria dos meus amigos vai para o inferno, e um pregador que engana a mulher vai para o Céu? De maneira alguma."

É fundamental considerar tudo o que provoque a emergência de dúvidas não como um colapso trágico da fé, mas como uma ruptura de obstáculo potencial. Com muita freqüência, a dúvida é acolhida como se fosse uma ruptura, uma intrusão, uma ameaça, uma coisa que estraga a paz. De fato, lidar com a dúvida na jornada espiritual pode assemelhar-se mais ao ato de parar o carro para reabastecê-lo de gasolina numa viagem longa: não é apenas inevitável, mas absolutamente indispensável.

Não Duvide da sua Dúvida

Fé que não duvida é fé morta.

MIGUEL DE UNAMUNO

Você está descendo em ponto morto, confiante na sua fé, firme nas suas estimadas crenças. Então, inesperadamente, a dúvida sobe rastejando por você como um monstro num filme de terror. De súbito, a estrutura sobre a qual você assenta grande parte da sua vida está desabando sob os seus pés e você teme que nada restará para você se apoiar. Você tenta agarrar uma idéia ou um conceito vital, mas todos eles escapam de você e você não tem nada nas mãos para substituí-los. Você afunda num abismo de desespero, angústia e confusão. Talvez você esteja preocupado com o fato de que a sua dúvida poderia indicar uma deslealdade à sua religião. Talvez você tema que, se a sua dúvida for revelada, você será repudiado. Talvez você pense que você já foi abandonado por Deus apenas porque teve pensamentos suspeitos.

O que você faz? Proteger-se no santuário das Escrituras? Fingir que a dúvida, na verdade, não existe? A tendência natural é fazer qualquer coisa que esteja em seu poder para evitar a dúvida, escondê-la, negá-la, suprimi-la ou expulsá-la — qualquer coisa menos aquela que nós deveríamos fazer: convidar o invasor para entrar, tomar uma xícara de chá e ter uma boa conversa. Negar a dúvida não só é perigoso como também é desperdiçar uma oportunidade de ouro para fortalecer a sua fé.

O princípio bastante conhecido segundo o qual "aquilo a que você resiste, persiste" aplica-se tanto à dúvida espiritual como a qualquer emoção desagradável que podemos tentar suprimir. A dúvida negada apenas adia a hora do ajuste de contas. Mais cedo ou mais tarde, de uma forma ou de outra, ela subirá à tona e, embora esteja cozinhando em fogo lento em algum canto do seu cérebro trancado com cadeado e chave, ela pode vazar sob uma forma disfarçada — como cinismo, por exemplo, ou depressão, ou incapacidade para confiar.

"Eu fui educada para aceitar qualquer coisa que nos fosse ensinada na igreja e cada palavra proferida pelo nosso ministro", diz Diana Russell*, uma assistente de dentista de trinta e dois anos de idade, a respeito de sua formação batista em Kansas. "Eu era uma criança inquisitiva, mas aprendi a não perguntar nada sobre religião porque, quando o fazia, minha mãe ficava transtornada. Ela não perdia o seu humor ou qualquer coisa; ela apenas olhava ao redor como se fosse para verificar se alguém estava ouvindo, e me atirava um olhar, com o dedo sobre os lábios, como se dissesse: 'Não diga essas coisas.' Às vezes, ela me pedia para perguntar ao meu professor da escola dominical, mas o professor fazia uma expressão de desagrado e recitava alguma frase da Bíblia para me calar. Eu fiquei com a impressão de que o fato de fazer perguntas significava que eu era uma pagã e que não iria para o céu. Por isso, aprendi a sufocar todas as dúvidas — 'Fique longe de mim, Satanás!'"

Como jovem adulta, por iniciativa própria, ela conservou esse padrão. "Eu não tinha certeza de que eu podia realmente confiar na igreja, ou, por isso mesmo, em Deus", diz Diana, "mas pensamentos como esses eram tão assustadores que eu me descartava deles." Mas a dúvida que ela suprimiu encontrou outras saídas. "Descobri que outras pessoas estavam desconfiando de mim", ela disse. "Eu me tornei pessimista. Eu tinha este comportamento radiante diante das pessoas da igreja — 'Deus é bom', e tudo isso — mas eu também tinha todos os pensamentos negativos a respeito da minha vida amorosa, da minha carreira, da situação do mundo, tudo menos religião."

Diana desenvolveu uma depressão crônica, fadiga persistente e uma sensação de vazio espiritual e emocional. Anos de tensão para reprimir seus "pensamentos pecaminosos" tinham consumido tanta energia psíquica que ela ficara esgotada. E cada vez que um desses sentimentos impertinentes voltava a brotar, antes que ela pudesse bani-lo, manifestava-se o pensamento: "Você é uma pessoa horrível." Ao longo do tempo, sua auto-estima estava envolvida em vergonha. Diana se sentia tão indigna que achou que estava condenada a uma vida de miséria. Finalmente, seu meio de fuga foi separar-se completamente de sua igreja. "Eu estava cansada de me ver como uma pecadora", diz ela.

Ela se mudou para Chicago, onde podia explorar várias opções espirituais. Durante algum tempo, sentiu-se libertada. Mas os velhos hábitos são difíceis de serem erradicados. Finalmente, ela adotou um sistema de crença New Age, que afirmava, essencialmente, que se você está conectado com Deus, ou com o seu Eu

Superior, e tem pensamentos positivos sobre a vida, o universo lhe dará tudo o que você quiser — amor, felicidade, sucesso material, realização espiritual, a *enchilada* toda. Para Diana, essa visão positiva era o oposto daquela na qual fora educada. Exceto que tudo ainda precisava ter um prolongamento otimista. A dúvida não a mandaria para o inferno, mas poderia bloquear o fluxo da energia positiva de Deus. Se ela tivesse de reconhecer contratempos ou injustiças, se tivesse de admitir que estava com medo ou zangada com alguma coisa, ela só tornaria as coisas ainda piores.

"Levei isso a um tal extremo que eu não conseguia lidar com a realidade", diz ela. Quando as dificuldades apareciam inesperadamente em sua vida, Diana encontrava um meio de racionalizá-las de modo que fosse "para melhor". O preço de manter intacta a sua nova fé era ser incapaz de resolver problemas prementes ou impedir que outros tirassem vantagem dela. Seu pensamento mágico não conseguia aceitar os desafios pelo que eles eram.

Diana parou a tempo de não se tornar uma fanática e conseguiu uma maneira de ter fé na bondade básica de Deus e do universo enquanto permitia a si mesma duvidar de certos ensinamentos. Outros não são capazes de encontrar esse meio termo.

Servir a Deus pela Procura da Verdade

Um dos maiores perigos de suprimir a dúvida é ir para o outro extremo e tornar-se um fanático. "A ortodoxia fanática nunca está arraigada na fé, mas na dúvida", escreveu o teólogo Reinhold Niebuhr. "É quando nós não estamos certos que estamos duplamente certos." Os fanáticos se esforçam para estar duplamente certos, de modo a não terem de enfrentar a dúvida que ameaça perturbar o equilíbrio.

Al, que hoje é contador em Nova Jersey, foi criado no Brooklyn por pais ateus, que se afastaram completamente de sua herança judaica. Em sua casa, a religião não era apenas ignorada; ela era denegrida. "Meus pais estavam plenamente de acordo com o adágio de Karl Marx: 'A religião é o ópio do povo'", diz Al. "Os devotos eram considerados hipócritas supersticiosos." Por volta dos vinte anos de idade, ele flutuava de uma filosofia para outra. Quando, finalmente, encontrou um lar espiritual, ele rejeitou não apenas as idéias dos seus pais a respeito de religião, mas também toda a atitude deles de "questionar a autoridade" com relação à vida. Ele se tornou ultra-ortodoxo, mudando-se com a mulher e os filhos para uma comunidade onde tudo girava em torno da observância religiosa e os judeus menos ortodoxos eram considerados como sendo "não realmente judeus". Em seu novo mundo, discutir o significado de passagens específicas das Escrituras era encorajado, mas ninguém questionava os dogmas fundamentais da ortodoxia. Al se recusava a visitar o lar dos seus pais porque as idéias deles poderiam contagiar os seus filhos. "Eu era farisaico e intolerante", ele veio a perceber mais tarde. "Eu estava com medo de me expor a pensamentos contrários porque isso desencadearia minhas próprias dúvidas, e eu não poderia lidar com isso."

Para as pessoas como Al, a insegurança da dúvida é como perder uma âncora num despreocupado mar de confusão. Elas se agarram num salva-vidas que satisfaz sua desesperada necessidade de certeza. Seu extremismo não apenas as torna suscetíveis a cultos, charlatães, gurus indignos e crenças autodestruidoras, mas também as descarta dos "intrusos", e pode até mesmo impedi-las de tirar o máximo das afiliações por elas escolhidas. "Certa vez, eu me permiti levantar questões fundamentais", diz Al, "e me tornei um pai muito mais responsável e um judeu melhor. Há um antigo provérbio rabínico que diz: 'Você não serve a Deus se você não procura a verdade'."

Agindo Precipitadamente

Outro perigo da negação é que quando as dúvidas que foram enterradas no inconsciente finalmente irrompem, você precisa reverter o sentido como uma corda de arco puxada ao máximo, e disparar contra aquilo em que você se forçara a acreditar. "Como pude ter sido tão estúpido? Eu não posso acreditar que eu me deixei corromper por todo esse absurdo. Desperdicei anos preciosos da minha vida." E, assim, algumas pessoas agem precipitadamente. Elas não apenas dão as costas para a religião em que foram educadas, as filosofias que adotaram quando adultas, os grupos com os quais se afiliaram ou os professores que elas veneraram, mas também renunciam a *todas* as formas de religião, a *todas* as instituições espirituais, a *todos* os professores e, em alguns casos, a qualquer coisa e a todas as coisas de natureza espiritual. "Eu não deixarei que coisa alguma me engane novamente!", declaram elas, e convertem o anseio para Deus na procura de prazer sensorial e de sucesso material. O ceticismo torna-se a sua proteção contra a possibilidade de serem enganadas mais uma vez.

De um modo estranho, suprimir a dúvida é, em si mesmo, uma afirmação de dúvida mais forte do que a própria dúvida. É dizer, em essência: "Deus não pode lidar com a minha incerteza." É dizer: "Deus é tão mesquinho e vingativo que eu serei punido por questioná-lo." É dizer: "Deus é tão volúvel que ele não quer que eu faça uso da mente racional com a qual eu fui criado." É dizer: "Deus não confia em mim para encontrar as respostas corretas."

É realmente dessa maneira que você enxerga Deus? Ou você possivelmente está projetando em Deus os seus piores sentimentos a respeito de si mesmo e das outras pessoas?

A Dúvida Honesta é uma Bênção

Existe mais fé na dúvida honesta,
acredite em mim, do que na metade das crenças.

ALFRED, LORDE TENNYSON

Se você está tendo dúvidas a respeito de Deus, relaxe; você está em boa companhia. Pense em Moisés no Monte Sinai, perguntando a Deus: "Quem sou eu para ir ao Faraó?", e prevendo: "Eles não acreditarão em mim, nem darão ouvidos à minha voz." Pense nele mais tarde, depois que o Faraó investiu contra os israelitas, perguntando a Deus: "Por que tu me enviastes?" Pense em Jesus quando foi tentado no deserto; se ele estivesse completamente livre de dúvidas, a história não precisaria ser contada, pois não haveria nada para ser superado. Pense nele no Getsêmani, conhecendo seu destino e rezando: "Ó meu Pai, se possível, afasta de mim esse cálice." Pense em Gautama Buda sentado sob a Árvore Bodhi na véspera da sua iluminação, quando Mara, a Tentadora, soltou um esquadrão de demônios para quebrar a sua vontade. Um dos demônios que Buda teve de derrotar foi a traiçoeira Visikitcha, a personificação da dúvida.

É verdade que algumas formas de dúvida podem ser prejudiciais. O que podia ser chamado de dúvida neurótica — obsessiva, repetitiva, inflexível — pode enterrá-lo profundamente num buraco escuro do qual você não consegue sair. Esse tipo de dúvida é insalubre, pois ela o mantém emperrado num lugar. Mas a dúvida saudável, que leva a uma reflexão honesta a respeito das suas suposições, motivos e valores, é um componente necessário da história espiritual de todas as pessoas, mesmo da mais santa entre nós. Os primeiros cristãos, conhecidos como os Padres do Deserto, por exemplo, falavam do "demônio do meio-dia" — a crise de fé que invariavelmente irrompia quando anos de trabalho espiritual pareciam não ter levado a nada, e eles entravam em desespero por não terem jamais alcançado a união com Deus. Mas os santos e sábios de todas as tradições perseveraram nas suas dúvidas, vagueando como Moisés no deserto da incerteza, fortificados pelo tipo de fé que o Rabino Heschel chamou de "não o assentimento a uma idéia, mas o consentimento com Deus". Tomando-os como exemplo, você pode facilmente reconhecer as suas dúvidas como um sinal de maturidade espiritual, e não como um sinal de fraqueza ou indignidade.

Se não fosse por crises de fé, não teria havido revoluções no pensamento religioso, nem novas atitudes e interpretações, nem novas e ousadas traduções das Escrituras, nem discussões sobre o entendimento adequado da doutrina tradicional. A dúvida criou a magnífica diversidade das expressões religiosas. A dúvida levou Shankara e Buda a abandonarem as interpretações da tradição védica. Eles sentiram que aquelas interpretações ficaram distorcidas, e esculpiram seus próprios caminhos duradouros. A falta de fé nos valores religiosos de sua época alimentou as rebeliões de Jesus e de Maomé. A dúvida alimentou a erudição dos jesuítas e transformou a tradição talmúdica num campo de batalha intelectual, onde a discordância e o argumento não são apenas encorajados, mas obrigatórios. Na verdade, uma das grandes ironias da vida religiosa é que algumas das seitas que exigem conformidade de crença derivam da rebelião de um grande questionador. Martinho Lutero sofreu longos ataques de desespero durante os quais ele se sentiu excluído de Deus e alienado da Igreja Católica, antes de lançar o movimento reformista que deu origem ao Protestantismo.

A dúvida saudável é uma oportunidade, e não uma emergência. O processo honesto de confrontá-la e superá-la pode ser um ponto de partida para o crescimento espiritual. À medida que você se expande em percepção, conhecimento e maturidade, surgem invariavelmente novas e revigoradas idéias. O seu sentimento de quem ou do que é Deus e de como o universo opera sofre uma mudança. Algumas das suas suposições deixam de fazer sentido. Novas observações e descobertas conflitam com o seu entendimento anterior. Se você suprimir a confusão ou encontrar meios de rejeitar as anomalias com respostas fáceis, você pode acabar atolado num conformismo complacente. Se, por outro lado, você suportar o desconforto, agarrar a sua dúvida e trabalhar com ela, você pode expandir seus horizontes espirituais e ascender a um nível mais elevado de percepção. A fênix que se ergue das cinzas da dúvida pode ser uma fé mais grandiosa e mais abrangente.

Portanto, a disposição para tratar a dúvida com respeito honesto pode ser um sinal de coragem, não de fraqueza; de abertura, não de cinismo; de curiosidade, não de negativismo. É, de fato, uma afirmação de fé. Talvez seja por isso que Buda aconselhava seus seguidores a serem lâmpadas para eles mesmos. "Não acreditem numa coisa porque muitos a repetem", ele disse. "Não aceitem uma coisa com base na autoridade de um ou de outro dos antigos sábios, nem no terreno onde uma afirmação é encontrada nos livros... Não acreditem em nada meramente com base na autoridade dos seus professores ou dos sacerdotes. Depois de examinarem, acreditem naquilo que vocês testaram para vocês mesmos e consideraram razoável, que está em conformidade com o seu bem-estar e com o dos outros." Ele está dizendo o que todos os grandes mestres disseram: À medida que você abre o seu caminho através das névoas da incerteza, confie no fato de que a sabedoria combinada do seu coração e da sua mente o conduzirá para a verdade.

A Fé na Ciência e a Ciência da Fé

A dúvida, para mim, é a condição central de um ser humano no século vinte.

SALMAN RUSHDIE

Desde a época do assim chamado Iluminismo da Europa do século dezoito, a fé em Deus e a autoridade religiosa estabelecida têm sido constantemente erodidas por uma outra espécie de fé; a fé na razão e na ciência como os caminhos definitivos para a verdade, e na tecnologia como a maneira de acabar com o sofrimento. Na década de 1920, o ceticismo disparou para o alto, como o mercado de capitais, somente para se manter voando nas alturas em vez de se espatifar. "Deus é o refúgio imemorial dos incompetentes, dos desesperançados, dos miseráveis", escreveu o amargo jornalista da era do jazz, H. L. Mencken. Naquela época, os horrores da Primeira Guerra Mundial estavam vívidos na mente das pessoas, e as invenções, como a refrigeração e o automóvel, prometiam nos livrar da fadiga. Conversas educadas nas salas de visita giravam em torno das revelações da psicanálise e das surpreendentes descobertas da mecânica quântica e da teoria da relatividade. Diante de tudo isso, a fé pareceu ficar abalada. "No final das contas, nada pode resistir à razão e à experiência, e a contradição que a religião oferece a ambos é apenas palpável demais", escreveu Sigmund Freud.

O método científico — basicamente, a análise sistemática de observações repetidas de acordo com as regras da lógica e da experimentação — foi tão bem-sucedido em resolver os antigos quebra-cabeças e os mistérios cotidianos, que era fácil acreditar que ele poderia ser aplicado a todas as áreas da investigação humana. Esperava-se que a ciência marcharia como um exército triunfante através das maltrapilhas forças da ignorância para conseguir seu supremo triunfo: um sistema completo de deduções, derivadas de leis incontestáveis, que explicariam todos os fenômenos do universo. Muitos alegres cientistas e filósofos previram que as reivindicações irracionais da religião iriam acabar encerradas em museus como os ossos de animais extintos. Não teríamos mais necessidade da fé, da revelação e de rituais supersticiosos do que nós tínhamos de pintar nas paredes das cavernas.

Não muito tempo depois da época de Mencken e de Freud, o caminhão desgovernado da dúvida acelerou. Vimos as piores atrocidades em massa que os seres humanos já perpetraram, incitando milhões de pessoas a gritar em seu coração as palavras rabiscadas no muro de um campo de concentração por um prisioneiro anônimo: "Onde está Deus?" O progresso material, as novas descobertas da psicologia e as descobertas científicas se aceleraram num passo cada vez mais rápido, presumivelmente encolhendo aquilo que os céticos sempre consideraram como as razões pelas quais as pessoas precisam da "muleta" de Deus — escassez, miséria, tumulto emocional e incapacidade para compreender e controlar o mundo natural. Acrescente a isso a difusão da alfabetização, da capacidade para ler e escrever, e da educação secular, a expansão da classe média e o acesso fácil a novas idéias e crenças, e você terá uma fórmula aparentemente infalível para a dúvida. Não é de admirar o fato de que, menos de um século depois que Nietzsche levantou pela primeira vez esta possibilidade, a revista *Time* perguntava na sua capa: "Deus está morto?"

Como no caso da morte de Mark Twain, o rumor foi altamente exagerado. O anseio do coração por paz e amor supremos, e da mente pela verdade suprema é demasiado primal.

Mas o solo para a descrença nunca esteve tão fértil. Para uma população treinada a pensar logicamente, a venerar a objetividade e a aceitar apenas aquilo que está em conformidade com a razão ou que é testemunhado pelos sentidos, como podem *não* aparecer dúvidas sobre Deus? Grande parte do que nos foi contado sobre o assunto está mascarado em contradições: Deus conhece tudo, mas nós precisamos deixá-lo saber o que nós queremos; Deus é incognoscível, mas algumas pessoas sabem qual é a vontade de Deus; Deus nos punirá se nós nos comportarmos mal, mas nós somos amados e perdoados. Um Deus de misericórdia, amor e justiça? E quanto a Hitler e a Stalin? E quanto a todas as atrocidades, guerras e assassinatos em massa? E quanto a todos os mentirosos e trapaceiros que continuam impunes? E quanto à opressão, à inanição e à morte de crianças inocentes? E quanto aos milagres, por favor! Nós podemos explicar a maioria deles cientificamente; os restantes são contos de fadas de um passado primitivo. E o que dizer dos emissários de Deus? Olhe para todas as intolerâncias e ódios, para o extremismo, a dominação, o terrorismo, tudo em nome de Deus. Nenhuma divindade amorosa, masculina ou feminina, permitiria esses crimes em seu nome.

A vida contemporânea oferece mais aberturas para os ladrões da fé do que um hotel sem portas. Mas aquilo que parece uma crise coletiva é visto mais lucrativamente como uma oportunidade coletiva. A dúvida levantada pelas sensibilidades modernas pode preparar o palco para um fortalecimento da fé. Talvez não o velho tipo de fé, que era baseada na submissão ao dogma e na obediência à autoridade, mas, em vez disso, uma fé iluminada construída sobre a convicção inabalável que aparece quando a crença sobrevive ao cadinho da dúvida. Talvez o *caminho* pelo qual nós adquirimos fé precise ser questionado, e nossos conceitos a respeito de Deus tenham de ser atualizados, mas a fé genuína nunca teve um ambiente melhor para florescer — precisamente *porque* há muitas razões para duvidar.

Tudo Depende

Eu acredito no Sol mesmo quando ele não está brilhando.
Acredito no amor mesmo quando não existe sentimento.
Acredito em Deus mesmo quando ele está em silêncio.

Oração Judia

Numa linguagem ou em outra, os seres humanos têm clamado por milhares de anos: "Mostre-me a sua face. Prove que você existe. Revele-se de uma maneira que eu possa reconhecê-lo. Pare de se esconder!"

Estudos indicam que a razão fundamental que as pessoas dão para não acreditar em Deus é "falta de prova". Você está procurando por uma prova? Você está esperando por um sinal? Que prova satisfaria você? Que sinal seria suficiente? É fácil satisfazer a algumas pessoas. Para elas, a evidência que têm diante de si está além de uma dúvida razoável. "No rosto dos homens e das mulheres eu vejo Deus", cantava Walt Whitman, "e também no meu próprio rosto no espelho. Eu encontro cartas de Deus atiradas na rua, e cada uma delas está assinada com o nome de Deus." Outros têm padrões mais estritos. "Se pelo menos Deus me desse um sinal claro!" lamentou-se Woody Allen. "Como, por exemplo, fazer um grande depósito no meu nome num banco suíço."

Está correto colocar a carga da prova em Deus? Talvez o problema esteja do nosso lado. Talvez realmente nem saibamos o que estamos procurando. Talvez nós estejamos procurando em todos os lugares errados.

Considere esta conversa, ouvida por acaso num restaurante em Beverly Hills.

"Eu gostaria de acreditar em Deus", ele diz, enquanto explora a sala por trás dos óculos escuros. "Eu realmente gostaria. Eu queria acreditar que existe uma inteligência maior e uma força moral no universo. Mas eu preciso ver a prova."

"O que você está procurando?", pergunta a mulher vestida de preto. "Uma sarça ardente com uma voz? Línguas de fogo no céu?"

"Eu não sei; talvez algumas profecias genuínas, previsões sobre acontecimentos em grande escala pudessem não ser comprovadas cientificamente."

Ela sorri e cita Jesus de memória: "'Esta é uma geração perversa: eles procuram um sinal.'" Ela beberica seu *cappuccino*. "Toda a prova de que eu necessito", diz ela, "é o riso do meu bebê e as flores no quintal."

"Eu acho que isso depende do que você entende por Deus", ele admite.

"Depende do que você entende por evidência."

Em resumo, esta é a história da dúvida. Depende do que você entende por Deus e depende do que você entende por evidência.

Se você está dilacerado porque a espiritualidade parece incompatível com a ciência, se você agoniza porque não pode reconciliar a crença religiosa com a razão e a lógica, seja bem-vindo ao clube. Mas você poderia querer se poupar o incômodo de tentar encontrar uma prova satisfatória por você mesmo. Durante milhares de anos, grandes mentes têm entrado em conflito a respeito desses assuntos, e até agora tudo ficou na mesma.

Teólogos de todas as tradições levaram a lógica até o auge do esplendor em busca de Deus. Descartes, Leibnitz, Spinoza e outros filósofos construíram argumentos racionais impecavelmente elaborados demonstrando a existência de Deus. Santo Tomás de Aquino reuniu um quinteto deles, em seu *Quinque Viae*, cinco argumentos distintos levando à conclusão de que a razão pode revelar *que* Deus existe, mas não *o que* Deus é. Existem argumentos que os eruditos chamam de argumentos cosmológicos, argumentos ontológicos e argumentos teleológicos; existe o caminho afirmativo e o caminho da negação. Se você conseguir abrir caminho através deles, você reconhecerá que todos eles são convincentes.

Isto é, até você ler as refutações de pensadores como Immanuel Kant. Se é possível dizer alguma coisa com segurança, é que nenhuma pessoa intelectualmente honesta pode sustentar que tem fé apenas com base na razão, ou ter uma prova de Deus com base em qualquer coisa que se aproxime da certeza científica. Mas isso, em si mesmo, não é suficiente para justificar a *descrença*, pois é igualmente impossível provar as afirmações opostas.

Nós nos esquecemos algumas vezes de que as ferramentas da racionalidade são limitadas e que a confiança irrestrita nessas ferramentas é um salto de fé. A noção de que todo o conhecimento que vale a pena pode ser descoberto por meio do método científico é, para usar a própria linguagem da ciência, no melhor dos casos, uma hipótese. É uma suposição que não pode ser provada e é provavelmente tão improvável quanto a existência de Deus. O famoso teorema da incompletude do matemático Kurt Gödel provou, em 1931, que é impossível construir um sistema lógico que seja, ao mesmo tempo, consistente (que não contenha contradições internas) e completo. O sistema sempre será capaz de gerar um enunciado que o próprio sistema não pode provar. Como o homem careca que diz: “Confie em mim; todos os homens carecas são mentirosos”, a ciência diz: “O nosso método é a única maneira de conhecer a realidade”, e também: “Todo conhecimento científico é provisório e incompleto.” Em outras palavras, o método científico não pode provar a sua onisciência e a sua onipotência mais do que a teologia pode provar as de Deus.

Tudo isso equivale a dizer: 1) A razão e a descoberta científica podem espalhar dúvidas sobre as afirmações da religião, mas, quanto à suprema questão de Deus, o júri está num beco sem saída, e sempre estará; 2) Em última análise, a lógica não pode provar nem refutar satisfatoriamente qualquer coisa a respeito da existência de Deus ou dos caminhos de Deus. Isso parece inevitável, quer você seja um monge cristão, como Thomas Merton — "Nós nunca poderemos conhecê-Lo totalmente se pensarmos Nele como um objeto de captura, a ser encerrado pela cerca das nossas próprias idéias. Nós O conhecemos melhor depois que a nossa mente deixa que Ele se vá."; um sábio da Índia, como Jiddu Krishnamurti — "Deus é algo a respeito do qual não se pode falar, que não pode ser descrito, que não pode ser colocado em palavras, porque ele precisa sempre permanecer desconhecido."; ou um desmascarador profissional, como Michael Shermer, editor da revista *Skeptic* — "A existência de Deus está além da nossa competência como um problema a ser resolvido."

Como a Ciência Inspira a Fé

"Eu era o garoto inteligente que sabia todas as respostas corretas na classe e via através de todas as 'tolices' na escola dominical", diz Richard Blaine*, um cirurgião cardíaco da Filadélfia. "Eu sempre queria saber como as coisas funcionavam. Eu desmontava rádios e relógios. Pedia microscópios e *kits* de química ao Papai Noel. Eu também me perguntava como ele conseguia cobrir todas as casas do planeta em uma só noite." Por volta da época em que estava no colégio, Richard havia colocado Deus na mesma categoria que o Papai Noel — um mito infantil, um conto de fadas. "Eu estava a caminho de descobrir os segredos do universo através da ciência."

Ele voou através da faculdade e da escola de medicina nas asas do seu intelecto prodigioso. "Eu era um materialista do tipo clássico", ele se lembra. "O cosmos era essa máquina terrível que podia ser entendida quando se concebia como as suas partes funcionavam. Eu celebrava o meu culto no altar da razão. Todo o resto era superstição."

Então, uma coisa engraçada aconteceu: Richard teve uma epifania na estrada-para-Damasco.

"Foi a primeira cirurgia da qual eu participei, e eu estava de pé ao lado do cirurgião sênior quando ele abriu o peito do paciente. Fiquei imediatamente paralisado. A visão daquele coração batendo e de todos os vasos sangüíneos entrando e saindo, e do tecido vivo, foi... bem, eu não sei como descrever isso, a não ser que o que eu vi era algo tão magnífico, tão espantosamente lindo, tão perfeito, que... bem, eu hesito em utilizar palavras como estas, mas de repente eu sabia o que significava 'a mão de Deus'. Eu a vi em funcionamento; isso é tudo o que eu posso dizer."

Ele diz que ainda considera grande parte do que ele ouve na igreja como tolices, mas, em suas próprias palavras, ele "fez um acordo com Deus".

Se não for um vislumbre do mecanismo maravilhoso do corpo humano, então talvez seja uma contemplação do céu noturno e das dimensões do universo, ou o rodopiar das partículas subatômicas, o intrincado balé dos padrões meteorológicos ou os hábitos de acasalamento dos insetos e dos animais, ou os fios interconectados que formam a tapeçaria da ecologia da Terra — para onde quer que o investigador racional volte os olhos, a criatividade infinita e o planejamento ordenado estão em exibição. Isso pode não ser suficiente para *provar* que alguma forma de inteligência divina é a responsável; esses argumentos têm sido engenhosamente contrapostos por muitas mentes admiráveis. Mas poderia ser suficiente para fazer cócegas na fantasia da fé, ou pelo menos para inspirar alguma dúvida a respeito da dúvida.

As fileiras dos mais importantes cientistas do mundo sempre incluíram veneradores devotos e pessoas independentes profundamente espirituais, que não viam nenhum problema em reconciliarem sua profissão com a sua fé. Para muitos, na verdade, as duas são tão compatíveis quanto a bolacha e o queijo, e sua análise sistemática provoca uma espécie de assombro espiritual. Albert Einstein, a autêntica encarnação da mente científica, disse: "Um conhecimento da existência de alguma coisa em que nós não conseguimos penetrar, das manifestações da razão mais profunda e da beleza mais radiante, que são acessíveis apenas à nossa razão em suas formas mais elementares — é esse conhecimento e essa emoção que constitui a atitude verdadeiramente religiosa; nesse sentido, e apenas nesse sentido, eu sou um homem profundamente religioso."

A ciência e a religião representam diferentes métodos de obter conhecimento, mas elas estão procurando o mesmo prêmio da verdade suprema, e elas são mais semelhantes e mais complementares do que geralmente se reconhece. Especialmente agora. À medida que a ciência avançava, ela invadia cada vez mais o domínio da religião. A psicologia, que antes considerava a fé praticamente como um infortúnio, evoluiu de uma ciência da patologia humana para uma ciência do espírito humano. Os departamentos de psicologia incluem atualmente os herdeiros de Carl Jung, que se separou de Freud em 1912 e levou consigo a espiritualidade; os psicólogos humanistas, que estudam a auto-realização; e os psicólogos transpessoais, que fazem pesquisas sistemáticas sobre o desenvolvimento espiritual e a consciência superior.

A física, considerada durante muito tempo um universo separado da religião, cada vez mais passou a se assemelhar à *meta*física. Outrora, o foco de sua atenção foi o domínio dos objetos sólidos que podem ser vistos com os sentidos e com as extensões dos sentidos, tais como microscópios e telescópios. Agora, a física penetrou nas profundezas da matéria e descobriu um país das maravilhas de partículas subatômicas, que na verdade não são partículas no sentido de uma bola de bilhar, mas ondas vibratórias de energia. A cadeira rígida sobre a qual você está sentado é feita de átomos, sendo que 90 por cento de cada átomo é constituído de espaço vazio. Assim é o próprio corpo que você habita. As discussões científicas abrangem agora partículas que penetram barreiras que deveriam ser impenetráveis; que se comunicam umas com as outras instantaneamente quando separadas por longas distâncias; que, ao mesmo tempo, existem e não existem; que se movem ao longo de diferentes caminhos — ou ao longo de *todos* os caminhos — ao mesmo tempo. E os físicos pensam que todo o universo conhecido emerge de um vazio sem forma, que os físicos chamam de vazio quântico, uma inesgotável fonte de vazio que se desdobra de dentro de si mesmo. O escritor de ciência K. C. Cole comparou o vácuo às "cordas de um titereiro invisível", precisamente a metáfora que foi, durante séculos, utilizada para se referir a Deus. Quando, em 2000, cientistas anunciaram que haviam descoberto o bóson de Higgs, uma partícula invisível que determina as propriedades básicas da matéria, alguns deles realmente a rotularam como "a partícula de Deus".

O universo que a ciência nos oferece, diz o físico Paul Davies, "nada mais é que um vazio estruturado". Não é preciso muito esforço para encontrar paralelismos entre conceitos como "vazio estruturado" e "consciência não-local ligada" e palavras de significado espiritual como Tao, Brahman, *sunyata* e *ein sof*. Voltando ao século treze, Meister Eckhart antecipou a terminologia dos físicos. Deus, disse ele, é "o Nada absoluto".

E esse vazio estruturado não está separado da substância da consciência humana. Não no mundo da ciência moderna, onde muitos especialistas deixaram de ver a consciência como um mero resultado de reações eletroquímicas no cérebro. O que Ralph Waldo Emerson afirmou no século dezenove — "Eu sei com certeza que quem eu sou não termina no topo da minha cabeça" — ecoou, no século vinte, em investigações de neurocientistas como Wilfred Penfield e Karl Pribram. Para eles e outros, a consciência é não-local ligada, não estando confinada a pontos específicos no tempo e no espaço, mas está inextricavelmente entrelaçada com o tecido cósmico.

O que nós vamos fazer dessa marcha da ciência? O filósofo e sintetizador Ken Wilber observou, na década de 1980, que "os próprios *fatos* da ciência... os dados efetivos (da física à psicologia) pareciam fazer sentido apenas se nós supuséssemos alguma espécie de terreno implícito, unificador ou transcendental subjacente aos dados explícitos. [Esse terreno transcendental] parecia idêntico, pelo menos em descrição, ao terreno atemporal e ilimitado do ser (ou 'Divindade') universalmente descrito pelos grandes místicos e sábios do mundo". Em outras palavras, em vez de absorvê-lo nas profundezas da dúvida, as modernas descobertas podem, com igual facilidade, transportá-lo para novos pináculos de fé, sem ter de passar pela matemática. Uma pessoa olha para um arco-íris e vê a dispersão por refração de fótons em gotículas de neblina; uma outra vê nele a prova de Deus. Uma pessoa olha através de um microscópio e vê um minueto de moléculas; uma outra vê milagres. E algumas vêem ambas as coisas.

Sentimentos de Dúvida

Duvidando dos seus Sentimentos
A dúvida é o desespero do pensamento;
o desespero é a dúvida da personalidade...
O desespero é uma expressão da personalidade como um todo;
a dúvida, é um expressão apenas do pensamento.

SØREN KIERKEGAARD

A dúvida é uma intrusão da mente. Ela surge quando você sente a dissonância entre alguma coisa que você considera verdadeira e pensamentos, observações ou experiências que parecem contradizer essa crença. Tente como você puder, alguma coisa simplesmente não faz sentido. É por isso que, dos nove caminhos para a paz com Deus, o Pensador é o mais inclinado à dúvida. A tendência dos Pensadores é usar o seu intelecto para manobrar através das águas traiçoeiras dos mistérios cósmicos. Eles refletirão e ruminarão inflexivelmente na esperança de se estabelecer sobre uma solução racional. Quando as suas bússolas falham, e eles se perdem nos matagais do paradoxo e da incongruência, a dúvida os consome. Mas a dúvida não mora apenas no intelecto; ela também é alimentada por uma ampla gama de emoções. Embora qualquer combinação de fatores possa fazer pender a balança na mente de alguém, cada um dos nove arquétipos é especialmente vulnerável a certas combinações. Eis quando cada arquétipo tem mais probabilidade de experimentar a dúvida:

Reformadores: quando as imperfeições do mundo gritam para eles; quando são frustrados seus esforços para reformar as pessoas, as instituições ou o planeta como um todo; quando malogra o que eles pensam que é a vontade de Deus.

Amantes: quando o objeto do seu amor não retribui esse amor; quando suas atividades de devoção malogram em trazer à tona o amor de Deus pelo qual eles tanto anseiam e esperam sentir com plenitude.

Realizadores: quando seu árduo trabalho não consegue trazer a eles a graça de Deus; quando seus esforços em favor da sua religião, organização espiritual ou causa digna não são recompensados ou apreciados.

Criadores: quando sua produção criativa se esgota por falta de inspiração de Deus; quando sua arte não está à altura da sua visão ou não consegue merecer um reconhecimento e uma recompensa adequados; quando o mundo parece decrépito e monótono, em vez de extaticamente belo.

Buscadores de Segurança: quando eles ficam feridos por causa de uma organização religiosa à qual eles prometeram fidelidade; quando o seu mundo se torna inseguro e desprotegido, e parece como se Deus os tivesse abandonado.

Aventureiros: quando eles sentem que as suas procuras espirituais começam a ficar apáticas e ritualizadas; quando a sua paixão é sufocada por influências externas e lhes parece que Deus os está forçando numa vida rotineira e limitada.

Patrões: quando suas tentativas para assumir a liderança são obstruídas; quando o Deus a quem eles se entregaram ou quando a autoridade religiosa à qual eles foram fiéis não os está levando à Terra Prometida com diretrizes claras e mão firme.

Pacificadores: quando seus esforços para reunir as pessoas são bloqueados; quando eles não conseguem sanar as dissidências nas fileiras da sua agremiação espiritual; quando eles vêem novos relatos de carnificinas e atrocidades no mundo.

Independentemente de qual seja o seu arquétipo primário, a experiência da perda, da traição, do desespero, da indignação e de outras emoções fortes pode inclinar a sua mente para o ceticismo e a incredulidade em Deus. Então, a interação entre a fé e a emoção torna-se um complicado laço de realimentação. Uma vez que a dúvida é acionada, ela pode desencadear um novo conjunto de sentimentos dolorosos ou reforçar os antigos. Por sua vez, a persistência das emoções negativas serve para manter a dúvida no lugar, bloqueando todas as tentativas do intelecto para resolver o conflito.

A interação complexa entre fé e sentimento foi representada de modo cativante na versão cinematográfica do romance de Graham Greene *The End of the Affair* (O Fim do Caso de Amor), no qual a dúvida é reconciliada tanto pelo amor como pelo ódio. Maurice e sua amante casada, Sarah, iniciam o seu romance em Londres, na época da guerra, como descrentes. Num encontro durante uma tarde, a felicidade deles é destruída por uma bomba alemã. Sarah, incapaz de reanimar o inconsciente Maurice, cai de joelhos desesperada e reza para "o que quer que possa estar lá fora". Se o seu amado fosse trazido de volta à vida, ela, em troca, ofereceria a desistência do seu adultério, e nunca mais o veria novamente. Maurice vive. Sarah, apavorada pelo milagre evidente, o deixa sem nenhuma explicação. Mais tarde, enquanto luta para manter o seu juramento contra todo impulso do seu espírito e da sua carne, ela descobre a graça no seu recém-descoberto amor por Deus.

Quanto ao cético Maurice, quando ele descobre por que o amor de sua vida fora tirado dele, declara numa expressão notável de furiosa ambivalência: "Eu te odeio, Deus. Eu te odeio como se você existisse."

Finalmente, Sarah sucumbe ao seu amor por Maurice, quebrando sua promessa a Deus. Os amantes são reunidos, mas apenas por pouco tempo. Sarah fica doente e morre. No final, num abjeto desespero, Maurice diz a Deus: "Eu estou cansado de odiar. Porque você ainda está aí. Então, a sua astúcia é infinita. Você usou o meu ódio para ganhar o meu reconhecimento." E implora a Deus para que fique fora da sua vida, mas que por favor tomasse conta de Sarah.

Emoções fortes estão alimentando a sua dúvida? Quais são elas? Você se sente com medo? Solitário? Amargurado? Ressentido? Vingativo? Derrotado? Transtornado? Desmoralizado? Ultrajado? Invejoso? Indefeso? Frustrado? Você está zangado por causa da persistência do mal no mundo? Você está arrasado por toda essa injustiça? Você está desapontado porque suas preces não tiveram resposta? Você está amargurado porque você sofreu mais do que as pessoas que são menos moralmente merecedoras? Você está chocado com o comportamento daqueles que pareciam devotos e santos? Você está com medo de ter perdido o rumo e de estar solitário num universo indiferente? Pode parecer que a dor da dúvida esteja toda na sua cabeça. Porém, como acontece com muitas dores de cabeça, isso pode ter sido causado ou exacerbado por sentimentos que são difíceis de enfrentar. É de importância vital identificar essas emoções, reconhecer o seu papel na sua fé vacilante e dar os passos para solucioná-las. (Discutiremos questões emocionais de importância-chave, tais como a raiva, o medo e a culpa com mais profundidade nos próximos capítulos.)

Atacando o Lado Negro

Deus é dia e noite, inverno e verão,
guerra e paz, fartura e fome.

HERÁCLITO

Quando adolescente, Ted Turner queria ser missionário. De acordo com um perfil biográfico apresentado pela revista *New Yorker* por Ken Auletta, Turner se devotara à sua irmã mais nova, Mary Jane, que estava atormentada por uma doença imunológica chamada de lúpus eritematoso sistêmico. Ele passava uma boa parte do seu tempo confortando Mary Jane, que vomitava com freqüência e gritava alto por causa de dores constantes. Depois de vários anos de agonia, ela morreu, e com a morte dela a fé de Ted Turner também morreu. "Ensinaram-me que Deus era amor e que Deus era poderoso", ele contou a Auletta, "e eu não conseguia entender como se podia permitir que alguém tão inocente sofresse daquela maneira." Até esse dia, de acordo com o artigo, Turner "alternadamente descreve a si mesmo como um ateu e agnóstico". A antipatia dele pela religião é tal que quando Jane Fonda, então sua mulher, começou a freqüentar os serviços da igreja a caminho de se declarar cristã, ela não contou ao marido. "Ele teria me pedido para abandoná-la", diz ela.

Para Ted Turner, o sofrimento e a morte prematura daquela amada inocente deu o arranque no motor que dá força à dúvida. Para outros, o catalisador poderia ser uma doença pessoal, uma ruína financeira, o escândalo sórdido de um líder religioso, a perda de um amor ou um desastre mortal do tipo que até mesmo a lei chama de um "ato de Deus". Para muitos, os noticiários noturnos são suficientes; o triunfo aparentemente incessante do mal e a persistência de um tormento desnecessário projetam as maiores sombras sobre a fé.

"Eu formo a luz e crio as trevas", disse Deus em Isaías (45:7); "Faço a paz e crio o mal." Isso pareceria um caso tão sólido para uma instauração de processo como uma confissão gravada em vídeo. Se se deve confiar no profeta, Deus criou tanto o mal quanto o bem. Isso parece incongruente a você? Como pode um Deus que é totalmente bom e totalmente poderoso permitir que os horrores do mundo continuem século após século? Esse dilema já havia sido apresentado no ano 300 a.C. pelo filósofo grego Epicuro: "Os deuses podem tanto tirar o mal do mundo como não tirar, ou então, estando dispostos a fazê-lo, não podem; ou eles nem podem nem querem, ou, finalmente, eles tanto podem quanto querem. Se eles têm a vontade de remover o mal e não podem, então eles não são onipotentes. Se eles podem, mas não querem, então eles não são benevolentes. Se eles não são nem capazes e nem estão dispostos, então eles não são nem onipotentes nem benevolentes. Finalmente, se eles são tanto capazes de aniquilar o mal quanto estão dispostos a isso, então, por que existe o mal?"

Em outras palavras, nós não podemos ter ambos os caminhos: ou Deus não pode impedir que as coisas ruins aconteçam, e nesse caso ele não é todo-poderoso, ou Deus não se importa que os seres humanos tenham de suportar a miséria imerecida, e neste caso ele não é totalmente bondoso.

Esse argumento é tão razoável quanto permanente. As pessoas que rejeitam Deus com base nesses argumentos estão negando uma divindade que se supõe ser todo-poderosa, que vigia a Terra e é capaz de intervir como um pai ou mãe vigilante quando seus favoritos estão ameaçados. Ele (porque é sempre um ele) é também considerado capaz de criar um paraíso livre do mal e à prova de sofrimento na Terra, mas escolheu, por razões misteriosas, não agir assim. Mas deve haver outras maneiras de entender Deus, algumas das quais são mais consistentes com o fato de que pessoas más caminham sobre a Terra e crianças nascem deformadas e inocentes morrem em terremotos, inundações e guerras.

Se não há alternativas, pessoas inteligentes podem estar se enganando por milênios. Se a ubiqüidade do mal significa que as únicas conclusões sensíveis são ou a de que Deus não existe ou a de que Deus não é bom, então não haveria judaísmo, pois todos os judeus sensíveis teriam desistido há séculos do Todo-Poderoso, em resposta à opressão impiedosa. Não existiriam igrejas para negros ou música *gospel*, uma vez que a fé dos afro-americanos não poderia ter sobrevivido à escravidão e à segregação. O cristianismo não teria ultrapassado o Império Romano se mentes inteligentes não pudessem encontrar um meio de compreender a perseguição e ainda assim manter a fé. Nem haveria mesquitas nos territórios ocupados da Margem Ocidental. E os nativos norte-americanos, mal tendo sobrevivido às tentativas de genocídio, seriam todos ateus. De certo modo, apesar dos questionamentos da mente racional, a fé persiste na presença da dor e despreza o mal.

Quando o jovem Martin Luther King, Jr. liderou o boicote de ônibus de Montgomery, ele recebeu uma rajada de ameaças de morte. Numa noite em que passou sem dormir, quando o seu medo "tinha atingido o ponto de saturação", ele orou: "Eu estou no fim das minhas forças. Eu fiz o que pude. Cheguei a ponto de não poder enfrentar isso sozinho." No momento seguinte, ele escreve em *Strength to Love* (Força para Amar), "senti a presença do Divino como eu nunca a sentira antes. Parecia como se eu pudesse ouvir a garantia tranqüila de uma voz interior dizendo: 'Levante-se para a justiça, levante-se para a verdade. Deus estará ao seu lado para sempre.'" Seus medos e incertezas passaram, ele disse, e quando sua casa foi atacada com bombas, três dias depois, ele teve força e confiança para seguir em frente. "Eu sabia agora que Deus é capaz de nos dar os recursos interiores para encarar as tempestades e os problemas da vida."

O que permite que algumas pessoas transcendam a dúvida em meio ao mal e à dor dos inocentes, enquanto outras se voltam para o niilismo ou afundam no desespero? Isso é tão misterioso quanto Deus. Até mesmo Ted Turner parece estar mantendo suas opções em aberto. "Embora ele afirme ser um ateu, no fim de cada conversa ele diz: 'Deus o abençoe'", contou Jane Fonda ao repórter do *New Yorker*. "Ele quer ir para o Céu."

Cada religião e cada filosofia têm explicado a presença do mal à sua própria maneira. Se a sua tradição não resolve as suas dúvidas a respeito desses assuntos, tente procurar mais profundamente, nas Escrituras, nos comentários, em discussões com membros do clero que não irão descartá-lo com respostas prontas. E se isso não conseguir satisfazê-lo, procure em outros lugares, em outras tradições e em fontes próprias mais esotéricas.

Mas esteja preparado: pode ser que você nunca fique satisfeito com o que encontrar. Nenhuma resposta única para o eterno enigma do mal é capaz de satisfazer a cada mente, pois a lógica pode sempre encontrar uma maneira de refutá-la. Depende, novamente, da sua definição de Deus e do seu padrão de prova. "As complexidades da questão do mal nos empurram até os limites da razão", escreveu o Rabino David Cooper em *God Is a Verb* (Deus É um Verbo). "Nesses limites, devemos nos estender para além da mente e lançar mão de recursos que ultrapassam o intelecto."

Esta é uma razão pela qual isto é chamado de um *salto* de fé. O salto não o leva necessariamente para o terreno de pouso da certeza. Ele pode, em vez disso, levá-lo a um lugar melhor e mais interessante: a aceitação. O "Por quê?" do mal pode continuar sendo para sempre um enigma, mas o fato de você aceitar a sua existência como um companheiro necessário do bem na misteriosa totalidade que nós chamamos de Deus pode, por si mesmo, ser uma forma de sabedoria que dissipa a dúvida. "O Bem e o Mal são as duas bifurcações do tronco da Árvore da Vida, que brotaram de uma mesma Semente", escreveu Carl Jung. "Ou o Bem e o Mal podem ser vistos como sendo gêmeos, descendentes de um único Pai-Mãe. Eles se complementam um ao outro, como os ventrículos direito e esquerdo do coração. Eles são as duas mãos fazendo o trabalho do Corpo Cósmico."

A Sabedoria do Mistério: Iluminando a nossa Mortalidade

A vida é uma grande surpresa. Eu não vejo por que a morte não possa ser uma surpresa ainda maior.

VLADIMIR NABOKOV

Para a maioria das pessoas, um dos mais fortes estímulos para a fé é a necessidade de acreditar que pelo menos parte de nós é eterna. Porém, nunca poderemos saber com certeza, e portanto em todos, menos nos devotos mais inabaláveis, uma voz interior cética dá uma risadinha abafada: "Não zombe de si mesmo; você está simplesmente com medo de aceitar a realidade de sua extinção final." Acrescente a esse tumulto mental o medo e o pavor que podem consumir alguém que esteja encarando a morte pela primeira vez, e é fácil ver por que a perspectiva de morrer pode dilacerar a fé como um furacão existencial.

"Eu achava que já havia coberto as grandes questões da vida e da morte", diz Robert Glass*. Apoiado na cama de um albergue, ele se assemelha à imagem de um santo hermético, com uma face tão esquelética que a pele parece abraçar os seus ossos como Saran Wrap, e olhos tão luminosos que parecem emitir mais luz do que recebem. "Mas eu não estava preparado para isso", ele admite. "Tudo o que eu achava que acreditava saiu pela janela tão logo eu recebi o diagnóstico."

O diagnóstico era câncer do cólon. Educado num ambiente presbiteriano, Robert havia rejeitado o que ele chamava de "tedioso *mumbo jumbo*" da igreja quando era jovem e se voltou para o Oriente à procura de apoio espiritual. Ele adotou uma técnica de meditação budista e, da tradição hinduísta, assimilou a prática da ioga e certas convicções filosóficas, incluindo a crença na reencarnação. "O renascimento fazia mais sentido para mim do que a concepção cristã da vida após a morte", ele explica, apertando o botão para receber mais medicamento contra a dor. Quando se tornou marido e pai, ele se mudou com sua família para um subúrbio de San Francisco, e uma vez mais se juntou à igreja. Ele gostava de alguns serviços do culto, diz ele, e o caloroso sentimento familiar nas épocas de férias. Além disso, ele e a mulher queriam que seus filhos fossem educados na religião de seus antepassados. "É isto o que eu chamo de 'cobrir'", ele explica. "Eu tinha minhas práticas espirituais, tinha uma comunidade na igreja e tinha dedicado muitos pensamentos a questões sobre a vida e a morte. Eu achava que quando a minha hora chegasse, eu partiria tranqüilamente."

Em vez disso, o terror e a dúvida tóxica inundaram o seu sistema como os produtos químicos que não conseguiram matar as suas células malignas. "Eu sou imortal", ele se lembra, pensando. "Eu vou morrer. Este corpo, esta personalidade, este marido, este pai, advogado de assuntos tributários, jogador de *softball*, iogue freqüentador de igreja, fã de óperas, proprietário de um Mercedes — estes 1,83 metro e 91 quilos de vida humana estão para desaparecer. Eu fiquei estupefato. O que virá depois? Eu realmente tenho uma alma que sobreviverá? Eu realmente voltarei em outra forma? Talvez seja tudo uma bobagem. Talvez o céu cristão também seja uma bobagem. Talvez os céticos estejam certos. Talvez a vida após a morte seja apenas um conto de fadas para nos fazer sentir melhor com relação a este vale de lágrimas. Talvez a minha existência seja apenas um acúmulo de moléculas, um acidente aleatório, não mais permanente do que um castelo de areia numa praia, e nem mais significativo. O que significa tudo isso, Alfie?"

Cansado com o seu monólogo, Robert esboça um sorriso enquanto sorve um gole de água de uma xícara. "Foi um inferno", ele continua. "Eu senti pena de mim mesmo. Eu estava sendo castigado? Eu tinha alguma grande dívida kármica da qual eu não estava ciente? Eu me vi implorando a Deus para me deixar viver. Eu não rezava daquele modo há anos. Eu nem sequer *acreditava* nesse tipo de prece. Eu apenas voltei a esse relacionamento primitivo com Deus, implorando e barganhando: 'Não posso pelo menos ver os meus filhos crescerem? Pense na minha esposa! O que ela irá fazer sem mim? Eu prometo, se você me poupar, eu serei uma pessoa melhor.' Eu estava indo contra tudo o que eu acreditava a respeito da espiritualidade. Desapego? Esqueça! Viver o momento? Meu momento era uma droga! Era como se eu tivesse esquecido tudo o que eu havia aprendido. Eu não tinha nenhuma fé no que quer que fosse."

Ele começa a rir, mas em vez disso tosse, e o solavanco em seu corpo é doloroso. "Eu nada sei a respeito da morte", ele diz enquanto se recupera, "mas eu tenho de contar a você; *morrer* é o pior lugar imaginável."

Ele lutou pela vida em duas frentes, diz Robert — com o câncer e com a dúvida. Como um pugilista correndo atrás de pontos nos últimos *rounds*, ele tentou dar um soco intelectual que poderia resolver a charada da vida após a morte antes que fosse tarde demais. Tudo o que ele ganhou com isso foi ficar mais cansado. Então, um amigo que o visitou contou-lhe uma história.

Um discípulo pergunta a um mestre budista: "O que acontece depois da morte?"

"Como eu posso saber?", veio a resposta.

"Mas o senhor tem que saber", protesta o estudante. "O senhor é um homem iluminado."

"Pode ser", diz o mestre, "mas eu não sou um homem morto."

Robert dá uma gargalhada quando ele termina o conto; então, fecha os olhos em suas cavidades ocas e mergulha mais fundo em seus travesseiros. "Essa história teve um enorme impacto", diz ele. "Ela me fez compreender que eu nunca iria descobrir isso. Eu estava apenas cansando o meu cérebro ao tentar fazê-lo, e eu tinha outros negócios para resolver antes de morrer. Vida, morte, Deus, não Deus, é tudo um mistério fantástico. Quando eu realmente aceitei esses fatos, bem no fundo das minhas entranhas, eu fui capaz de me render à terrível magnificência do desconhecido. Eu podia aceitar a extinção do meu corpo e olhar para a morte como a próxima grande aventura: 'Tudo bem, Deus, eu estou pronto para o próximo passo!' Isto será uma revelação e tanto", diz ele. E então ele acrescenta, de um modo brincalhão: "Ou não."

A história de Robert ilustra um ponto crucial a respeito de *todas* as dúvidas espirituais, e não apenas das dúvidas relacionadas com a morte. Ele se livrou da dúvida, não com a certeza, mas com a incerteza — ou a certeza de que algumas perguntas não têm resposta e de que as obras do Divino são impenetráveis pela mente humana. Levando o seu intelecto tão longe quanto ele conseguia ir, e em seguida permanecendo, corajosamente, diante da impossibilidade de saber, ele obteve um tipo diferente de conhecimento. "Na graça da ignorância iluminada", escreve James Finley, "nós sabemos que não sabemos. E quando começamos a saber que não sabemos, chegamos a um caminho de conhecimento alicerçado na humildade e preenchido com o misterioso potencial da autotransformação contemplativa."

Robert resolveu sua dúvida não porque ele próprio quis ter a fé no sentido convencional, mas porque deixou que ela ficasse OK com a dúvida. Na verdade, mais do que OK, pois nesse OK estava uma abertura para a graça. "Quando nós realmente veneramos alguma coisa", disse G. K. Chesterton, "nós amamos não apenas a sua clareza, mas também a sua obscuridade. Nós exultamos com a sua invisibilidade." O centro de gravidade de Robert mudou da cabeça para o coração, da confiança em seu intelecto para a confiança na benevolência essencial do universo. Essa mudança permitiu-lhe render-se ao mistério supremo e gritar bem alto para Deus, afirmativamente: "Sim!" É por isso que ela é chamada de a paz que *vai além* de — ou transcende — todo entendimento.

"Ainda que tenhas escondido a verdade na escuridão", lê-se no Salmo 51:6, "através desse mistério ensinaste-me a sabedoria." Através da sabedoria do mistério, Robert foi capaz de morrer em paz.

Repensando Deus

A fé virá para aquele que, apaixonadamente,
anseia pelo significado supremo.

Abraham Joshua Heschel

Chegar a um acordo com a dúvida — e empreender a tarefa maior de fazer as pazes com Deus — geralmente depende do fato de você repensar o seu entendimento de quem ou do que é Deus. Esse processo pode ser perturbador, especialmente se ele o coloca em conflito com o sistema de crenças no qual você foi criado. Porém, sujeitar suas crenças a um minucioso exame pode ser profundamente libertador; as idéias e imagens às quais nós estamos mais presos são, com freqüência, justamente aquelas que incitam a dúvida e bloqueiam a nossa paz com Deus.

As dúvidas de um grande número de pessoas originam-se do desconforto que lhes causa a imagem de Deus com a qual eles cresceram — aquela retratada por Michelangelo e por outros como uma figura masculina de barba e semblante austero, aquela retratada como um intrometido divino, um aliado todo-poderoso dos seus favoritos, um concedente dos desejos mundanos e da salvação eterna dos que obedecem às regras, ao mesmo tempo que é um ciumento, um terrível matador de inimigos, que sentencia os desobedientes com punição severa.

Esse Deus antropomórfico com humores inconstantes é aquele no qual os ateus não acreditam e ao qual milhões de amargos ex-crentes deram as costas. A não-conformidade com relação a essa imagem de Deus deu origem a um florescimento de interesse pelo aspecto feminino da divindade. Os ritos da Deusa, os rituais pagãos e o culto de ícones femininos — sejam eles a Maria cristã ou a Tara do budismo tibetano ou a Kali ou Saraswati do hinduísmo — explodiram, e a linguagem das Escrituras e da liturgia está sendo alterada para incluir os substantivos femininos e as imagens de Deus como Mãe. Em seu livro *A Woman's Journey to God* (A Jornada de uma Mulher para Deus), Joan Borysenko escreve: "Eu admito que fico satisfeita ao me referir a Deus, às vezes, como 'Ela' ou 'a Mãe', embora seja apenas para frisar que essa terminologia é tão razoável quanto aquela que vê Deus como masculino e como 'o Pai', e que às vezes uma maternidade divina é a que toca mais profundamente a minha alma e me fornece o conforto e a familiaridade necessários."

Enquanto houver um elemento político numa parte dessa tendência — uma reação das feministas contra a opressão e o controle das mulheres pelas formas de governo patriarcais, tanto seculares quanto religiosas — um número crescente de homens estará se movimentando no mesmo sentido. Em essência, essa é uma tentativa para aperfeiçoar a maneira como entendemos Deus e restaurar o eterno equilíbrio entre as energias masculina e feminina do universo — ter, para nos expressarmos de uma maneira crua, um Deus para nos abraçar e não apenas para nos disciplinar. Sem esse equilíbrio, a dúvida tóxica encontra um terreno fértil, e fica mais difícil localizar o Deus que está além do gênero sexual.

Do Pessoal para o Transpessoal

O que se acabou de dizer talvez aponte o caminho mais significativo no qual é provável que a compreensão que cada um tem do Divino mude: de Deus feito à nossa imagem (e não o contrário) para um Deus que é puro espírito, que transcende todos os atributos e formas. O condicionamento cultural e as limitações da linguagem trabalham contra essa transição. Expressões como "a vontade de Deus", "a face de Deus", "Deus quer", "Deus ama você" e "Deus está vigiando" sugerem qualidades humanas. De maneira semelhante, nós persistimos em nos referir a

Deus como "Ele", mesmo quando temos um melhor conhecimento das coisas, porque "Ela" é também uma meia-verdade e "*It*" [ele ou ela neutros] parece desrespeitoso. No entanto, apesar dessas barreiras, a expansão do Deus pessoal para o Deus transpessoal parece um componente necessário da maturidade espiritual e da solução da dúvida. "Uma vez que eu concebo Deus como uma pessoa semelhante a mim", diz o Rabino Harold M. Schulweis em *For Those Who Can't Believe* (Para Aqueles que Não Podem Acreditar), "Ele se torna aberto à crítica". Como podemos *não* duvidar de um Deus que é semelhante a nós?

Kate Lutz foi criada numa família luterana que freqüentava a igreja numa pequena cidade da Pensilvânia. Ela freqüentava a escola dominical e o *Bible camp* e rezava suas preces todas as noites. Ela procedia assim não apenas porque era uma filha obediente, mas também porque sentia a presença de alguma coisa amigável e confortadora que a ouvia. No início da adolescência, Kate flertou com a idéia de se tornar ministra. Porém, não demorou muito até que o hábito de freqüentar a igreja perdesse o seu atrativo. "Não me trazia alegria, nem abria o meu coração", ela diz. "Eu acredito em Deus, mas era difícil ter um relacionamento com Deus. Ele era uma entidade masculina em algum lugar lá fora chamado céu, e eu era apenas uma pecadora numa congregação que precisava ser perdoada. A linguagem do medo solapava a minha energia em vez de fortalecê-la."

À medida que ela seguia o seu caminho no mundo, a vontade de se relacionar com algo maior e mais alto do que ela própria continuou a inquietá-la. A lembrança da doce Presença que ela sentiu cedo em sua vida continuaria a crescer dentro dela, como um perfume da avó ou a melodia de uma cantiga infantil, e ela ansiava por tê-la de volta. Ao longo de todo o período aproximado entre vinte e quarenta anos de idade, na Califórnia, Kate explorou várias idéias metafísicas. "Era um processo em andamento de manifestar uma imagem de Deus que eu podia relacionar com a minha vida cotidiana", ela diz.

Finalmente, ela chegou ao sentimento de Deus como um espírito livre de gênero sexual. "Cheguei a perceber que Deus é a vibração de toda a energia no universo infinito, e a vibração de Deus é amor", ela explica. "Deus é como uma força de energia dentro da minha própria estrutura celular, e não um ser que eu deveria viver temendo." Apesar da ausência de características humanas na sua descrição, esse é um Deus com o qual ela pode se comunicar. "Eu agora encontro meios de co-criar minha vida com Deus", ela diz. "É uma questão de ajustar o diapasão da minha própria energia com a vibração do amor." Como lembrete para ela mesma fazer isso, ela criou o acrônimo LIGHT para *Letting In God's Higher Truth* (Deixando Entrar a Verdade Superior de Deus).

Perceber Deus como um espírito — ou força ou energia — ilimitado e transcendente é, com freqüência, a pincelada única que transforma a dúvida, a descrença ou até mesmo o cinismo em aceitação. Muitos ateus disseram: "Bem, se é *isso* o que você entende por Deus, ótimo." Em seu clássico *The Perennial Philosophy* (A Filosofia Perene), o filósofo e romancista Aldous Huxley se expressa desta maneira: "Se Deus deve ser definido como 'Ser em si mesmo', ou como 'o princípio integrativo do universo', ou como 'a totalidade de tudo', ou como 'a significância do cosmos', ou de alguma outra maneira não-pessoal, então contra o que os ateus estarão lutando?" Em outras palavras, o Deus de quem você duvida pode ser o Deus definido pela tradição popular e pelo dogma religioso. Mas você ainda pode acreditar em Deus, mesmo se, como Lisa em *Os Simpsons*, você não puder colocar totalmente o seu dedo numa definição. "Eu não sei quem ou o que Deus é exatamente", ela disse. "Tudo o que eu sei é que ele é uma força mais poderosa do que a Mamãe e o Papai juntos."

Do Transpessoal para o Pessoal

Deve-se enfatizar que essa mudança para uma visão impessoal de Deus não requer, de maneira alguma, que se ponha de lado um Deus pessoal. O sem-forma envolve a forma; a forma está aninhada no sem-forma. A necessidade de um poder mais alto com o qual nós podemos nos relacionar e com o qual nós podemos nos comunicar sempre impeliu os seres humanos a estender suas próprias qualidades, motivos e sentimentos até os limites da imaginação e atribuí-los a Deus (em alguns casos, a deuses). Nós projetamos no Inefável todas as nossas características contraditórias — raiva e amor, julgamento e compaixão, etc. — só que nós as ampliamos até o enésimo grau. O perigo, naturalmente, é que, ao nos fixarmos em qualquer imagem particular de Deus, nós automaticamente nos fechamos dentro dela.

Para a maioria de nós, o toque pessoal completa a figura, quer nos voltemos para uma personificação reconhecida do Divino — Jesus, Buda, um santo, um guru — ou um vago e intangível sentido de uma presença íntima, como a radiante Shekhinah do judaísmo tradicional ou alguma coisa inteiramente própria de nós. Na verdade, em muitos casos, a mudança na concepção se desloca no sentido oposto daquele que acabamos de descrever: do transpessoal para o pessoal. "Eu sempre pensava em Deus como essa Força remota e terrível com a qual eu não poderia sequer pensar em me relacionar", diz Sharon Peterson*, uma corretora de imóveis de St. Louis. "Era como se Deus fosse alguma corporação gigantesca ou alguma agência governamental sem rosto, grande e impessoal demais para se poder ter acesso a ela. Eu pensava: 'Por que essa entidade que aciona todo o universo iria querer ouvir uma pessoa como eu?'" Depois de perceber que ela estava projetando em Deus a sua própria frustração com burocracias kafkianas, ela começou a reimaginar Deus como um amigo pessoal, *e também como* uma força governante onipotente e benigna. Isso preencheu a sua necessidade emocional por um ser com quem ela podia se comunicar, algo que ela possivelmente não poderia fazer com o impessoal Ser Absoluto.

Alimentar a nossa dúvida é uma intolerância com relação ao paradoxo e à ambigüidade, uma intolerância profundamente arraigada em nós, e Deus é paradoxal e ambíguo. "Deus é, ao mesmo tempo, uma presença amorosa, compassiva, sábia, bondosa e misericordiosa, e um princípio impessoal ou condição suprema de consciência", diz o Irmão Wayne Teasdale, um monge leigo cristão. É difícil para nós pular a cerca do pensamento do topo "ou isto/ou aquilo" e ingressar na terra do "isto e aquilo". Mas a fé exige que nós o tentemos. O perigo de se humanizar Deus é que nós sujeitemos o Divino ao tipo de julgamentos que fazemos sobre nós mesmos; o perigo de se pensar a respeito de Deus apenas como sem-forma e transcendente é nos distanciarmos de um poder mais alto com quem possamos nos comunicar.

Talvez você tenha entendido Deus de maneira totalmente errada. Talvez a imagem que você tem de Deus esteja, de algum modo, incompleta. Talvez aquilo de que você duvida não seja Deus, em absoluto, mas uma concepção mal-orientada que você adquiriu ao longo do caminho. Por que não repensar aquilo que você imagina que Deus seja? À medida que amadurecemos, nós rotineiramente reavaliamos um grande número de coisas importantes — nossos valores, nossas atitudes, nossas visões do casamento, da carreira, da família e da política — então, por que não reavaliar Deus? Muitas pessoas temem dar esse salto porque elas acham que é uma blasfêmia, um medo que é reforçado por muitas autoridades religiosas, presumivelmente para proteger o seu rebanho de heresias. Mas, embora o fato de repensar Deus possa levá-lo para longe das suas origens religiosas, isso não precisa resultar na negação dos preceitos e padrões de culto que funcionam para você. Em vez disso, pode levá-lo a uma ampliação da percepção que envolve o familiar e o tradicional num todo mais completo.

Uma advertência necessária acompanha esses conselhos: ficar apegado a *qualquer* conceito ou modelo de Deus pode travar a mente num falso sentimento de certeza e bloquear o crescimento subseqüente. Independentemente de quanto possa ser forte a sua fé, deixar algum espaço para a dúvida fará com que você continue humilde diante do mistério eterno.

A Prova Suprema

Procurar por Deus é como caçar
um boi cavalgando em círculos no boi.

PROVÉRBIO BUDISTA

Primeiro, ela perdeu o emprego à procura do qual havia percorrido toda a Europa. Em seguida, foi abandonada pelo homem que ela pensava ser a sua perfeita alma gêmea. Pouco tempo depois, seu irmão morreu. Essas três perdas, todas elas ocorridas no espaço de um mês, seriam suficientes para dilacerar o mundo de qualquer pessoa. Para Anita, foi especialmente devastador porque ela sentia que Deus lhe havia concedido tanto o emprego quanto o namorado, e ela acreditava que Deus iria curar a doença de seu irmão. Anita voltou a rezar, mas não da maneira como costumava fazer em seus vinte e sete anos como cristã. Ela nada pediu a Deus, nem consolo, nem força, nem compreensão. Em vez disso, desafiou Deus para que superasse suas dúvidas com uma prova convincente.

Nenhum sinal apareceu. No entanto, continuou a desafiar, e certa noite ela finalmente recebeu o que considerou uma resposta provisória. Num sonho, pediram-lhe para ir até a Índia. Tendo conhecimento de que a Índia era um destino primordial para os que buscam a Deus, ela acondicionou suas esperanças na sua mochila e embarcou num avião para Nova Délhi. Durante o vôo, encontrou uma mulher que estava a caminho de um ashram no sopé do Himalaia. Interpretando isso como um outro sinal, Anita pediu para acompanhá-la. "Eu vim aqui para encontrar Deus", disse ela ao gentil guru que dirigia o lugar. Ele disse a Anita que ela era bem-vinda e conseguiu para ela um quarto espartano. Para Anita, aquilo era o equivalente espiritual de uma mansão.

Ela ansiosamente se acomodou à vida no ashram, mergulhando na meditação e na ioga durante horas de uma só vez. Três semanas depois, seu nível de agitação fora reduzido de uma correnteza impetuosa para um riacho ondulante. Sua mágoa tinha mudado de freqüentes ataques convulsivos para uma tristeza calma e agridoce. Às vezes, ela até se sentia feliz. Mas não estava contente. Deus ainda estava escondido, recusando-se a dissipar a sua dúvida. "Venha meditar comigo", disse o guru quando Anita queixou-se de que Deus ainda não aceitara o seu desafio.

Em seguida, ele disse, "O que você sentiu?"

"Nada", disse Anita. "Eu pensei muito sobre Deus, mas a minha mente vagueava por todo canto."

"Ela nunca parou?"

Anita refletiu. "Sim, parou. Por duas vezes, toda a loucura cessou e não houve absolutamente nada."

"Nada?", disse o guru.

"Sim, era apenas, como, o silêncio."

"Silêncio?"

"Sim."

O guru olhou fixamente para ela e sorriu. "Ele apenas continuou olhando para mim com aquele pequenino meio-sorriso pestanejante", diz Anita. "Como se ele estivesse esperando que eu visse algo que estava bem na frente dos meus olhos. Eu estava como que esperando, 'O quê? Me diga.' Era tão fantástico. Então ele disse: 'Fique em silêncio...' E eu saquei!"

Seu guru nunca tinha lido a Bíblia, mas ele estava sempre lembrando de uma sentença dos Salmos que alguém havia citado para ele: "Fique em silêncio e saiba que eu sou Deus."

É menos provável que a verdadeira fé venha através do pensamento do que da *cessação* do pensamento. Nem é provável que a prova venha através de alguma coisa vista com os olhos ou ouvida com os ouvidos. Deus não é um conceito para ser agarrado ou uma premissa para ser provada, como um axioma da geometria. Deus não é uma coisa. Deus não é um substantivo. Buckminster Fuller disse que Deus é um verbo, e David Cooper escreveu um livro com esse título. Mas também se poderia dizer que Deus não é um substantivo nem um verbo, mas o Substantivo dos substantivos e o Verbo dos verbos, e todas as outras partes do discurso, bem como todas as marcas de pontuações. "Deus não é um objeto, mas o supremo *sujeito*", afirma Wayne Teasdale. Mas também se poderia dizer que Deus não é nem objeto, nem sujeito, mas o Objeto dos objetos e o Sujeito dos sujeitos. Tudo o que acabamos de dizer e nada do que acabamos de dizer.

Para o teólogo Paul Tillich, a pergunta "Deus existe?" não pode ser respondida e nunca deveria ser perguntada. "Se perguntada", ele disse, "é uma pergunta sobre aquilo que, por sua própria natureza, está acima da existência." Isso é porque Deus não é um ser, diz Tillich. "Deus é o ser em si mesmo, além da essência e da existência." O ser em si mesmo, como quando Moisés pergunta a Deus quem ele era e a voz vinda da sarça ardente responde: "Eu sou o que sou." Apenas Ser.

Ecos de Deus, como inefáveis Ipseidades ressoam através dos *canyons* do tempo e do espaço. "Aquilo que faz o olho ver, mas que não pode ser visto pelo olho — só isso é Deus, não o que as pessoas veneram", disseram os sábios dos Upanishades. "Aquilo que faz o ouvido ouvir, mas que não pode ser ouvido pelo ouvido — só isso é Deus, não o que as pessoas veneram." E também aquilo que faz a mente pensar, mas não pode ser pensado, e aquilo que faz a língua falar, mas não pode ser falado. O que é, pelo que parece, o que Jesus disse: "O reino de Deus não vem com a observação. Nem deveriam eles dizer: Ei-lo aqui! Ou ei-lo ali!" Nem está lá fora; em outras palavras, não é algo para ser encontrado, como, digamos, um ovo de Páscoa ou como o *afikoman* — o *matzo* que os judeus escondem nos *seders* do cordeiro pascal — um objeto para ser achado nos cantos e fendas por crianças que esperam encontrar um prêmio. Onde, então? "Olhe! o Reino de Deus está dentro de você."

Dentro de você, porque também aí está o Ser em si mesmo. Não há Ipseidade como a Ipseidade de Deus, e a Ipseidade de Deus é nossa Ipseidade.

O Erro do Intelecto

Em última análise, a dúvida a respeito da existência de Deus pode ser rastreada até aquilo que os Vedas chamam de *pragya parat*, o erro do intelecto. Ao nos identificarmos com as nossas personalidades egóicas, cometemos o erro de pensar que estamos separados do Divino. Somente pondo fim a essa separação, ao compreender que o nosso eu é o Eu do universo, é que podemos realmente pôr um fim à dúvida. Éons depois que os Vedas foram registrados em palavra escrita, e treze séculos depois de Jesus, um devoto seu se expressou desta maneira: "Algumas pessoas imaginam que elas verão a Deus como se ele estivesse ali, de pé, e elas aqui, mas não é bem assim", disse Meister Eckhart. "Deus e eu somos um. Conhecendo Deus, eu o acolho para mim mesmo. Amando Deus, eu penetro nele."

Cada tradição espiritual contém ensinamentos que dizem, essencialmente: Deus não está escondido; Deus está presente aqui e agora, dentro e fora, sempre e nunca, em *cada* aqui e em *cada* agora. Assim como o Sol está brilhando, mas nós não o vemos por causa das nuvens, ou da posição da Terra ou do movimento de nossa cabeça, o Divino está sempre presente, esperando por nós para que levantemos os véus dos nossos olhos e removamos os sedimentos que se acumularam sobre o nosso coração, de modo que possamos ver e sentir o que está bem na nossa frente, dentro de nós, praticamente nos acenando e gritando para chamar a nossa atenção. "Para onde quer que você se volte, lá estará a face de Deus", disse o profeta Maomé, que também afirmou: "Quem conhece a si mesmo, conhece Deus." Por quê? Porque Deus está em nós *enquanto* nós.

Treze séculos depois de Maomé e seis depois de Meister Eckhart, numa tradição que se pensa estar em disparidade com as de ambos, Abraham Joshua Heschel apontou no mesmo sentido para a única prova de Deus que realmente interessa: a experiência íntima e direta. A fé não vem, disse ele, da deliberação, mas do salto que leva da experiência de "estar esmagado pela presença de Deus para uma percepção da Sua essência". Em outras palavras, primeiro, a experiência profunda, e em seguida a convicção. Foi assim que as religiões do mundo nasceram, e não com um argumento lógico ou um sistema codificado de crenças e regras, mas com as pessoas em comunhão direta com o Sagrado.

Para aqueles cujas almas estão inflamadas com a presença de Deus, disse Heschel, provas lógicas da existência de Deus são "anticlimáticas", um pensamento posterior à experiência, assim como foi anticlimático para Einstein quando a sua teoria da relatividade finalmente foi confirmada. Enquanto o resto do mundo aplaudia, Einstein estava indiferente; ele sabia da verdade a partir de algum lugar profundo dentro dele mesmo, e a prova era meramente uma formalidade que, como ele também sabia, acabaria acontecendo. Assim como para aqueles cujas almas *não* estão em chamas, diz Heschel, "nenhuma perfeita demonstração lógica da existência de Deus, ou qualquer análise das complexidades dos conceitos tradicionais a respeito de Deus, será bem-sucedida em dispersar essa escuridão". Esperar que isso fosse diferente seria como tentar apaixonar-se por alguém que você ainda não conheceu. E precipitar os acontecimentos seria um artifício. Isso não seria a verdadeira fé, mas uma mera superstição.

Quando a conexão com o Divino é clara e não-ambígua, a fé se eleva ao nível do conhecimento. Estar com Deus é conhecer Deus, é amar a Deus, é acreditar em Deus. Quando um ministro perguntou a um menino de nove anos de idade de uma igreja presbiteriana em Los Angeles como ele sabia que Deus existe, ele respondeu: "Eu posso sentir a presença dele quando estou triste." Saindo da boca dos bebês. E dos santos: por ocasião da sua epifania, Santo Agostinho escreveu: "Foi infundida no meu coração alguma coisa como a luz da certeza plena, e toda a escuridão da dúvida se dissipou."

Mantendo a Fé

Na disposição de confiar em meio à perplexidade
nós começamos a saborear a paz de Deus.

JAMES FINLEY

Ah, mas isso é um Ardil-22: até você ter essa certeza, nascida da clara e enfática experiência do Divino, alguma coisa tem de sustentar a sua busca. É aí que um diferente tipo de fé entra em cena — a fé em que as suas dúvidas podem ser solucionadas, e esse resultado, qualquer que ele seja, será bom porque bem no fundo o universo é benigno. Essa confiança mantém a busca espiritual em andamento. Portanto, a fé e a dúvida não são opostos polares como a escuridão e a luz.

Elas se assemelham mais a parceiros de dança, um par dinâmico, cuja ação mútua de empurrar e puxar mantém você rodopiando ao som da música do anseio. As seguintes sugestões o ajudarão a encontrar a fé e a inspiração quando a dúvida estalar nos seus calcanhares:

Examine as raízes de suas dúvidas. Seus receios se originam de crenças errôneas? Sofismas? Concepções errôneas? Segue-se uma lista de "ilusões divinas" que podem dar origem à dúvida. Veja se alguma delas se aplica ao seu processo de pensamento.

- Supõe-se que Deus esteja sempre aqui para mim, para mudar situações difíceis em situações melhores.
- Supõe-se que Deus me proteja e me abrigue contra o perigo.
- Se eu fizer as coisas certas, Deus responderá às minhas preces e garantirá a minha felicidade e o meu sucesso.
- Quando as coisas não acontecem da maneira como eu quero, Deus deve estar me castigando.
- O que a minha tradição afirma a respeito de Deus deve ser literalmente verdadeiro, ou então Deus não existe.
- Ou eu acredito completamente em tudo ou eu sou um descrente. Não existe meio termo.

Faça a si mesmo algumas perguntas. Reflita atentamente, sobre as suas respostas às seguintes perguntas:

- Numa escala de um a cinco, quão difícil é para você viver com a incerteza de um modo geral?
- Numa escala de um a cinco, você é confiante de um modo geral?
- O que poderia ser feito para resolver as suas dúvidas?
- Você pode distinguir entre a desilusão com a religião e a perda da fé em Deus?
- Que emoções poderiam estar alimentando as suas dúvidas? Raiva? Frustração? Ansiedade? Desapontamento? Outras?
- Houve na sua vida influências que criaram um núcleo de desconfiança em você? Por exemplo, você foi ignorado ou sofreu algum abuso quando criança? Você foi abandonado por uma figura parental? Quando adulto, você foi traído por um amante, esposa, amigo ou líder religioso?

Volte para a sua tradição. Há um clérigo com quem você possa confidenciar? Alguém que faça mais do que recitar cansativos clichês? Alguém que possa satisfazer à sua dúvida nos próprios termos dessa dúvida, em vez de tentar conversar com você a partir dela? Alguém que pode tratar a sua dúvida com respeito, e não desaprová-la? Esse mentor deve ser inestimável. Certas passagens das Escrituras carregam mensagens particularmente poderosas para você? Certos rituais comovem você profundamente ou evocam recordações suaves? Retornar a elas pode não convencê-lo a acreditar naquilo que você já não acredita, mas poderia proporcionar a você alguma introvisão, e poderia aliviar qualquer agitação emocional que está pondo lenha na fogueira da sua dúvida.

Olhe para outros ensinamentos. Como temos visto, a verdade espiritual não está contida, como algum tipo de tesouro, dentro dos muros de algum conjunto habitacional religioso. Você pode se expandir, tanto vertical quanto horizontalmente, indo além das suas fronteiras familiares. Não tenha medo de que a exposição a outras fontes o afastará da sua própria herança; é mais provável que a sua compreensão e apreciação dela se intensifiquem. Por exemplo, Kate Lutz, que já conhecemos neste capítulo, tem várias afiliações espirituais, mas seu caminho eclético também a levou de volta às suas raízes luteranas. Ela gosta de freqüentar serviços religiosos numa pequena igreja onde a música e a comunidade alimentam a sua alma.

Leia a respeito das grandes figuras espirituais. Os santos e sábios de todas as tradições e os poetas visionários e artistas que glorificaram Deus são como especialistas em qualquer campo cujo conhecimento e experiência nos proporciona fé em coisas que não podemos verificar para nós mesmos. Por exemplo, você tem fé no fato de que aquela bactéria existe, mesmo que você nunca a tenha observado num microscópio. Você tem fé no fato de que comer fibras é bom para a saúde, mesmo que você não tenha pesquisado sobre isso. Você tem fé no fato de que os castores constroem barragens, mesmo que você nunca tenha visto um castor fazer isso. Pense nos iluminados como pessoas que obtiveram um resultado equivalente num grau avançado. Suas descrições de comunhão com o Infinito são tão notavelmente semelhantes, apesar de suas diferenças nos contextos de linguagem, cultura e religião, que elas podem ser consideradas tão confiáveis quanto as observações repetidas com que a ciência trabalha.

Lembre-se de suas próprias experiências. Você já teve alguma pista de Deus? Você já sentiu o abraço de uma presença amorosa? No silêncio da noite ou numa floresta profunda, você já teve a sensação de uma presença transcendente? Você se sentiu uno com a natureza, ou permaneceu perplexo diante da majestade do Eterno? Recordar esses momentos íntimos com o Divino pode ajudá-lo a reviver a sua fé.

Confie na sua família espiritual. É precisamente em momentos de dúvida e confusão que a presença de companheiros no caminho é mais valiosa. Você poderia encontrá-los na sua igreja, templo ou mesquita. Você poderia encontrá-los entre amigos de variadas crenças. Você poderia encontrá-los na sua família. Onde quer que eles sejam encontrados, companheiros confiáveis que possam ter passado pelas suas próprias crises de fé estão em melhor posição para manifestar empatia com a sua dúvida.

Leve as suas dúvidas para Deus. Discuta-as. Escreva uma carta. Conte a Deus qual é a sua dúvida e por que — mesmo que você duvide da existência de Deus. Explique a respeito do que você acredita, do que você não acredita e do que você não tem certeza. Leia pausada e lentamente o motivo exato pelo qual você não confia em Deus. Mesmo que você se sinta tolo pelo fato de não ter certeza de que Deus é uma entidade que, realmente, ouve a sua voz ou lê o que você escreve manualmente — ou se preocupa com você — faça isso de qualquer maneira. Esse exercício pode ajudá-lo a clarear seus pensamentos. Não censure a si mesmo. Escreva tudo o que lhe vier à cabeça. O Todo-Poderoso certamente pode lidar com isso. E certifique-se de terminar a carta com um pedido de resposta. Quando tiver acabado, faça um pequeno intervalo e, então, troque de posição com Deus: fale ou escreva para você mesmo *como se você fosse Deus.* Responda às suas perguntas como você acha que Deus as responderia.

Alivie-se. Pode ser preciso lutar com a dúvida na estrada que leva à paz com Deus, mas não precisa ser uma luta até a morte. Há outros caminhos que definem a competição. Por que não lutar com a dúvida do mesmo modo como você rola pelo chão com os seus filhos, ou do mesmo modo como você brinca com a sua amada na cama?

Transmute as suas dúvidas. Num certo ponto, se as mesmas velhas dúvidas neuróticas e o mesmo vagaroso trem do raciocínio vierem roncando através da sua mente pela enésima vez, você pode dizer: "Já chega!" Decida-se a pôr um fim às suas obsessões com perguntas que simplesmente não podem ser respondidas pelo intelecto. Quando elas voltarem, coloque-as de lado, empurre-as para longe, peça-lhes para que se calem. Livre-se delas como você faria com um vendedor odioso ou com uma substância tóxica. Se isso ajudar, imagine que a voz repetitiva tem uma forma e está sentada no seu ombro. Alcance-a, agarre-a pela garganta e jogue-a de lado enfaticamente: "Saia daqui! Eu não preciso mais de você!"

Em seguida, redirecione essa energia mental. Deixe que ela impulsione o seu crescimento pessoal e o seu desenvolvimento espiritual. Debaixo da ânsia que você tem de ver todas as suas dúvidas removidas de uma só vez, há anseios ainda mais profundos: pela iluminação; por se libertar do sofrimento; por sabedoria, amor, alegria e paz.

Lute para realizar o que há de mais elevado em você, e você descobrirá que os assuntos da dúvida e da fé, da crença e da descrença, se tornarão mais semelhantes a brinquedos do que a tormentos. Talvez nós só paremos de duvidar quando não tivermos mais necessidade de que a dúvida nos empurre para a frente.

4.
Por que, Deus, por quê?

Entrando em Acordo com a Dor e o Sofrimento

O Senhor será a tua luz perpétua,
e os dias do teu luto findarão.

ISAÍAS 60:20

O grito "Por que, Deus, por quê?" ecoa através dos *canyons* do tempo, desde o ato de rasgar as vestes nos dias bíblicos até os corredores dos hospitais de alta tecnologia nos dias de hoje; desde os sangrentos campos de batalha e os cemitérios dilacerados pela dor até os áridos quartos de dormir pobres e os campos infrutíferos. Pode não ser uma pergunta racional. Pode não ser uma pergunta apropriada. Pode não ser uma pergunta que tenha uma resposta. Mas é uma pergunta necessária, e quando ela sobe à garganta em ocasiões de dor insuportável, é mais do que uma pergunta; é um grito da alma amplificado por frases harmoniosas: Por que você fez isso comigo? Como o Senhor pôde deixar isso acontecer? Qual é o propósito desta agonia? Eu não mereço isto! Não é justo! Em ocasiões como essas, a exclamação "Por que, Deus, por quê?" exige o grito, o berro e o violento atirar-se contra as vigas do telhado nas asas da raiva.

Nós temos tendência para manifestar um relacionamento ambivalente com o sofrimento. Por outro lado, nos ensinaram que a vida é um vale de lágrimas e que o sofrimento é inevitável. Em alguns ensinamentos religiosos, a única esperança de fuga está na próxima vida, e somente se nós nos submetermos à disciplina na vida atual. O sofrimento chega mesmo a ser romanceado em muitos lugares, ostentado como um distintivo de honra por todos, desde pretensos santos e mártires, por suas próprias ações, até pais que induzem sentimentos de culpa e pregadores que se baseiam na vergonha. Ao mesmo tempo, influências tão distanciadas umas das outras, como comerciais de TV, sermões dominicais e seminários sobre assuntos da Nova Era nos dizem que a vida pode ser livre de dores, livre de riscos e livre do desconforto — se fizermos as coisas da maneira certa, quer isto signifique seguir os mandamentos religiosos, ter uma atitude positiva ou usar o desodorante certo. M. Scott Peck abriu o seu *best-seller* permanente *The Road Less Traveled*

(A Estrada de Menor Tráfego) com as palavras "A vida é difícil" porque muitas pessoas pensam que alguma coisa está errada com elas quando a vida não é fácil.

Açoitados entre esses dois extremos, muitos de nós nunca se sentem totalmente certos a respeito do mundo: quando as coisas estão indo bem, ou nós nos sentimos culpados por causa disso ou deixamos de desfrutar o que temos porque estamos esperando que a "realidade" o arrebate e deixe cair o outro sapato sobre a nossa cabeça. E quando uma grande tragédia ou desapontamento nos golpeia, nós nos perguntamos por que diabos as coisas estão dando errado, porque supõe-se que algo assim não deveria acontecer quando você faz tudo certo. Nesses momentos, quando o universo parece totalmente injusto, nós nos sentimos como se a nossa alma tivesse se separado de sua fonte, e a exclamação "Por que, Deus, por quê?" enche o nosso peito.

Os Desafios Espirituais Arquetípicos

O Deus em quem eu acredito não nos envia o problema;
Ele nos dá a força para lutar com o problema.

RABINO HAROLD S. KUSHNER

Como seres espirituais que têm uma experiência humana, nós todos estamos sujeitos a tragédias, traumas, provações e sofrimentos. Nós ficamos doentes, morremos, vemos aqueles que amamos ficarem doentes e morrer; nós temos o coração partido pelos entes queridos que nos abandonam e por amigos que nos traem; nós perdemos coisas que nos dão prazer e nos apegamos a coisas que nos causam angústia; ficamos desapontados, derrotados e diminuídos pelo tumulto da vida. É claro que no âmbito desse arcabouço universal cada um de nós tem a sua cruz para carregar. Cada um dos nove arquétipos enfrenta um conjunto único de desafios para serem vencidos no processo de fazer as pazes com o sofrimento:

Os Reformadores sofrem mais quando não conseguem eliminar o mal e a imperfeição do seu mundo. "Por que, Deus, por que você permite que isto continue? Por favor, dê-me sabedoria e força para tornar as coisas melhores." Sua maior frustração vem não do fato de serem incapazes de mudar as pessoas e as instituições que eles acham que necessitam de mudanças. Ironicamente, sua paixão pela perfeição pode na verdade tornar as coisas piores; eles geralmente se tornam tão hipócritas que eles criam animosidade e resistência onde antes elas não existiam. Seu maior desafio é aprender a aceitar — os seus próprios limites e os da criação de Deus como ela é, com todas as suas aparentes imperfeições.

Os Amantes sofrem mais quando não conseguem fazer com que os outros os amem tão intensamente quanto eles o fazem — ou acham que poderiam fazer. "Por que, Deus, por que ela não pode me amar tanto quanto eu a amo?" "Por que, Deus, por que ele me deixou?" Eles querem que o amor seja incondicional e ilimitado, mas poucas pessoas, se é que existe alguma, são capazes de fazer isso. Os Amantes precisam aprender que os seres humanos amam de maneira condicional e egoísta. Eles também precisam aprender a se proteger para não se tornarem mártires do amor não-correspondido. O seu desafio é amar a si mesmos como eles querem ser amados, e encontrar o supremo amor no Divino.

Os *Realizadores* sofrem mais quando seus sonhos entram em choque e o árduo trabalho deles se despedaça numa derrota. "Por que, Deus, por que você deixou isso acontecer? Por que eu tenho de ser humilhado desta forma?" Às vezes, eles também exclamam: "Eu fiz tudo isso para servi-lo. Como você pôde me deixar falhar?" Seus desafios são aprender as lições embutidas em cada revés, entender que a falha não é um castigo de Deus e perceber que a graça não depende da realização.

Os *Criadores* sofrem mais quando sua paixão é esmagada por forças que parecem vindas de fora, ou quando o seu impulso criativo é impedido pelas suas próprias limitações. "Por que, Deus, por que eu estou tão bloqueado?" "Por que, Deus, por que eles não apreciam o meu gênio?" Eles também sofrem quando sua necessidade de fugir do insípido e do lugar comum leva a um comportamento autodestrutivo e ao caos emocional. "Por que, Deus, por que você me deixou fazer isso?" Seus desafios consistem em encontrar caminhos que não sejam livres, mas seguros, estender suas fronteiras, mas sem rompê-las, e não se deixar arrebatar pelo fascínio do patético.

Os *Pensadores* sofrem mais quando eles não conseguem compreender por que eles e outras pessoas sofrem. "Por que, Deus, por que isto está acontecendo? Ajude-me a entender. Revele suas razões!" Seu desafio consiste em aceitar que a única resposta para algumas perguntas é: "Não existe resposta." Eles precisam levar as coisas com menos seriedade, aprender a respeitar e apreciar os mistérios da vida e dar lugar para o imprevisível.

Os *Buscadores de Segurança* sofrem mais quando eles se sentem inseguros, e isso pode acontecer quando qualquer coisa importante muda ou ameaça mudar. "Por que, Deus, por que isso não pode permanecer como está? Por favor, proteja-me. Eu não sei se consigo lidar com isso." Eles precisam aprender que o seu senso de segurança não pode depender de circunstâncias externas e que Deus ajuda àqueles que se ajudam.

Os *Aventureiros* sofrem mais quando a vida fica monótona, quando a emoção acaba e eles se sentem presos numa armadilha ou aborrecidos. "Por que, Deus, por que não há uma saída desta prisão ridícula? Não deve ser assim!" Devido à sua tendência para fugir da dor e do desconforto, eles precisam evitar cair nas mãos da negação, do vício ou da tendência para procurar constantemente uma saída. O desafio deles é aceitar que o sofrimento, às vezes, é uma parte necessária da vida e pode ser utilizado como uma oportunidade de crescimento.

Os *Patrões* sofrem mais quando eles perdem o controle e não conseguem fazer as coisas funcionarem, ou quando não conseguem fazer com que a fonte da dor vá embora. "Por que, Deus, por que eu sou tão impotente? Como deixei as coisas escaparem do controle?" Eles precisam aceitar humildemente certos fatos da vida: que eles não podem vencer todos eles, que não podem controlar tudo, que não podem fazer tudo por conta própria e que Deus é a autoridade suprema — e, quando se trata da autoridade de Deus, eles precisam aceitá-la como ela aparece e não tentar fazer acordos: "Ajude-me a assumir o controle desta bagunça e eu doarei o meu próximo pagamento para o fundo de construção!"

Os *Pacificadores* sofrem mais quando outros estão sofrendo e eles não podem ajudar. Sua dor freqüentemente está misturada com a culpa: "Por que, Deus, por que eu não agi antes? Por que eu não consigo descartar isto?" Eles precisam parar com a obsessão sobre o que eles deveriam ou não deveriam ter feito, e aceitar que o sofrimento de outros não é normalmente uma responsabilidade deles. Seu maior desafio é impedir e curar o seu *próprio* sofrimento.

Como mencionamos antes, cada um de nós tem todos os nove impulsos de personalidade dentro de nós, embora cada um de nós vivencie certas tendências mais do que outras. No entanto, independentemente da natureza do nosso sofrimento individual, nossa tarefa é *usar a dor como um catalisador para fazer as pazes com Deus.*

O Porquê Sem Respostas

Mas a Sabedoria, de onde ela provém?
E onde está o lugar do Entendimento?

JÓ 28:12

O texto judeu-cristão sobre o sofrimento humano é O Livro de Jó. É um conto cujas lições espirituais se desenvolvem muito mais profundamente do que a moral típica que se extrai dele: ser paciente e permanecer fiel a Deus a qualquer custo.

O fio narrativo da história é o seguinte: Jó é um homem honrado de alta postura moral, que "teme a Deus e se opõe vigorosamente às ações erradas". Ele segue as regras e obedece à equação religiosa da sua época: faça o que é certo e Deus o recompensará; e faça o que é errado e Deus o punirá. O Todo-Poderoso sente tanto orgulho da integridade de Jó que ele se gaba a respeito dele para Satã, mas este responde, essencialmente, o seguinte: "Não há duvida de que ele é íntegro. Você construiu uma cerca protetora ao redor dele e deu-lhe tudo o que ele quer. Tire dele o que lhe é caro e ele o amaldiçoará."

Deus aceita o desafio, dando a Satã permissão para tirar de Jó tudo menos a sua vida. Em pouco tempo, os filhos de Jó, seus animais de criação e seu lar se vão. Ele se aflige, mas permanece firme: "O Senhor o deu, e o Senhor tirou de volta; abençoado seja o nome do Senhor." As apostas são aumentadas. No *round* seguinte, Jó é atingido da cabeça aos pés com bolhas tão dolorosas que ele tenta arrancá-las fora com cacos de cerâmica quebrada. Agora, mesmo sua esposa está saturada com a sua piedade. "Amaldiçoe Deus", ela implora. Mas Jó responde: "Se nós aceitamos o bem de Deus, por que não aceitaremos o mal?"

Entram em cena três amigos de Jó que vêm consolá-lo. Tão esmagados eles ficam diante da visão do sofrimento do seu companheiro que eles choram com ele em silêncio por sete dias e sete noites. Não nos é contado o que aconteceu com Jó durante essa longa semana de retiro, mas ela deve ter sido profunda, porque ele sai dela cambaleante.

O que se segue é uma longa e acalorada troca de palavras entre Jó e seus companheiros, magníficos em sua retórica e completos em seus argumentos teológicos. Numa tentativa mal-orientada de aliviar a angústia de Jó, os amigos recitam a posição ortodoxa: Não se queixe. Nosso Pai celestial é um Deus justo, que providencia para que o bom prospere e o malvado sofra. Para Jó, as trivialidades são vazias e não-convincentes. Eu sou inocente, insiste ele. Eu não fiz nada errado. Eu tenho sido o mais obediente dos servos de Deus. Bem, dizem seus amigos, se isso fosse verdade, você não estaria passando por toda essa agonia. Obviamente, você pecou, porque Deus não pune as pessoas sem ter uma boa razão. Diz Jó: eu não finjo que sou perfeito, mas esta punição é injusta. A isso os amigos respondem: Você acaba de provar o nosso ponto. Você, obviamente, não é tão devoto quanto pensa que é. Você é arrogante, teimoso e desrespeitoso; portanto, cale-se e aceite o que está acontecendo com você.

Jó não vacila. Longe disso, sua justa indignação se torna ainda mais forte. Ele não aceitará mais a sabedoria comum nem deixará que o medo continue a dominá-lo. Ele quer o seu dia de julgamento. Ele quer se colocar de pé diante do seu Criador e defender o seu caso. Ele quer deixar que Deus saiba o que ele pensa de sua injusta sentença, e demanda, em troca, uma explicação, e até mesmo a redenção.

Então, num dos grandes capítulos de abertura de toda a literatura, Deus emerge de um redemoinho. O que se segue não é uma resposta à pergunta de Jó "Por que,

Deus, por quê?" enquanto tal, mas uma resposta definitiva e decisiva: uma descrição épica da majestade e do esplendor do Divino em ação, tanto na vastidão como nas minúcias da criação. O perplexo Jó fica sem fala. Ele permanece humilde diante de Deus. E, no final, é abençoado com dez novos filhos, maior prosperidade do que tinha antes e uma vida de 140 anos.

Tem-se afirmado que a não-resposta de Deus é uma espécie de repreensão, equivalente a "Como você se atreve a questionar os meus caminhos!" Mas, se fosse uma reprovação, por que Jó seria recompensado no final? Claramente, a mensagem não é "Você não é digno de saber", mas se parece mais com esta: "Algumas coisas são simplesmente desconhecidas da mente humana." A resposta de Deus é mais proveitosamente considerada como um ensinamento espiritual, pois ela desencadeia em Jó uma profunda transformação. O que ele recebe tem mais valor do que teria uma resposta direta a essa pergunta. Ele é agraciado pela Presença sagrada e abençoado com uma revelação magnífica.

Por que Temos de Sofrer?

O que as pessoas querem dizer quando afirmam:
"Eu não tenho medo de Deus porque eu sei que Ele é bom?"
Será que elas nunca foram ao dentista?

C. S. Lewis

Duas questões distintas estão incluídas em "Por que, Deus, por quê?" Uma delas é genérica: "Por que o sofrimento existe em tudo?" A outra é específica: "Por que *isto* está acontecendo?" A resposta final a ambas é um profundo e humilde silêncio.

No filme *Cidade da Alegria* (*City of Joy*), um morador de cortiço de Calcutá diz ao médico interpretado por Patrick Swayze: "Os deuses não tornaram fácil ser um ser humano." Na verdade, eles não o tornaram. O motivo exato *pelo qual* isso deveria ser assim tem sido abordado pelas mesmas grandes mentes que têm tentado resolver as questões relacionadas com o porquê da existência do mal. Por exemplo, na mitologia ocidental, o sofrimento humano tem sido visto como um subproduto do confronto cósmico entre Deus e Satã, ou entre as forças do bem e do mal, e ele começa com a Queda, quando Adão e Eva desobedeceram a Deus, forçando-nos a pagar o preço desde esse evento. Quanto ao *propósito* do sofrimento, todos os argumentos se concentram numa hipótese básica, sucintamente expressa por C. S. Lewis em *A Grief Observed* (Uma Mágoa Observada): "Bem, faça a sua escolha. As torturas ocorrem. Se elas são desnecessárias, então não há Deus nem um Deus mau. Se há um Deus bom, então essas torturas são necessárias. Porque nem mesmo um Ser moderadamente bom seria capaz de infligir ou permitir essas torturas se elas não existissem."

Em outras palavras, se Deus é bom, então o sofrimento deve ser necessário. Quanto ao porquê de ele ser necessário, foi proposta uma lista de explicações, como:

- Deus é um juiz íntegro que usa recompensas e punições para nos levar a obedecer aos seus mandamentos visando o nosso próprio bem.
- Deus criou um universo ordenado e se pôs ao seu lado; o sofrimento não implica julgamento moral, ele simplesmente acontece como uma conseqüência das leis naturais.
- Deus deixou imperfeições no mundo como um desafio para os seres humanos o curarem e o tornarem completo.
- O sofrimento é o preço que nós pagamos pelo livre-arbítrio e pela liberdade de escolher entre o certo e o errado.
- Deus não pode fazer tudo, mas ele está sempre presente quando você precisa dele.
- Embora na ocasião possa não parecer evidente, o sofrimento sempre ilumina o caminho para um bem superior.
- O sofrimento é uma ferramenta de aprendizagem para o crescimento da alma, que é o nosso propósito sobre a Terra; sem ele, não aprenderíamos o que precisamos saber.
- Assim como nós precisamos da escuridão como um contraste para a luz, se não houvesse dor e sofrimento nós não apreciaríamos o prazer e a alegria.
- O sofrimento é para a alma o que a dor física é para o corpo, um sinal de que nós temos de parar de fazer o que nós estamos fazendo.
- O sofrimento nos afasta da futilidade das atividades mundanas e nos dirige para o amor e a graça de Deus.

Alguma combinação dessas explicações poderia satisfazer você. Ou talvez não. Em última análise, o "por quê?" pode não ter uma resposta possível. Mas se você está zangado com Deus por criar um universo do tipo "sem dor não há ganho", poderia valer a pena refletir sobre a aparência que a vida teria se as trevas não tingissem a luz.

Num episódio memorável de *Ally McBeal*, uma doença cerebral transforma um cruel magnata num ursinho de brinquedo que está feliz o tempo todo. Seu filho, temendo que o pai, agora gentil e amável, possa jogar por terra todos os negócios da família, quer que ele se submeta a uma cirurgia capaz de restaurar sua personalidade avarenta e extremamente competitiva. O pai — apoiado pela mulher, que gosta do seu novo companheiro fofinho — preferia manter o seu cérebro no nível não-se-preocupe-seja-feliz. Então, o dilema dá uma guinada inesperada: a mulher morre. Mas nem mesmo essa perda pode abalar a tola felicidade do homem. Sabendo que existe alguma coisa profundamente errada com uma vida na qual ele não consegue sentir tristeza pela morte da bem-amada, ele decide fazer a operação. Ele troca a felicidade perpétua pela desordenada complexidade do ser humano.

Um Perfeito Inferno

A moral da história encontra eco nas tradições da sabedoria. Em *God Is a Verb* (Deus é um Verbo), o rabino David Cooper afirma que a vida humana não pode ser perfeita porque "o nosso propósito é aperfeiçoar continuamente a nós mesmos e ao universo". Se tivéssemos, de algum modo, de realizar a perfeição coletiva, acrescenta ele, "nós estaríamos acabados e o universo deixaria de existir". Em outras palavras, Deus sozinho é a perfeição, e a perfeita criação de Deus inclui o imperativo para os seres humanos se esforçarem pela perfeição. No entanto, nossas imperfeições fazem parte da perfeição maior. Cooper conta uma história da Cabala, na qual um homem recém-falecido encontra-se num maravilhoso jardim no qual tudo o que ele deseja se materializa instantaneamente. A casa perfeita, a esposa ideal, luxo sobre luxo, prazer sobre prazer, tudo o que ele quisesse pedir. Depois de um certo tempo, tudo parece envelhecido e monótono, e o homem não consegue pensar em nada mais para desejar. Finalmente, ele martela uma idéia que poderia pôr fim ao seu tédio: ele pede para ver o inferno. E ele ouve uma voz dizendo: "E onde você pensa que esteve durante todo esse tempo?"

Os budistas dizem que a vida humana é preferível ao domínio dos deuses, porque aqui na Terra nós somos impelidos a evoluir cada vez mais para o alto, ao passo que o reino de Deus é marcado pela complacência. A possibilidade de sofrer proíbe a complacência, e "é melhor encontrar Deus no limiar do desespero", escreveu o monge trapista Thomas Merton, "do que arriscar nossa vida numa complacência que nunca sentiu a necessidade do perdão". O sofrimento pode nos arremessar para um novo nível de órbita espiritual. Ele permite que a condição humana seja uma escola para a alma. Ele nos força a ponderar sobre as grandes questões, a examinar a nós mesmos e a lutar pela totalidade. "Se não houvesse imperfeições, nenhum defeito primordial no terreno da criação", escreveu Carl

Jung, "por que deveria haver algum anseio para criar, algum desejo pelo que ainda precisa ser realizado?"

A vida sem o mal e o sofrimento seria como um drama sem um vilão, uma história de aventura sem um desafio difícil para o protagonista superar; não existiria nenhum desenvolvimento da personagem, nenhum crescimento, nenhum aprendizado, nenhum suspense para nos manter interessados. Sem dor, perda, traição e desgraça não haveria heroísmo, nobreza, misericórdia ou redenção. Metaforicamente, a vida nos prega numa cruz de uma maneira regular. Mas para cada ressurreição deve haver uma crucificação, e para isso deve haver um Judas, mesmo se o Judas não puder ser identificado — e mesmo se o Judas, como o Cristo, estiver dentro de nós.

Por que Isto Está Acontecendo Comigo?

Meu Deus, Deus meu, por que me abandonaste?
Por que estão longe de me salvar as palavras do meu bramido?

SALMOS 22:1

As tradições espirituais, cada uma à sua própria maneira, postulam esta fórmula básica para o sofrimento: *nós sofremos em proporção direta da nossa distância do Divino.* No Ocidente, cada púlpito nos incita a nos alinharmos com Deus e a fazermos como Deus ordena; caso contrário, não podemos ter esperança de encontrar salvação. A história de Jó indicaria que há mais nisso do que obedecer regras. No início, Jó é descrito como um perfeito servo de Deus. Tão preocupado ele está em não ofender a Deus que quando seus filhos o visitam ele se levanta cedo para fazer oferendas em favor deles, apenas para o caso de eles terem pecado ou "cometido blasfêmia em seu coração". Além disso, apesar de sua integridade, ele sofre muito. Isso acontece porque Deus o está testando? Uma interpretação alternativa é que Jó ainda precisa percorrer alguma distância antes que se aproxime realmente de Deus. Como Stephen Mitchell assinala em sua provocativa tradução de O Livro de Jó, quando nós encontramos Jó pela primeira vez, ele é "um homem bom, não um homem sábio". Ele está, diz Mitchell, "tão longe da maturidade espiritual quanto da rebelião".

A visão oriental, onde se enfatiza menos o comportamento do que a consciência, é instrutiva a esse respeito. A primeira das Quatro Nobres Verdades de Buda freqüentemente é traduzida como: "A vida é sofrimento." Uma interpretação mais precisa e menos pessimista seria algo do tipo: "A vida, como ela é normalmente vivida, invariavelmente dá origem à insatisfação." Por quê? Porque, como a Segunda Nobre Verdade nos diz, nós procuramos a felicidade naquilo que é transitório e impermanente. Cada coisa no reino da mente e dos sentidos está constantemente mudando, sempre morrendo; nunca é a mesma de um minuto para o próximo. O mundo como nós o estamos vivenciando, disse Buda, é como "uma estrela na madrugada, uma bolha num riacho, um relâmpago numa nuvem de verão, uma lâmpada tremeluzente, um fantasma, um sonho." Nenhum prazer pode durar para sempre; nenhuma pessoa, situação ou objeto pode durar para sempre. Portanto, a perda e a dor são inevitáveis — a menos que demos atenção para a terceira e a quarta das Nobres Verdades, e nos voltemos em direção ao estado da percepção liberta chamada *nirvana.*

A versão hinduísta desse diagnóstico é essencialmente a mesma. Devido ao fato de nós sermos ignorantes da — e portanto desconectados da — nossa própria natureza divina como *satchit-ananda* (consciência de felicidade absoluta), nós nos identificamos com os nossos egos individuais e, para alcançar a felicidade, tentamos satisfazer a um fluxo sem fim de necessidades e desejos. Depois que cada prazer se desvanece, como não pode deixar de acontecer, nós sofremos a dor de sua ausência e nos apegamos ao próximo desejo ardente, na esperança de voltar ao agradável resultado que nos oferece o espectro do prazer-dor. E assim prosseguimos, incessantemente, numa busca fútil por felicidade permanente no domínio da relatividade e da mudança, onde a permanência, simplesmente, não pode ser encontrada. "Quando os sentidos tocam os objetos, os prazeres que resultam disso são como ventres de tristeza", diz o *Bhagavad Gita.* "Eles começam, eles terminam: eles não trazem deleite para o sábio." É por isso que, à semelhança dos sábios do Oriente, Jesus nos aconselha a não acumular tesouros na Terra, "onde o mofo e a ferrugem os corrompem", mas, em vez disso, no céu (que, não se esqueça, está dentro de você).

Em outras palavras, o sofrimento é a ausência da felicidade divina, assim como o frio é a ausência de calor, e a escuridão é a ausência de luz. O desligamento de Deus traz dor, tristeza e insatisfação; a união com Deus traz alegria, amor e tudo o que é bom. Nossa tarefa é acabar com a ilusão da separação, removendo os obstáculos que obscurecem a Presença (voltaremos a esse tema mais adiante neste capítulo).

Com relação às características específicas do sofrimento individual, cada tradição postula algum tipo de sistema judiciário cósmico. Os códigos e procedimentos variam de cultura para cultura, mas todos os sistemas concordam que nós respondemos por tudo o que fazemos, e até mesmo por tudo o que pensamos. No Oriente, o mecanismo por intermédio do qual nossas ações e suas conseqüências se desenrolam é o *karma,* que é semelhante ao sistema bíblico da recompensa e do castigo, mas sem a intervenção de uma divindade que julga. O *karma*, cujo significado literal é "ação", opera de uma maneira ordenada, como um enorme organismo composto de partes e energias interconectadas, e governado por leis naturais. A regra kármica básica assemelha-se a um princípio da física: cada ação (e pensamento) causa uma reação igual e oposta. Ações corretas levam a resultados positivos; ações erradas levam a resultados negativos. Na terminologia judeu-cristã, nós colhemos o que semeamos, mais cedo ou mais tarde, nesta vida ou em outra.

É sempre tentador atribuir um significado mais amplo a acontecimentos desagradáveis. Para alguns, isso envolve especulações a respeito das intenções de Deus: "Foi a vontade de Deus porque..." ou "Deus queria que fosse assim porque...". Pensar dessa maneira faz com que o universo pareça mais compreensível quando a vida é cruel. Os que preferem a doutrina do karma interpretam os mesmos fatos à sua maneira, e dizem, por exemplo: "É o meu karma. Eu devo ter feito isto e aquilo numa vida passada." Mas o *Bhagavad Gita* se alinha com o autor de Jó: não perca o seu tempo especulando. "Insondável é o curso da ação", declara. Em seu comentário desse verso, Maharishi Mahesh Yogi escreve: "Todo pensamento, palavra ou ação produz ondas de influência na atmosfera. Essas ondas viajam através do espaço e incidem contra tudo na criação. Onde quer que incidam, elas causam algum efeito. O efeito de um pensamento particular sobre qualquer objeto particular não pode ser conhecido devido à diversidade e à enorme extensão da criação. Essa complexidade vai além da possibilidade de compreensão."

Num reverberante universo de ondas de energia que se cruzam e se sobrepõem, tentar sondar os elos causais de um evento de qualquer complexidade é como tentar calcular, ao mesmo tempo, a posição e a velocidade de uma partícula subatômica, coisa que o famoso princípio da incerteza de Werner Heisenberg provou ser impossível. Em meio ao inexplicável sofrimento, o que nos resta, como restou a Jó, é aceitar o Desconhecido.

Aceitando o Inaceitável

Viva num reino onde não exista nem o bem nem o mal. Ambos pertencem ao mundo dos seres criados; na presença da Unidade, não há nem comando nem proibição.

ABU YAZID AL-BISTAMI

O fato de não haver resposta final para a exclamação "Por que, Deus, por quê?" pode parecer insatisfatório, mas não deve nos levar a encolher os ombros, resignados. É mais bem-aceito quando os nossos olhos estão inflamados de assombro. É o estado onde Jó, finalmente, chega. Como um aprendiz zen lutando com o *koan* (uma charada utilizada como ferramenta de ensino, como por exemplo o clássico "Qual é o som de uma só mão batendo palmas?"), Jó atormenta o seu cérebro para tentar entender o porquê do seu sofrimento. Sua frustração o transforma num perfeito receptáculo para a sabedoria que transcende a mente.

Deus se dirige a Jó diretamente com afirmações como estas: "Onde estavas tu quando eu lancei os fundamentos da Terra?" "Proclamaste as regras que governam os céus, ou determinastes as leis da natureza na Terra?" "Ousas negar que eu sou justo, ou me colocas no que é errado para que possas estar certo?" Mais uma vez, poderíamos supor que essas respostas significassem: "Não ouses questionar-me. Cala-te e aceita." Porém, a intenção mais provável, tal como é sugerida pelo evidente amor de Deus por Jó, é esta: "Jogue fora as suas idéias preconcebidas sobre o certo e o errado, o bem e o mal. Desista de todas as suas concepções e crenças a meu respeito. Contemple! Eu sou eterno, infinito e inefável."

Numa linguagem tão elegante quanto a de Shakespeare, e em ritmos tão vibrantes quanto os da Nona Sinfonia de Beethoven, Deus revela a trovejante energia da inteligência divina em ação. Explodindo com imagens da natureza primordial nua e crua, trata-se de uma visão na qual a luz da estrela da manhã é acesa e a linha do litoral é desenhada, onde as feras devoram as feras e a morte é tão essencial quanto a vida. Como afirma Stephen Mitchell, Jó recebe uma "visão da criação pelo olho de Deus *antes* do homem, além do bem e do mal, marcada pela inocência de uma mente que deu um passo para fora do círculo dos valores humanos". Em sua sublime e aterradora grandeza, ela é comparável ao trecho do *Bhagavad Gita* em que o Senhor Krishna se revela ao príncipe guerreiro Arjuna, deslumbrado e cheio de pavor. Dentro do corpo de Krishna, Arjuna vê a totalidade do universo em toda a sua imensa e multiforme diversidade. Como a Jó, foi-lhe mostrado, não apenas a magnífica beleza da criação, mas também o seu parceiro necessário, o colossal poder e a implacável energia da destruição, "devorando todos os mundos". Ele vê que tanto o Espírito no qual "o cosmos repousa em segurança" como "o Senhor do fogo e da morte" constituem parte de um só Deus. Jó e Arjuna, de maneira semelhante, rendem-se maravilhados diante da Unidade que transcende conceitos e polaridades.

Há um tipo diferente de resposta implícita na não-resposta de Deus às súplicas de Jó: num universo no qual as estrelas nascem e se extinguem a cada momento, no qual as criaturas são predadoras para alguns e presas para outros, no qual nascimento e morte acontecem milhares de vezes por segundo, no qual os gritos de horror e as altas risadas de alegria ecoam através dos céus como vozes num único coro, como podemos compreender o significado do sofrimento de um ser humano? Deus diz a Jó que as leis do universo são eternamente justas, mas também insondáveis pela mente humana. Parece que a mensagem é: "Desista das exigências do seu ego por justiça nas condições que você exige." "Desista de ansiar ardentemente pela certeza. Desista dos seus estreitos padrões de certo e errado. E, embora você esteja nisso, desista do seu desespero." Ansiando pela inefável Ipseidade da criação de Deus, Jó rende-se em puro assombro ao mistério divino e diz "Sim" a ele.

O Conhecimento É Estruturado na Consciência

Contemple a luz além do certo e do errado.

CHUANG-TZU

No início da história, naquele que nós pensamos que é um reflexo do estado de consciência de Jó na ocasião, Deus é retratado como um potentado distante, que mantém um olho vigilante sobre a Terra e julga o comportamento humano, repartindo recompensas e castigos, conforme ele julga adequado. Devido ao fato de ele ter considerado Deus como o protetor e benfeitor dos que seguem as regras, o sofrimento de Jó era insuportável. Ele se sentiu à deriva no cosmos, mas também se sentiu pregado na Terra. Porém, como diz um verso dos Vedas, o conhecimento é diferente em diferentes estados de consciência. No final da história, a consciência de Jó foi elevada. Agora nós não vemos um Deus de justiça semelhante aos seres humanos, mas uma voz sem corpo, que descreve um universo tão milagrosamente completo, que deveria incluir a possibilidade do mal e do sofrimento — junto com criaturas inteligentes que são livres para escolher, em vez disso, a bondade e a graça.

Jó pode, no final, estar menos certo dos caminhos de Deus, mas ele está mais próximo de Deus — e quem entre nós não teria escolhido a intimidade divina em vez da falsa certeza de um minuto em Nova York? O próprio Jó reconhece a mudança. "Eu falei de coisas grandes que eu não compreendia, coisas maravilhosas demais para eu compreender", ele admite. "Eu sabia a Teu respeito somente por relatos; mas agora eu vejo a Ti com meus próprios olhos."

A última linha de Jó, "Por isso eu me abomino e me arrependo no pó e na cinza", pode ser facilmente interpretada como as palavras de um homem atormentado. Mas é possível, por outro lado, ver Jó como um homem *transformado*, que não se ajoelha em humilhação, mas o faz em humildade. Na tradução de Mitchell, essa sentença final é: "Por isso, eu ficarei quieto, aliviado, porque eu sou pó", sendo o pó um símbolo da mortalidade e, portanto, um reconhecimento da insignificância e da impermanência do eu individual. "Eu me abomino" também foi interpretado como "Eu me dissolvo". Essa dissolução é semelhante em espírito à resposta de Arjuna à sua revelação: "Portanto, eu me curvo e prostro o meu corpo diante de Ti, o adorável Senhor, e busco a Tua graça." Mitchell descreve a transformação de Jó desta maneira: "Ele enfrentou o mal, olhou diretamente para o seu rosto e, através dele, para dentro de uma imensa maravilha e amor. Ele abandonou tudo e se entregou à luz."

Jó mudou de crente para místico, de alguém que apenas executa os seus atos, supostamente exigidos por Deus, para alguém que comunga diretamente com Deus, de alguém que se submete para alguém que se rende. A rendição a que ele se entrega não é uma rendição temerosa, mas um anseio consciente da vontade individual pela inteligência Divina. E é por isso que Jó, não apenas devido às posses que ele adquire e à longevidade de sua vida, é verdadeiramente mais abençoado no final dos seus dias do que no início.

Descaramento Cósmico

Não deixe que nada o perturbe,
Não deixe que nada o desanime.
Todas as coisas passam.
Deus não muda nunca.

SANTA TERESA DE ÁVILA

O sofrimento sempre transmite um sentimento de perda. Poderia ser a perda de uma pessoa amada, a perda da saúde, a perda da certeza, a perda da fé, a perda da segurança ou a perda de qualquer quantidade de coisas. Como acontece com todas as perdas, a cura requer que passemos por três fases distintas: 1) choque e negação ("Isto não pode estar acontecendo!"); 2) ira, medo e tristeza ("Por que, Deus, por quê?); e 3) compreensão e aceitação. Para fazer as pazes com Deus através do nosso próprio sofrimento e do sofrimento dos outros, precisamos não apenas aceitar que o grande "Por quê?" pode ser irrespondível, mas também precisamos aceitar o que é pelo que ele é e renunciar ao desejo de que ele fosse diferente. Os problemas surgem quando ficamos atolados na fase dois, obstinadamente agarrados à nossa ira e à nossa tristeza, e nos recusando a seguir em frente. Os problemas também surgem quando ficamos atolados no primeiro estágio, porque temos medo de atravessar o tumulto de emoções poderosas. Às vezes, o que passa por aceitação é, na verdade, negação.

Aceitação não significa consentimento. Nós não somos chamados para desistir dos nossos padrões ou para nos tornar passivos, submissos ou apáticos. A dor é real. O ultraje é real. Temos de prestar atenção nisso.

Num certo sentido, Jó é o protótipo de qualquer pessoa que é tentada a se contentar com uma aceitação falsa ou prematura em momentos de dor. Ele poderia ter encolhido os ombros numa resignação vazia: "O que se pode fazer? Assim é a vida. Eu devo merecer isso." E é exatamente isso que os seus amigos o persuadem a fazer. Mas Jó é heróico, não porque permanece leal aos preceitos de sua religião, mas porque ele tem a coragem de questionar essas suposições, de enfrentar a sua dor honestamente e de trabalhar através da sua ira. Ao fazer isso, ele prepara o caminho para uma aceitação tão profunda que chega a ser transcendente.

Omitir etapas intermediárias com vistas a obter uma aceitação superficial é uma armadilha enfrentada por pessoas religiosas e por buscadores espirituais de todas as convicções. Madre Teresa contou, certa vez, a respeito da ocasião em que tentava consolar uma garotinha que estava sofrendo com uma doença dolorosa. "Você devia estar feliz pelo fato de Deus enviar sofrimento a você", ela disse para a criança, "porque os seus sofrimentos são uma prova de que Deus a ama muito. Os seus sofrimentos são beijos de Jesus." A criança respondeu: "Por favor, peça a Jesus para não me beijar tanto." Em sua recusa a se contentar com uma aceitação açucarada, essa garota era uma companheira de alma do escritor iídiche Shalom Aleichem, que disse a respeito do sofrimento dos judeus: "Deus, eu sei que nós somos o seu povo escolhido, mas o senhor não poderia escolher alguém diferente para variar?"

Quanto aos que procuram um desprendimento como o de Buda, contava-se a história de um guru cujo filho morrera recentemente. Um discípulo, vendo o mestre em lágrimas, fica espantado. "Mas Mestre", ele diz, "por que o senhor chora? O senhor nos ensinou que a vida e a morte e todas as coisas do mundo são meras ilusões."

"Sim", reconheceu o mestre, "e a mais triste de todas as ilusões é a morte de uma criança."

Anne Cushman aprendeu essa lição no agonizante período que se seguiu à perda de sua filha durante a gravidez. Num ensaio publicado no *Yoga Journal* ela escreve: "Eu costumava pensar que a prática espiritual seria um caminho para reduzir a dor da aflição; que eu poderia escapar ingressando em algum Eu, em alguma desprendida consciência testemunha que está além do mundo e a partir da qual eu poderia olhar para a minha vida desapaixonadamente, como um filme que eu pudesse desligar a qualquer momento." No entanto, ela percebeu que a sua aflição era demasiado esmagadora. Para o seu crédito, ela não tentou fugir dela. Em vez disso, decidiu sentir toda a medida da dor. "Eu nunca teria força de vontade para ser tão desprendida, tão desligada desse impulso primordial, a ponto de não lamentar a morte da minha filha", ela escreveu. "E eu não creio que é isso o que os iogues querem dizer — que deveríamos usar a prática como uma espécie de anestesia epidural espiritual para nos anestesiar da dor da nossa vida."

Não, os iogues provavelmente diriam que o objetivo de alguém que vive no mundo, situação oposta à de quem vive numa caverna ou mosteiro, é estar no meio do tumulto e da dor, e ao mesmo tempo reter a felicidade e a percepção ilimitada do Divino. Isso seria como ter uma âncora imóvel num mar agitado. No entanto, no caminho para esse estado abençoado, o sofrimento não deve ser negado ou tornado superficialmente atraente. Ele deve ser reconhecido e sentido, e, paradoxalmente, usado como um catalisador para a própria transformação que o abolirá. Os horrores da vida, diz o erudito religioso Andrew Harvey, estão aqui para "nos impulsionar até o nível mais elevado do amor, que floresce da aceitação". E, acrescenta ele, "você só pode chegar a esse nível de aceitação se desistir de tentar explicar tudo e, em vez disso, apenas abrir o coração num imenso amor 'cego' e que tudo abraça".

Durante tempos difíceis, você deve, como Jó, ouvir tantas banalidades que você sente como se o mundo tivesse se tornado um gigantesco cartão de saudações Hallmark. "É a vontade de Deus." "Deve haver um propósito maior para isto." "É o seu karma; você precisa aceitá-lo." "É tudo uma ilusão; não fique apegado." "Deus tem algo melhor em mente para você." Naturalmente, essas vozes devem estar dentro da sua cabeça, ecoando preceitos religiosos e ensinamentos espirituais que você absorveu mas, possivelmente, interpretou erroneamente. As vozes podem dizer a você que é inconveniente discutir com Deus, que é uma fraqueza espiritual se sentir amargurado ou ressentido. Elas podem lembrá-lo de que você acredita na reencarnação ou na vida eterna, e, portanto, não faz sentido lamentar a morte de alguém. Elas podem incitá-lo a ser mais "espiritual" e amar o inimigo que está tentando destruí-lo, ou superar os seus aborrecimentos. Elas podem assinalar que os tesouros da Terra nada são comparados com os do céu, e por isso não há razão para lamentar a sua perda. Prestar atenção a essas vozes pode levá-lo a "criar humor" — iludindo você e outras pessoas ao produzir um humor de calma, desapego, amor, compaixão ou outras qualidades que você considera espirituais, quando na verdade você quer uivar para os céus.

Três dias antes de um fim de semana de Páscoa, William Grimbol, ministro de uma igreja presbiteriana em Shelter Island, Nova York, soube que sua esposa havia morrido num singular infortúnio ocorrido durante uma cirurgia. Alguns dos seus paroquianos, numa tentativa bem-intencionada de aliviar a sua angústia, disseram ao pastor o que eles pensavam que ele mesmo poderia lhes dizer nessas circunstâncias: "Christine está num lugar melhor agora." Embora o amor e a preocupação da sua congregação fossem vitais para ajudar Grimbol a superar a sua crise, comentários como esse eram irrelevantes para ele. "Nós precisamos aceitar a vida nas condições de Deus", ele disse. "A vontade de Deus é que nós sejamos humanos." E ele era um ser humano que nunca veria a sua bem-amada novamente.

Num esforço para evitar a dor, podemos usar a religião da mesma maneira como muitos de nós usam o álcool, as drogas, o alimento, o sexo ou o trabalho — como anestésicos. Em nome da aceitação, podemos nos separar dos nossos sentimentos e nos converter em impostores espirituais. O reverendo Grimbol compara isso com lagartas que se recusam a entrar em seus casulos. Metaforicamente falando, nós, com freqüência, fazemos a mesma coisa — evitamos os lugares escuros que parecem nos sugerir presságios sinistros, mas que na verdade oferecem a promessa da transformação vital.

Jó se recusa a fazer isso. Sua disposição para enfrentar a dor com brutal honestidade desencadeou nele um anseio apaixonado pela sabedoria superior e por um conhecimento verdadeiro de Deus. Isto o transforma de uma lagarta Goody Two-shoes* numa corajosa borboleta que tem aquilo que o Talmude chama adequadamente de "descaramento** até no céu". Como resultado, a aceitação que ele consegue contém o poder da profunda humildade. Este é um ato de apreciação, de glorificação e de magnífica confiança, porque ela diz não apenas que o Criador é grande, mas que, em última análise, a Criação é basicamente boa.

Sinta a Dor

"As pessoas não deveriam tentar fugir do sofrimento", diz o mestre budista vietnamita Thich Nhat Hanh. "Na verdade, você precisa agüentar o sofrimento e olhar profundamente dentro dele, porque essa é a única maneira de descobrir sua verdadeira natureza. E quando você tiver reconhecido a verdadeira natureza do seu sofrimento, você terá uma chance de encontrar uma saída."

Não há nada de "não-espiritual" com relação a sentir profundamente. Na verdade, quando a dor, a mágoa, o horror, o desespero ou outras emoções difíceis estão se agitando no seu peito, é uma boa idéia sentar-se e dispor-se a senti-las realmente. Durante esse período, deixe que a sua atenção repouse nas sensações físicas ligadas a esses sentimentos. Aceite a presença da dor. Note que isso é muito diferente de repisar seus problemas ou atolar-se no seu *status* de vítima. Não reflita

---

* Ver nota de rodapé na página 44. (N.T.)

** Em inglês *chutzpah*, descaramento audaz e autoconfiante. (N.T.)

sobre os seus sentimentos; não os rotule; não considere a situação ou as pessoas que você pensa que a causaram; não se preocupe com o fato de ter de consertar as coisas. Apenas sinta o que está acontecendo sem opor nenhuma resistência e sem nenhuma antecipação. Ao mesmo tempo, veja se você consegue recuar um pouco, e observe, como uma testemunha silenciosa. Veja se você consegue relaxar dentro da dor, em vez de resistir a ela, respirando com ela como uma mãe o faz ao dar à luz uma criança num parto natural.

De início, a intensidade do sentimento pode tentar forçá-lo a parar. Sua mente pode dizer a você: "Isto é ridículo." Seu corpo vai querer se levantar e fazer alguma coisa para distrair a sua atenção. Isso é normal; nossos instintos de sobrevivência estão articulados para *evitar* a dor, e não para se concentrarem nela. Por essa razão, é uma boa idéia reservar um certo período de tempo, digamos, dez minutos, e considerar isso como um exercício espiritual. Você constatará que a intensidade da dor logo começará a diminuir.

Aceitar a sensação da dor leva-o a perceber três coisas: 1) garante que você não será vítima da armadilha da negação; 2) ajuda-o a se mover mais depressa através da agonia; e 3) remove, pelo menos temporariamente, o elemento do sofrimento. Por que este último benefício? Porque o sofrimento é mais do que a dor — é dor mais ressentimento, culpa, resistência e outros acessórios que associamos à realidade da nossa condição. Quando você está plenamente no momento, mesmo que o momento seja doloroso, o sofrimento é suspenso porque você não está ocupado se lamuriando, se afligindo, ou querendo que alguma coisa seja diferente do que é.

Às vezes, quando você concentra toda a sua atenção no que está sentindo, uma coisa surpreendente acontece: a agonia fica semelhante a um trabalho de parto, a uma abertura para uma bênção. Você interrompe, pelo menos por um momento, o incessante tagarelar mental que perpetua a angústia. Você pára de reescrever o passado e planejar o futuro. Você pára de culpar Deus ou outras pessoas. Em vez disso, você se rende à verdade do momento. E *a paz de Deus está em cada momento*, quer você tenha feito as pazes *com* Deus ou não. "Há uma rachadura em tudo", cantou Leonard Cohen. "É desse modo que a luz entra." Fixando o radar da consciência totalmente no presente, você pode muito bem localizar a fenda através da qual brilha a Presença divina.

Seria um erro antecipar uma inundação de esplendor sagrado cada vez que você se dispõe a ficar totalmente atento à sua dor. Mas, no final das contas, senti-la é o começo da sua cura. (Naturalmente, para as dores severas e intratáveis, ou para a angústia emocional da grande depressão, aceite a dádiva de Deus da terapia apropriada e, se necessário, da medicação prescrita.)

Ira Divina, Espiritualidade Ultrajante

Falarei na angústia do meu espírito,
Queixar-me-ei na amargura da minha alma.

JÓ 7:11

A raiva divina é um costume desde há muito tempo aceito e honrado, e no qual muitas tradições reconheciam não apenas um poder de cura, mas também um privilégio daqueles que são íntimos do Infinito. Na Índia, conta-se a história de um homem que vagava pela sua aldeia todos os dias amaldiçoando Deus. O povo da aldeia o considerava como um blasfemo ofensivo, mas eles não conseguiam fazê-lo parar. Certo dia, ele subiu ao telhado de um templo e anunciou que ia morrer. Ele se sentou, fechou os olhos e, calmamente, deixou o corpo. Como se isso não fosse suficientemente espantoso, logo em seguida uma música magnífica encheu o ar. Tão encantador era esse som que todos os aldeões pararam o que estavam fazendo e puseram-se a ouvir. "Quem está tocando essa música celeste?", eles se perguntaram. "Quem na aldeia possui semelhante dom?" Mas ninguém estava tocando um instrumento e ninguém estava cantando. Quando a música finalmente parou, as pessoas correram até o homem mais sábio da aldeia: "Essa música veio dos céus? Seria possível que ela se dirigisse àquele louco detestável que profanava Deus o todo tempo?"

"Sim", afirma o guru, "os anjos, ao recebê-lo em sua presença, estavam lhe dando as boas-vindas."

"Mas como pode ser?"

"Ele pronunciava o nome de Deus mais do que todos vocês juntos", disse o homem santo. "Se vocês pudessem se lembrar de Deus durante um décimo do tempo em que ele o fazia, vocês também seriam libertados."

A pessoa que nos contou esta história é Gurutej Kaur, uma professora de ioga em Los Angeles e que foi criada como católica na região Centro-Oeste e se tornou sikh há cerca de três décadas. Ela esteve lutando com Deus durante anos: "Desde essa época, eu superei o medo de que serei punida por fazer isso." A prece habitual não satisfazia às exigências do seu relacionamento pessoal com o Divino, ela diz. Era muito complacente. Agora, quando ela sente que isso é necessário, ela grita e berra bem alto, ou discute com Deus no santuário de sua mente, ou se entrega à atividade de escrever. Essa batalha pode durar dois minutos ou cinco horas. "A coisa principal", ela diz, "não é apenas declamar, mas ouvir. Lutar com Deus é uma forma de comunicação, e eu quero respostas."

O valor de se comprometer com Deus dessa maneira acertou em cheio para Gurutej há vários anos, quando ela teve sua própria experiência, semelhante à de Jó. "Foi uma época muito difícil", ela se lembra. "Meu relacionamento terminara. O trabalho que havíamos começado juntos se desfez. Minha filha saíra de casa. Tudo estava se desagregando. Eu não tinha lugar algum para onde eu pudesse me voltar, a não ser para o meu altar. Eu disse: 'Tudo bem, Deus, ou eu estou surda ou o senhor precisa conversar comigo mais claramente. Eu posso ver tudo o que está saindo, mas não posso ver o que está chegando. O Senhor não poderia me usar de um modo melhor?'" A resposta finalmente chegou. Nesse meio tempo, a conexão sagrada a manteve caminhando. "Se eu não tivesse lutado com Deus, eu teria perdido a centelha da minha vida", diz ela. "Isso manteve o fogo aceso." Desde essa ocasião, a pergunta "Você não poderia me usar de um modo melhor?" tem sido o seu mais freqüente desafio a Deus.

Algumas pessoas relutam em ficar com raiva de Deus porque isso não faz sentido para elas. Elas pensam: "Por que Deus iria querer ouvir a respeito dos meus problemas? Ele tem coisas mais importantes para fazer." Ou talvez elas não vejam Deus como uma figura humanóide que presta atenção nos detalhes de sua vida, mas, em vez disso, como uma força transpessoal; diante da injustiça e do sofrimento sem sentido, elas sentem um anseio ardente de gritar para os céus porque não há nenhum outro lugar para onde dirigir sua fúria — e então elas mesmas param porque se sentem tolas. Mas a raiva não diz respeito ao fato de fazer sentido; ela diz respeito à liberação de um incremento de energia psíquica negativa. Se a liberação dessa raiva não se processar de um modo seguro e apropriado, ela envenenará a mente e o corpo e, eventualmente, encontrará uma saída em algum comportamento destrutivo. Além disso, suprimir a raiva eqüivale a ficar atolado no primeiro estágio da resolução da mágoa: a negação.

Para plena aceitação, faz sentido parar de fazer sentido. Às vezes, você tem de passar por cima da voz da razão e deixar sair a fúria que está dentro de você. Depois de obter um doutorado em educação e construir uma carreira bem-sucedida em desenvolvimento organizacional, Kikanza Nuri Robins sentiu o chamado e entrou para a escola da divindade. Depois de passar pelo intenso treinamento do seminário, ela enfrentou seus exames de ordenação, nos quais a maioria dos candidatos falha na primeira vez, com a confiança de alguém que sempre vence. Ela não passou no exame de teologia. "Eu fiquei arrasada", ela se lembra. "Eu me senti totalmente humilhada." Ela chorou durante dias, incapaz de compreender o que havia acontecido de errado. Sua maneira de sair desse poço foi ficar zangada com Deus. Para isso, ela teve de colocar de lado, temporariamente, sua própria teologia. "Eu sei que Deus não é uma pessoa nem um objeto", diz ela. "Deus é tudo o que existe, e nosso senso de separação é uma percepção errada. Mas eu estava magoada, e tinha de fazer barulho. Eu tinha de me sentir como uma vítima. Então, fabriquei um Deus antropomórfico e o coloquei numa caixa para poder surrá-lo a valer."

Decidindo desabafar desse modo a sua raiva, ela ficou à escuta, esperando uma resposta. Uma das mensagens era previsível: responsabilizar-se pelo seu próprio malogro. A outra foi um inesperado clarão de luz na escuridão: você nunca passou pela experiência do malogro antes disso; agora você pode ser uma pastora melhor porque terá compaixão dos que falham. Inspirada novamente, ela se dedicou com seriedade e passou triunfalmente no exame. Oficiando atualmente como ministra presbiteriana em Los Angeles, a reverenda Nuri Robins faz os seus paroquianos saberem que está tudo bem em se sentir furioso com Deus, assim como ela os incita a aceitar o presente da vida, com verrugas e tudo o mais, e a não usar Deus nem Satã como bodes expiatórios para seus problemas.

Se não fossem os nossos intelectos que nos dissessem que é estúpido expressar nossa raiva, a resistência viria usualmente da culpa ("Eu sou horrível por alimentar esses sentimentos terríveis com relação a Deus") ou do medo ("O Todo-Poderoso me derrubará"). Mas deixar de agir devido a essas razões seria uma desconsideração para com o Divino. Pensar que Deus não o aprovaria, ou que ficaria irritado com a sua impertinência, equivale a chamá-lo de tirano mesquinho, incapaz de lidar com o confronto e de tolerar o desafio de um pequenino ser humano. Se você quiser atribuir qualidades humanas a Deus, não é melhor supor que ele tenha a sabedoria de entender a sua dor e a compaixão de permitir que a sua agonia encontre uma saída? Até aqui, todas as evidências indicam que Deus pode lidar com isso. No final das contas, um argumento fervoroso é um tipo de conexão, e relacionamentos mais maduros podem suportar uma pequena comoção de vez em quando. "Você não prefere ter um amante apaixonado que, vez ou outra o ofende, em vez de alguém que fica andando silenciosamente na ponta dos pés ao seu redor?", pergunta Gurutej Kaur.

No início de sua história, Jó se relaciona com Deus a partir de uma certa distância. Seu comportamento virtuoso está arraigado na obediência baseada no medo. Então, um novo Jó é forjado nas chamas da catarse. Apesar das piedosas advertências e dos convincentes argumentos dos seus amigos, que *não* mudam, Jó se recusa a deixar Deus livre. Ele se empenha com Deus apaixonada e corajosamente, como um amante que se sente traído e não descansará até fazer com que o seu bem-amado ponha a ficha dele em ordem. Ele é punido pela sua ousadia? Não, ele é abençoado com riquezas palpáveis e com uma intimidade recém-encontrada com Deus. E como se a mera aparição da Presença divina não fosse evidente o bastante, a atitude de Jó é explicitamente justificada quando a voz no redemoinho adverte os três amigos: "Não dissestes sobre mim a coisa certa, como fez o meu servo Jó."

A Alquimia do Sofrimento

A vida é como a fotografia. Você usa o negativo para revelar.

SWAMI BEYONDANANDA

Uma vez que a dor foi sentida, uma vez que a raiva foi liberada e que a realidade foi aceita, surge a oportunidade de fazer uso do que a vida nos presenteou. É onde a escolha humana entra na equação. Podemos nos atolar no desespero, sentir pena de nós mesmos e amaldiçoar Deus pelo resto de nossa vida. Ou então nós podemos, como artistas marciais que absorvem a energia de um ataque para voltá-la contra seus oponentes, agarrar e sustentar a dor e transformá-la numa bênção.

Certa noite, quando Wayne Dosick, um rabino de San Diego, voltou para casa com sua mulher, viu que a casa fora totalmente incendiada. Em sua autobiografia, *When Life Hurts* (Quando a Vida Machuca), ao se referir a esse evento e ao período subseqüente, ele escreveu: "De pé sobre as cinzas da minha casa, eu nada pude ver além da destruição imediata; eu nada pude sentir além da minha dor imediata... Mas eu podia sentir que eu não sabia tudo o que havia para saber; eu podia imaginar que em algum lugar profundamente mergulhada no mistério havia uma explicação que não cabia a mim agarrar." Nada acontece por acaso, ele afirma. "Há um plano Divino. Há uma razão e — mesmo que não saibamos disso agora — uma explicação final para o que nos aconteceu."

Estaria ele simplesmente dizendo o que se espera que um homem do clero diga? Estaria ele racionalizando, com base na necessidade de acreditar, que a sua tragédia fazia parte do plano de uma sabedoria superior? Talvez o bem que finalmente surgiu do fogo fizesse parte do Grande Plano. Talvez fosse a intenção específica de uma divindade benéfica. Ou talvez ele proviesse apenas das ações positivas de Dosick, de sua mulher e da sua comunidade. Em última análise, essas questões não têm resposta. Nós todos vimos bênçãos inesperadas surgirem das cinzas do desastre. Todos nós vimos coisas que se tornavam belas quando elas pareciam se encaminhar no sentido oposto. Nancy Peddle, fundadora do Lemonaid Fund, uma organização de Chicago sem fins lucrativos, que trabalha com crianças vítimas de violência, chama essas reviravoltas auspiciosas de "*Godincidences*". Se elas aparecem com freqüência suficiente, você poderia começar a sentir que um benevolente diretor de palco está trabalhando por trás das cenas. Mas, às vezes, as coisas simplesmente parecem podres, e que não há nenhuma *Godincidence* à vista. Então, o que você faz? "Você tem de admitir que a intenção de Deus é para que você faça alguma coisa a respeito disso", diz Peddle.

Pode haver ou não um significado divino por trás do seu sofrimento pessoal. Sua dor pode ou não ter sido dada a você para um propósito específico. Algum bem não revelado pode ou não ter sido desejado. Mas uma coisa é certa: você pode *torná-la* significativa; você pode *encontrar* um propósito e você pode *criar* alguma coisa boa. Pela dádiva de ter essa habilidade, talvez nós devamos agradecer a Deus.

"Até que o pão seja dividido, como pode servir de alimento?", pergunta Rumi. "Até que as uvas estejam esmagadas, como podem produzir vinho?" Os místicos sufi da tradição de Rumi consideram o coração partido como um tesouro. "Eles conseguiram o domínio sobre a dor", diz Andrew Harvey, "que é aceitá-la e abraçá-la, e dela sorver o suco negro, e saborear no sofrimento mais profundo esta mais ultrajante das possibilidades: que o sofrimento mais profundo é também a fonte da mais profunda das graças." Os sufis reconheceriam afinidade com qualquer um que na tradição judaica fosse o primeiro a dizer: "Deus está mais perto de quem tem o coração partido." Para os rabinos talmúdicos, Deus era não apenas o mais doce dos doces, mas também o mais amargo dos amargos; e às vezes eles diziam que o mais doce é insuportavelmente amargo e que o mais amargo é insuportavelmente doce. O fato de que a dor pode ser convertida em graça também era evidente para os cristãos primitivos, que se referiam à "alquimia da alma", processo por meio do qual o fogo do sofrimento transmuta as impurezas do coração em ouro espiritual.

Nós podemos não saber qual é o "propósito de Deus" para o nosso sofrimento, ou mesmo se faz sentido pensar nesses termos. Mas se aceitamos que o propósito do Grande Plano é que cada um de nós cresça para a realização de Deus e realize o potencial de nossa alma, nós somos praticamente compelidos a usar tudo o que é colocado no nosso prato — alegrias e tristezas — para nos movermos conscientemente nessa direção. Qualquer experiência de vida pode ser um catalisador para o crescimento espiritual — e não apenas o nascimento de uma criança, mas também uma morte; não apenas a compra de uma casa dos nossos sonhos, mas também a visão da casa destruída pelo fogo; não apenas a realização de um objetivo estimado, mas também um fracasso devastador; não apenas caminhar pela praia, mas também deitar na cama tão doente que não se consegue sequer ir até o banheiro. Nós podemos perguntar "Por que, Deus, por quê?", mas a pergunta mais importante é aquela que fazemos a nós mesmos: "Como posso usar essa noite escura da alma para um bem superior?"

"Uma verdadeira noite escura da alma é um poderoso veículo de transformação", diz o reverendo Michael Beckwith, o ministro sênior e fundador do Agape International Spiritual Center (Centro Espiritual Internacional Ágape), em Los Angeles, "e minha inclinação consiste em tirar plena vantagem dela. Eu agradeço por ela, porque eu sei que ela ingressa na consciência para me levar até um outro nível de maturidade espiritual. Esse tipo de experiência espiritual me atrai com devoção, de maneira meditativa, para o interior, além do mero silêncio, para a quietude, onde eu ouço e comungo com o Espírito."

Lições Kármicas

Os momentos nos quais Deus parece ausente também são os momentos nos quais Deus está próximo, palpável e real.

REVERENDO WILLIAM GRIMBOL

A lei do karma pode ser imutável, mas não deve ser confundida com destino. Karma é um chamado para a ação. Em cada momento, o serviço de correio cósmico está deixando envelopes auto-endereçados nos degraus da nossa porta, para melhor e para pior. Nós temos de decidir como responder ao conteúdo. Cada ação que nós empreendemos com nosso livre-arbítrio cria um novo karma. Essa liberdade nos dá o poder de amortecer o impacto de partos dolorosos e de atuar de modo a criar um *bom* karma no futuro — não necessariamente numa vida futura, mas no momento seguinte, na hora seguinte, no dia seguinte, no ano seguinte, no tempo que for necessário para que as ondulações reverberem através do cosmos e gotejem de volta para nós. Lidar efetivamente com o karma é nos libertarmos das constrições do passado e nos movermos em direção a estados de percepção superiores.

Nenhum desses estados significa que o sofrimento é bom. Não é uma virtude. Não é nobre. Não é, em si mesmo, um caminho para Deus. É o que é, e todo o impulso da evolução consiste em ultrapassá-lo. O paradoxo notável da liberdade humana é que o sofrimento pode ser usado para o propósito de derrotar a si mesmo, assim como podemos cavalgar as águas da enchente para que elas nos levem embora da zona inundada.

Quando lhe perguntaram qual foi o seu maior mestre, o Dalai Lama respondeu: Mao Zedong. Mao? O líder chinês que ordenou a invasão do Tibete e forçou o Dalai Lama a se exilar? Por que ele? Porque o sofrimento indescritível que Mao desencadeou sobre o povo tibetano, e a desenfreada destruição da sua terra e da sua cultura ancestrais, forçaram o Dalai Lama a aprender sobre a paciência e a compaixão com uma profundidade onde ele jamais teria penetrado de outra maneira.

Fazer a pergunta: "O que eu posso aprender com isto?" é um passo crucial para a conversão do sofrimento numa bênção. Na verdade, é tão importante que muitas pessoas consideram os acontecimentos aparentemente negativos que surgem no nosso caminho como tentativas deliberadas feitas por Deus para nos ensinar alguma coisa. As pessoas que não pensam estar relacionando esses eventos a uma divindade intervencionista preferem olhar para a Terra como uma enorme sala de aula azul-esverdeada, na qual cada um de nós tem um currículo pessoal e cada pacote de karma que entra no nosso caminho contém uma lição planejada. Em qualquer dos casos, parece que a nossa tarefa é ler as pistas e imaginar o que nós precisamos saber para dar o próximo passo no caminho da evolução da nossa alma.

Outra figura bem conhecida que nos tem mostrado como esculpir lições vitais a partir dos cascalhos da dor é Ram Dass, cuja célebre jornada, que começou como professor em Harvard (Richard Alpert), e daí para pioneiro psicodélico, para ávido buscador e para amadurecido mestre espiritual, chocou-se com um inesperado obstáculo em 1997, quando ele teve um derrame. Ainda sofrendo de complicações que exigem que ele durma com uma máquina para respirar, Ram Dass está confinado a uma cadeira de rodas com um lado do corpo praticamente inutilizado e sua capacidade para falar limitada. "O que aconteceu com o meu corpo foi muito menos assustador do que o que aconteceu com a minha alma", diz ele. "O derrame destruiu a minha fé." Com o tempo, no entanto, surgiu este pensamento: "Talvez o derrame seja uma forma de graça." Essa possibilidade iniciou um processo que o levou para mais perto de Deus. "E isso é graça", ele diz. "Graça furiosa." Eis algumas das bênçãos que ele afirma ter colhido da sua condição: uma compaixão maior, uma humildade mais autêntica, uma apreciação intensificada do silêncio e uma introvisão na maneira como o sofrimento pode ser "um degrau em direção a uma meta espiritual".

Naturalmente, não é apenas o famoso que tira proveito da dor utilizando-a como um degrau para o crescimento. Qualquer pessoa disposta a sondar profundamente pode extrair dessa sondagem lições profundas. Pouco antes do seu quadragésimo aniversário, o marido de Maria Gallo, de vinte e um anos de idade, a deixou por outra mulher. Ela se viu na zona rural do Canadá, a milhares de quilômetros da sua Argentina natal, com três filhos, muito pouco dinheiro e uma enorme ferida aberta em seu coração. Educada como católica, ela se ocupava febrilmente com as contas do seu rosário e rezava a cada oportunidade que encontrava: "O que o senhor quer de mim? Por que o senhor deixou isso acontecer comigo?"

O desespero de Maria se avolumou mais sombrio do que o inverno canadense. "Numa certa altura, eu não me importei mais em continuar vivendo", ela diz. Ela sempre fora à igreja em quase todos os domingos da sua vida. Agora, ela associava a igreja com a dor. "Eu estava tão louca que tive de romper com Deus."

No entanto, se por um lado ela foi perdendo a sua ligação com o Divino, por outro ela iniciou uma busca urgente por uma nova maneira de se relacionar com

Deus. "Antes, Deus estava lá em cima", ela diz, "e eu me aviltaria se pleiteasse junto a ele e lhe pedisse coisas. Agora, é mais como uma conversa."

À medida que a sua busca espiritual progredia, progredia igualmente a perspectiva que ela tinha dos seus anos de agonia. "Eu vi que o objetivo da vida é o crescimento da alma, e eu recebi uma oportunidade maravilhosa para crescer. Se tudo isso não tivesse acontecido, eu ainda estaria dependente e fraca. Eu digo: 'Deus, se o senhor escolheu esse caminho para me fazer amadurecer, muito obrigada. Poderia ter sido um tanto pior.'"

Que lições estão gritando para que você as aprenda? O que o seu sofrimento lhe conta sobre os seus valores? Sobre suas expectativas? Sobre seu relacionamento com um poder superior? Encontrar o diamante da sabedoria no lodo do desespero nem sempre é fácil. Mas é essencial se nós devemos obter uma aceitação genuína e fazer as pazes com Deus.

Ganhando Perspectiva

Oh, Senhor, não queres me comprar
um Mercedes Benz?

JANIS JOPLIN

Num episódio da série de TV *Chicago Hope*, um paciente anestesiado vê o espírito de um amigo que morreu. Ele pergunta ao amigo o que Deus quer de nós. "Ele quer que você sinta alegria", é a resposta. "Na verdade, ele se ofende quando as pessoas não sentem alegria."

"Como é possível sentir alegria num mundo cheio de dor e sofrimento?" pergunta o paciente, que havia perdido o filho e a mulher. "O sofrimento nesta vida é enorme."

O espírito responde: "E a beleza também é, meu amigo, mas você não a conhece. Você não está procurando por ela."

Fazer as pazes com Deus no nível do sofrimento pessoal exige que recuemos um passo para ter uma certa perspectiva. Quanto isso é realmente ruim? Você está entrando em acordo com a sua dor ao sentir pena de si mesmo? No quadro maior do sofrimento humano, o que está acontecendo com você é realmente injusto? Você está culpando Deus porque seus desejos não foram realizados ou porque suas preces não foram respondidas? Você está vendo apenas o pior e perdendo a visão das suas bênçãos? "O homem ingrato negligencia dez dádivas de Deus", disse o guru Arjan Dev, um líder sikh do século seis, "mas quando uma delas é negada, ele perde a fé".

Janet Taylor* vivia uma vida protegida num subúrbio de Phoenix. Certa noite, ela foi acordada por uma chamada vinda de uma sala de emergência. O carro e sua governanta fora abalroado por um motorista embriagado. A governanta tinha ferimentos no rosto e um tornozelo quebrado. O marido dela, que fizera trabalhos para os Taylor, sofreu um ferimento grave na espinha que o deixaria paralisado da cintura para baixo. Nas semanas seguintes, quando Janet visitava sua governanta no hospital, em seu pequeno apartamento no bairro e no edifício do condado onde seu marido estava se reabilitando, seus olhos foram abertos. "Eu me dei conta de que estive zangada com Deus durante toda a minha vida", ela diz. "Eu me queixava constantemente por não estar conseguindo o que eu queria, sempre invejando o que outra pessoa possuía." As condições precárias nas quais a família da sua governanta vivia, a agonia dos pacientes em reabilitação, a difícil situação de famílias que não podiam pagar a conta do médico — isso tudo fez com que ela compreendesse como ela era feliz e como eram ridículas as suas queixas. "Deus deve ter ficado realmente aborrecido com esta criatura mimada e enfadonha", diz Janet.

Na América do Norte, onde a inveja é tão onipresente quanto os tênis criados por estilistas, cada novo dia traz consigo uma nova razão para você se sentir privado quando, na verdade, você deveria se sentir grato. Para onde quer que você se volte, algum feliz camarada parece ter alguma coisa que você quer: "Por que não eu, Deus? Quando eu conseguirei o meu?" Vale a pena examinar se o seu conflito com Deus está arraigado em algum sentimento de autorização cósmica, ou numa imagem de Deus como uma figura de Papai Noel que tem de dar a você o que você lhe pedir se você não for desobediente. Talvez consigamos aquilo de que precisamos sem que o desejemos e talvez, a cada momento, Deus esteja lhe oferecendo muito mais coisas do que você está pedindo: alegria, amor, liberdade e sabedoria, para citar apenas algumas possibilidades. Talvez o nosso desafio consista em amar a Deus pelo que nós temos, e não continuar pedindo mais. "Quando um homem reza para Deus dizendo 'me dê isso, me dê aquilo', isso não é amor", disse o mestre vedanta Vivekananda, no século dezenove, "... é mero comércio varejista".

Humor Sagrado

O humor é um prelúdio da fé, enquanto o riso é o começo da oração.

REINHOLD NIEBUHR

Certa vez, alguém se queixou para o sábio indiano Ramakrishna que um de seus discípulos estava bêbado. "Mas você não acha que Deus está bêbado?", perguntou Ramakrishna. "Como o universo poderia ser tão louco se Deus não estivesse bêbado?"

Se não está bêbado, pelo menos é um comediante cósmico. É o que Voltaire pensava. Ele via Deus como um comediante entretendo um público que está com medo de rir.

Reconhecer que este universo é realmente louco abre a porta para um dos melhores catalisadores na alquimia da dor: rir. É desnecessário dizer que o humor nem sempre é apropriado em meio ao sofrimento, mas às vezes ele é tão calmante para o espírito perturbado quanto uma boa massagem o é para um corpo exausto. Na verdade, algumas das melhores piadas são fermentadas pela dor, o que é, talvez, a razão pela qual uma parcela tão grande do humor norte-americano venha dos judeus e dos afro-americanos. No momento mais triste do filme *O Violinista no Telhado* (*Fiddler on the Roof*), quando os judeus são forçados a abandonar a sua bem-amada aldeia, um homem diz: "Nossos antepassados foram forçados a sair de tantos, tantos lugares inesperadamente."

"Talvez", diz Tevye, "seja por isso que nós sempre usamos nossos chapéus."

Poder-se-ia dizer que uma grande parte do sofrimento humano provém do fato de nós nos levarmos demasiado a sério. Uma boa risada por nossa própria conta é, pelo menos, um lembrete para não fazer isso. Nenhum livro sagrado tem sido levado mais a sério do que o Alcorão, mas nele está a afirmação: "Aquele que faz seus companheiros rirem merece o Paraíso." Talvez possamos considerar o humor como uma oferenda.

Como nossa oferenda para o altar do humor, aqui está uma piada sobre o relevante tema da gratidão. Desgostoso com o vazio e o clamor da vida moderna, Tom larga seu emprego numa agência de propaganda e entra para um mosteiro onde só é permitido aos monges falar duas palavras por ano. Ele se aloja num quarto pobre, veste um manto de lã e se ajusta a uma vida de silêncio, estudo e disciplina ascética. Depois de um ano, ele é levado para ver o abade. O abade sorri e gesticula para Tom falar as duas palavras permitidas. "Cama dura", ele disse. O abade acena com a cabeça e também acena para que dois monges acompanhem Tom de volta para o quarto.

Outro ano de rigoroso silêncio se passa. Desta vez, Tom diz ao abade: "Comida fria." O abade acenou com a cabeça como antes, e mais uma vez Tom é escoltado de volta para o quarto.

Mais um ano sem palavras com a comida fria e a cama dura, e Tom tinha chegado ao seu limite. Ele diz ao abade: "Eu desisto."

"Bem, já vai tarde", disse o abade. "Tudo o que você sempre fez foi reclamar."

Perdoando Deus

Normalmente, somos nós que pedimos a Deus para nos perdoar. Mas se você esteve abrigando um ressentimento com relação a Deus por toda a dor injusta que você tem sido forçado a suportar, talvez seja hora de *você* perdoar.

Se você estiver com dificuldade para dar esse passo, lembre-se de que aquele que mais se beneficia com qualquer gesto de perdão é aquele que perdoa. Pense em perdoar (*forgiving*) com o sentido de "para dar" (*for giving*) — não para outra pessoa, mas para você mesmo. Perdoar a Deus livrará você da amarga culpa que envenena o seu corpo, corrompe a sua mente e sufoca o seu espírito. No entanto, você não pode obter perdão genuíno a não ser que você, antes de mais nada, dê voz à sua raiva reprimida. Fingir isso apenas exacerbará o seu conflito interior e resultará numa cura incompleta. Portanto, antes de descartar o problema com um rápido "OK, Deus, eu te perdôo", verifique se você eliminou completamente a sua raiva. Eis duas maneiras seguras de encontrar alívio.

Escreva uma Carta para Deus

Escreva para Deus uma carta expressando todo o seu ultraje, toda a sua fúria e toda a sua indignação. Não esconda nada. Não se preocupe com a ortografia, a gramática ou até mesmo com a coerência. Não se preocupe nem mesmo com a verdade, exceto com a sua verdade emocional. O objetivo da carta é desabafar a sua raiva, e não em fazer sentido. Ninguém, a não ser você, precisa ler essa carta; você pode rasgá-la assim que a tiver terminado, se quiser.

Tenha certeza de usar uma linguagem forte e explícita. Cite exemplos de porque você está bravo. Explique por que você acha que merece algo melhor. Diga a Deus como você acha que o universo deveria funcionar.

Não importa quão ridículo você possa achar que é, por estar descarregando tudo isso em Deus, mas prossiga. Não pare na primeira vez em que achar que já disse tudo — ou na segunda, ou na terceira. Vá fundo em seus sentimentos, e ainda mais fundo. Onde quer que haja raiva, há uma dor por trás dela. Cave bem fundo e atinja o ponto mais profundo da sua dor, de modo que você possa sair do seu sistema. Você pode se surpreender ao constatar como é fundo o poço da sua amargura. Se você precisa fazer uma pausa, faça. Mas volte a escrever, e não pare até se sentir exausto.

Libere a Energia da Raiva

Às vezes, nós precisamos de uma liberação mais muscular do que aquela possibilitada pelo ato de escrever uma carta. Para uma cura extra que uma catarse física proporciona, ajuste alguns travesseiros espessos ou um colchão num lugar particular, onde você não perturbará ninguém nem atrairá uma atenção não desejada. Ajeite o alvo para que você possa surrá-lo confortavelmente com os seus punhos ou com um *wiffle bat** de criança feito de plástico ou de espuma.

Assuma uma postura equilibrada — de pé, sentado ou ajoelhado, como você preferir — de modo a poder balançar facilmente os braços sem cair. Respire profundamente algumas vezes e solte. Bata com toda a força. E, enquanto estiver batendo, desabafe também a sua raiva verbalmente. Grite com Deus. Urre. Amaldiçoe. Emita sons agudos. Entregue-se a um acesso de raiva. "Por que, Deus, por quê?" "Como o senhor pôde deixar que isso acontecesse comigo?" "Eu não mereço isso!" Se você estiver preocupado em ser ouvido, coloque uma música alta para abafar a sua voz. Não reprima nada. Bata até ficar exausto, e quando tiver terminado, se massageie e descanse bastante.

Você talvez encontre resistência para fazer esse exercício. Você pode se sentir um blasfemo por usar Deus como um saco de pancadas e gritar o nome de Deus em vão. Se você realmente acha isso ofensivo para com os seus preceitos religiosos, não o faça de maneira alguma. Mas se você estiver resistindo só porque se sente um tolo, considere a luta como se fosse pela autoconsciência. Se você estiver resistindo porque está com medo de que Deus vá castigá-lo se você continuar com isso, por que não arriscar? Lembre-se: isso é para ajudá-lo a curar o seu conflito com Deus de modo que você possa confiar novamente no universo. Descobrir que está tudo bem estando zangado com Deus pode, por si mesmo, ser um grande passo em direção a fazer as pazes.

---

* Espécie de taco parecido com o de beisebol. (N.T.)

Uma advertência: Se você acha o exercício fisicamente muito fatigante, ou se você tem uma doença do coração, dor nas costas ou qualquer outra condição que possa colocá-lo em risco, faça alguma coisa que exija menos esforço, como apertar uma boneca fofa, bater sobre uma caixa de papelão quando estiver sentado ou atirar alguma coisa contra a parede. Por outro lado, se estiver se sentindo emocionalmente instável, faça o exercício na presença de um psicoterapeuta ou de um amigo de confiança.

Declare o seu Perdão

Se estiver pronto para perdoar a Deus, você se beneficiará em fazer isso de uma maneira formal. Você poderia dizer isso em voz alta, você poderia expressá-lo no silêncio da sua mente ou poderia escrevê-lo na forma de uma carta. Você também poderia criar um ritual para acompanhar suas declarações de perdão: acenda uma vela, toque uma sineta, toque um tambor, faça uma oferenda para o vento ou para uma extensa massa de água, qualquer coisa que pareça apropriada para marcar a ocasião.

Vale a pena repetir que você está fazendo isso pelo bem da sua saúde espiritual, física e mental. Portanto, se expresse completamente. Diga o que precisa ser dito, e o diga em seu próprio estilo pessoal. Para ajudá-lo a articular com clareza lógica a sua declaração, eis aqui o exemplo de uma carta de perdão escrita por um homem chamado Terrance, cuja viagem da raiva para a aceitação começou quando a esclerose múltipla roubou dele o seu sustento como artista gráfico, junto com os prazeres do tênis e da dança e as barulhentas brincadeiras com seus netos:

Caro Deus,

Eu o perdôo. Eu fiquei furioso com o Senhor porque o Senhor me afligiu com uma terrível doença e me tirou as coisas que eu pensava que fossem as mais importantes. Eu me sentia pesaroso por mim mesmo. Eu amaldiçoei o Senhor. Mas agora a minha raiva passou, e eu passei a aceitar que eu estava errado a seu respeito. Eu pensei que o Senhor fosse algum velho desprezível sentado ociosamente no céu, arremessando setas de relâmpago sobre suas criaturas sempre que ficava aborrecido, ou se sentia ofendido, ou apenas porque queria nos assustar para que nos submetêssemos. Agora, eu vejo o Senhor de modo diferente. Eu não o entendo, mas eu nunca entenderei, e eu me sinto humilde por essa limitação.

Eu não sei por que eu tenho esclerose múltipla. Eu não sei se há algum objetivo nisso. Eu não sei por que as coisas acontecem. Mas eu já aprendi muitas coisas terríveis sobre mim mesmo e a vida, e eu sou muito grato por isso. Eu não me sinto mais como uma vítima. Eu estou pronto para tomar a responsabilidade de lidar com tudo o que aparecer no meu caminho, com toda a força, dignidade e sabedoria que eu puder reunir — e usar tudo isso para promover o meu crescimento espiritual.

Eu compreendi que é uma espécie de presunção minha dizer que eu o perdôo. Quem sou eu para presumir tal coisa? Eu sou aquele que deveria se desculpar, eu sei disso. Mas eu preciso fazer isso pela minha própria saúde. Eu tenho certeza de que o Senhor entende; então eu espero que isso lhe proporcione uma boa risada. Enquanto isso, estou determinado a fazer o melhor possível da minha vida com o tempo que me resta. Podemos trabalhar juntos nisso? Eu estarei em contato mais freqüentemente a partir de agora.

Com amor,
Terrance

Reconciliando-se com Deus

Ele pode me matar, ainda assim eu confiarei nele.

JÓ 13:15

Perdão é uma coisa, reconciliação é outra completamente diferente. Quando os relacionamentos são perturbados por conflitos, é inteiramente possível perdoar e resolver a disputa para a satisfação de todos — e ainda assim não se reconciliar. A resolução é sempre possível; é um processo interior pelo qual a pessoa chega a um acordo com os problemas envolvidos. A reconciliação, contudo, *nem* sempre é possível. Ela requer que *ambas* as partes estejam dispostas a dar quaisquer passos que sejam necessários para resolver o conflito. Para que isso aconteça, o que se sente ferido deve se sentir suficientemente seguro para confiar novamente. Esse processo é muito semelhante ao que acontece quando você está em desigualdade com Deus — no que diz respeito a Deus, o único obstáculo à reconciliação é você. Você está disposto a confiar novamente?

Albert Einstein disse certa vez que há somente uma pergunta verdadeira: Nós vivemos num universo amigável? Se você ainda não está pronto para se reconciliar com Deus, deve ser porque você suspeita que o universo não é amigável. Por que não ter uma conversa franca com Deus como um passo em direção à restauração da sua confiança?

Reserve quinze ou vinte minutos quando você não estiver perturbado. Sente-se numa cadeira confortável ou numa almofada de meditar. Diminua as luzes ou então acenda uma vela. Afrouxe o cinto e o colarinho. Feche os olhos. Use qualquer forma de relaxamento com que você esteja familiarizado — meditação, respiração profunda, oração ou qualquer outra prática que o capacite a tranqüilizar a mente e acalmar o corpo.

Quando se sentir profundamente relaxado, comece a falar com Deus. Você pode fazê-lo em voz alta ou interiormente, como você se sentir mais à vontade. Você pode levantar a cabeça e falar suas palavras como se as dirigisse para o céu, ou ajoelhar-se com as mãos postas ou simplesmente sentar-se numa posição confortável. Você pode focalizar mentalmente uma imagem do Divino — de Buda ou Jesus ou de um santo favorito ou de um mestre espiritual — ou colocar uma imagem na sua frente e abrir os olhos para falar com ela. Ou você pode simplesmente dirigir a palavra para o Deus sem forma e ilimitado na capela da sua alma. Qualquer que seja o modo que você escolher para se comunicar, faça-o a partir do coração. Expresse seus pensamentos e seus sentimentos mais profundos. Conte a Deus por que você está tendo dificuldade para confiar. O que você teme que poderia acontecer se você abaixasse a sua guarda? Por que o universo parece hostil?

Você pode tornar-se consciente de que está dizendo mais sobre você mesmo do que sobre Deus. Naturalmente, esse é um dos propósitos do exercício: desvelar as raízes emocionais da sua desconfiança e as concepções errôneas que você pode estar nutrindo. Você pode, por exemplo, perceber que tem dificuldade para confiar em qualquer pessoa ou em qualquer coisa, talvez porque a sua infância tenha sido marcada pela imprevisibilidade, o perigo ou o abuso. Você poderia descobrir que tinha uma visão imatura de Deus. Continue a falar até aliviar o fardo na sua mente e no seu coração.

Quando você sentir que disse o suficiente, faça uma pergunta para Deus. Pergunte se é seguro você confiar.

Agora, fique calmo, com os olhos fechados, e espere. Sem tentar controlar ou manipular seus pensamentos, mantenha sua atenção voltada para a área ao redor do seu coração. Seja tão receptivo quanto possível. Depois de algum tempo, você pode ouvir uma voz interior que soa diferente da sua própria voz — ou uma voz que soa exatamente como a sua. Você pode não ouvir palavra alguma, em absoluto. Em vez disso, você pode sentir alguma espécie de presença, ou ter sensações físicas em diferentes partes do seu corpo, ou descobrir que várias emoções se elevam num fio de água ou num dilúvio. Considere como uma resposta para suas observações qualquer coisa que apareça diante de você — quer você considere isso como um "bilhete" direto de Deus, quer o considere como um borbulhar do seu subconsciente. Qualquer que seja a maneira como você decidir chamá-la, procure um sentido para a mensagem. Ela está lhe dizendo que você pode confiar perfeitamente porque o universo é, no seu âmago, um lugar amistoso?

A Dor é Inevitável; o Sofrimento é Opcional

Confia os teus cuidados ao Senhor, e ele te susterá.

SALMOS 55:22

A dor, a tristeza e a perda podem ser inevitáveis. O sofrimento pode ser útil e propositado. Mas nós não *estamos destinados* a sofrer. Isso não é necessário, e não precisa ser uma característica permanente de nossa vida.

Pode parecer, às vezes, que o universo não é apenas hostil, mas também cruel. No entanto, se devemos acreditar nos místicos e nos mestres que penetraram nas profundezas da realidade — e se as pessoas comuns que saborearam a união com Deus podem ser consideradas confiáveis — então nós temos de concluir que o universo é não apenas amigável, mas também radiante de amor e de paz, mesmo quando as superfícies giram rapidamente em aparente caos e destruição. Você deve se lembrar de que Deus não responde às perguntas de Jó a respeito do sofrimento. Em vez disso, Deus *é* a resposta. Os sábios não nos disseram isso em palavras incertas: o nosso sofrimento não é causado pela vontade de Deus, como um incêndio é causado pelo fósforo de um incendiário ou o choro de uma criança pela surra dada por um dos pais. Pelo contrário, Deus é tanto o refúgio tranqüilo a que todos nós temos acesso como a fonte da força e da sabedoria de que precisamos para lidar com a dor da vida.

Vale a pena repetir que nós sofremos em proporção direta com o nosso grau de separação do Divino. É quando estamos desconectados da nossa essência espiritual que as agonias e tragédias da vida mundana ofuscam a bênção que é nosso direito nato. "Os homens não estão no inferno porque Deus está zangado com eles", escreveu o teólogo britânico no século dezoito William Law, "eles estão na ira e na escuridão pelo que eles fizeram para a luz, que jorra infinitamente de Deus, como faz para a luz do Sol aquele homem que arranca os próprios olhos." Em resumo, se a causa da escuridão é a ausência da luz, o remédio é a sua presença; então para quanto mais perto da fonte nós nos movermos, tanto maior será a luz. Do ponto de vista de cada tradição de sabedoria, a essência do universo é amor e luz e bondade. Nosso grande propósito é despertar para a nossa natureza essencial, que é exatamente o mesmo amor, luz e bondade.

A Terceira Nobre Verdade de Buda diz que o sofrimento descrito na Primeira e na Segunda Nobres Verdades pode ser superado por meio da erradicação do desejo e do apego, no estado de paz suprema chamado *nirvana*. A Quarta é a fórmula budista para realizar essa erradicação, conhecida como o Caminho Óctuplo. De modo semelhante, os hinduístas diriam que o sofrimento termina com a realização de *moksha*, ou iluminação, na qual o eu egóico com a qual nós nos identificamos dá lugar ao Eu que partilhamos com tudo o que existe, e cuja verdadeira natureza é a bem-aventurança. Devido ao fato de que nós vivemos no domínio da mudança e da dualidade, a vida oferecerá uma mistura de alegrias e tristezas, de prazeres e dores. Mas o *sofrimento* que surge da identificação com o ego e do apego a objetos do desejo pode ser dissolvido na pura luz e no amor do Divino.

Os santos e as pessoas sagradas não conhecem o sofrimento como nós conhecemos. Eles envelhecem, ficam doentes, perdem, fracassam, morrem, mas o seu núcleo mais íntimo é sempre o estado de união com a Essência Sagrada. Eles habitam o âmago de uma felicidade que tudo abrange e que transcende e inclui os altos e baixos da existência relativa. Na metáfora do *Bhagavad Gita*, eles são como velas num lugar sem vento, imóveis em sua paz mais íntima, e não podendo ser corrompidos por perda e ganho, prazer e dor. Mantidos em segurança pelo abraço protetor do amor divino, eles transmitem um testemunho silencioso às tribulações da vida, até mesmo quando respondem a elas.

Há, naturalmente, graus de realização, e o caminho que leva à iluminação pode ser longo e, às vezes, íngreme. Seria ingênuo presumir que a devoção a Deus, ou o uso de tecnologias espirituais, dissipará a escuridão da noite para o dia ou garantirá um rápido fim para o sofrimento. Voltar-se para a luz não trará de volta a esposa morta, a casa totalmente incendiada, a fortuna perdida ou o corpo outrora saudável. Nem apagará instantaneamente a aflição dessas perdas. Mas a paz pode ser encontrada no momento, e o desespero existencial que transforma a dor temporária em longo sofrimento pode acabar. O milagre é que, mesmo em meio ao imenso infortúnio, os seres humanos têm conseguido encontrar a luz.

E isso até mesmo no horror dos horrores que foi Auschwitz. "Não obstante todo o primitivismo físico e mental que subjugou a vida nos campos de concentração, a vida espiritual tinha possibilidade de se aprofundar", escreveu Viktor Frankl, um sobrevivente do Holocausto que se tornou um conhecido psiquiatra. Ele observou que certos companheiros "eram capazes de se retirar de seus terríveis arredores para uma vida de riqueza interior e liberdade espiritual". Essas almas afortunadas, ele acrescenta, foram capazes de suportar o tormento dos campos melhor do que os outros prisioneiros. Frankl descreve o seu próprio momento de epifania, durante o trabalho forçado numa trincheira, enquanto ele procurava sua alma para encontrar uma razão para o seu sofrimento: "Em um último violento protesto contra a desesperança da morte iminente, eu senti meu espírito penetrando através da escuridão envolvente. Eu senti que transcendia aquele mundo sem esperança e sem sentido, e de algum lugar eu ouvi um vitorioso 'Sim' em resposta à minha pergunta sobre a existência de um objetivo supremo."

5.
EU SOU BOM O BASTANTE, DEUS?

Aceitando nossos Pecados e Imperfeições

Ajuda-me a banir de mim tudo o que é ignóbil, feio, insensível, obstinado, ou, de qualquer modo, indigno de um ser criado à vossa imagem.

PRECE DO YOM KIPPUR

Finalmente, Deus nos põe de joelhos. A questão é: Você se ajoelha deprimido em humilhação, ou você se ajoelha, gentil, digna e graciosamente, em humildade? Você se voltará para Deus com os olhos abatidos pela culpa ou com os olhos erguidos pela confiança?

É um triste comentário sobre a religião moderna o fato de que há muito mais humilhação do que humildade nos púlpitos e nos bancos de nossas igrejas. Com demasiada freqüência, instituições que tinham a intenção de conduzir as pessoas para a paz, o amor e a liberdade do Divino, em vez disso as arrebanham para dentro de gaiolas de culpa, vergonha e medo. Na cacofonia de mensagens contraditórias — amor incondicional *versus* julgamento severo; perdão *versus* castigo; misericórdia *versus* ira — o coro da punição grita mais alto do que a música do amor.

Somos informados a respeito do que Deus espera de nós e de como uma pessoa boa e honrada deve se comportar. Infelizmente, as descrições nunca se parecem conosco. O que *de fato* se parece conosco é a lista de ofensas que, dizem, provocam uma repreensão leve de Deus ou então a entrega de um cartão onde se lê: "Vá Direto para o Inferno. Não Siga Além." Não apenas os Dez Mandamentos, e não apenas os sete pecados capitais do orgulho, da avareza, da luxúria, da inveja, da gula, da ira e da preguiça, mas uma cornucópia de pecados e transgressões tão abrangentes, que qualquer pessoa que não registre pelo menos alguns, certamente é culpada de mentira. Por exemplo, num recente serviço de orações numa igreja socialmente proeminente da Nova Inglaterra, a congregação convida Deus para libertá-los do seguinte: covardia, preguiça e arrogância; falta de devoção; ideais banais e prazeres baratos; vulgaridade, cinismo, intolerância e indiferença cruel; estupidez, ostentação ou rudeza; egoísmo e auto-indulgência; ganância, apatia, intolerância e orgulho inflado; vício por realização e por acumulação; idolatrias do prazer e da juventude; desesperança; falta de fé em tempos de crise; e "qualquer coisa em nós que possa esconder a nossa luz".

Num serviço de Yom Kippur na Califórnia, os fiéis pediram para serem perdoados pelo "pecado que nós cometemos contra Vós, sob constrangimento ou por escolha... consciente ou inconscientemente... aberta ou secretamente... em pensamento... com nossas palavras... pelo abuso de poder... pelo endurecimento de nossos corações... por profanar o Vosso nome... por desrespeitar pais e professores... por falar calúnias... pela desonestidade em nosso trabalho... por ferir de algum modo outras pessoas". A oração prossegue nomeando algumas dezenas de pecados, inclusive: fingir emoções que não sentimos, usar os pecados de outras pessoas para desculpar os nossos, negar a responsabilidade pelos nossos próprios infortúnios, fechar os ouvidos ao choro dos oprimidos, envenenar o ar e poluir a terra e o mar, confundir amor com luxúria, entregar-se a fofocas e tagarelices maliciosas, gula, fraude e falsidade, arrogância, insolência, irreverência, hipocrisia, julgamentos efêmeros, exploração dos fracos, ceder a impulsos hostis e "correr para fazer o mal".

Naturalmente, todas as religiões exibem códigos de comportamento. O sagrado Alcorão contém aproximadamente cem termos para ofensas contra Deus, e se ensina a cada muçulmano as principais diretrizes para trilhar "o caminho reto", que garante à alma uma boa contagem de pontos no Dia do Julgamento. No judaísmo, existem 613 *mitzvoth* (mandamentos) especificados na Torá, dos quais 365 são proibições e 248 são ações positivas. Os "seis inimigos da alma" do hinduísmo se aproximam dos pecados mortais do Ocidente: luxúria, raiva, cobiça, afeição excessiva, orgulho e inveja. Estes são complementados pelos cinco *yamas*, ou virtudes: autenticidade, não-violência, não roubar, continência e desapego de posses e de desejos. Os "cinco obstáculos" do budismo são o desejo sensual, o ódio, a preguiça, a impaciência e a dúvida; a obrigação básica ("comportamento correto") de um budista leigo é seguir os "cinco preceitos", que se resumem nas recomendações para que nos abstenhamos do seguinte: ferir qualquer ser vivo, pegar qualquer coisa que não nos foi dada, ter má conduta envolvendo prazeres sensoriais, proferir palavras falsas e abusar do álcool e das drogas.

Os padrões religiosos nos levam a olhar com atenção o melhor que há em nós. Eles conferem coesão à sociedade e estruturam o comportamento individual. Como diz Tevye em *O Violinista no Telhado*: "Por causa das nossas tradições, cada pessoa sabe quem ela é e o que Deus espera dela." Infelizmente, os métodos opressivos pelos quais os códigos, com freqüência, têm sido impostos nos levaram a uma ampla difusão da culpa, da vergonha e do medo.

Errando o Alvo

Pecado é tudo o que obscurece a alma.

ANDRÉ GIDE

Poder-se-ia argumentar que a intenção original dos "faça isto" e "não faça aquilo" religiosos foi o pragmatismo espiritual: aproximar o indivíduo da união com o Divino, encorajando comportamentos que intensificam essa aproximação e desencorajando aqueles que favorecem a separação. A palavra "pecado" deriva de raízes que significam "errar" ou "cair fora do alvo", como em errar a estrada ou atirar fora do alvo no arco-e-flecha. Pecar, portanto, é fazer coisas que prejudicam o nosso caminhar direto para a realização de Deus ou que nos desviam desse caminho. Mesmo as prescrições que tiveram claramente a intenção de promover a família e a coesão social — por exemplo, regras contra o adultério — podem ser vistas sob essa luz, criando uma estrutura estável que conduz a um compromisso espiritual. A Bíblia é bastante consistente quando descreve Deus desviando "sua face" dos pecadores e dirigindo-a para aqueles que reparam ou que se arrependem. No entanto, essas duas palavras, reparar (*atone*) e arrepender-se (*repent*), sugerem uma volta em direção ao alvo. A raiz do inglês medieval para *atone* (reparar) é *atonem*, reconciliar-se, que vem de "*at one*" (em direção ao um). Diz-se que "arrepender-se" deriva ou da palavra hebraica significando "retornar" ou da raiz grega para "mudar de opinião", e portanto significa voltar para Deus ou mudar a orientação da mente do profano para o sagrado.

Visto deste modo, o pecado é como uma tampa na membrana permeável entre a consciência individual e sua fonte divina, uma barreira autocriada para o progresso espiritual — como dirigir negligentemente ou esquecer-se de abastecer o seu carro antes de pegar uma estrada para viajar. A maioria dos decretos religiosos tem por enfoque rejeitar os desejos ardentes do eu inferior e abraçar as incitações do Eu Superior. Esses decretos pretendem nos afastar das ações e dos pensamentos centralizados no ego, do apego aos desejos pessoais, e da busca febril dos prazeres sensuais e das posses mundanas. "Não há um problema maior para você do que o seu próprio eu", disse o místico muçulmano Abu Sa'id, "pois quando você está ocupado com você mesmo, você permanece afastado de Deus." Nós somos impelidos a executar ações que estão de acordo com "a vontade de Deus" — ou, à maneira oriental, que estão alinhadas com o *dharma*, a direção evolutiva da vida — e a não fazer aquilo que nos empurra para fora dessa linha. Como os pecados nos mantêm afastados do sagrado, eles são, na verdade, a sua própria punição; nós somos punidos *pelo* pecado mais do que *por* pecar. "Sobre o teu coração se acumula ferrugem sobre ferrugem", diz Rumi a respeito daquele que peca, "e por isso você é cego para os mistérios divinos".

No entanto, em algum lugar ao longo do caminho, o próprio conceito de pecado sai fora do alvo. Em primeiro lugar, porque se introduziu a noção de que os seres humanos não apenas são capazes de pecar, mas *nascem* no pecado, graças aos nossos desobedientes ancestrais, Adão e Eva. Uma história de criação rica em simbolismo e fértil de possibilidades para interpretações enaltecedoras tornou-se, em vez disso, uma narrativa de desobediência e expulsão, de dívida contraída por intermédio do desrespeito e transmitida perpetuamente, de geração em geração. Como resultado, milhões de nós foram ensinados, quando crianças, que nós somos inerentemente corrompidos e só podemos ser salvos pela graça de uma divindade que monitora cada um dos nossos pensamentos. Esse fato contrasta notavelmente com os ensinamentos — com freqüência provenientes das mesmas tradições — cuja premissa central é que nós somos seres abençoados, eternamente amparados pelo amor divino.

Pecado e Sexo: Você Deve e Você Não Deve

Outra coisa curiosa aconteceu no caminho que leva ao século vinte e um: pecado tornou-se praticamente sinônimo de sexo. Como isso veio a ocorrer é um assunto para os historiadores determinarem. Além da função óbvia de estabilizar as famílias, uma origem possível dos códigos sexuais religiosos foi encorajar os seguidores — monges e freiras em particular — a direcionar sua energia sexual para cima, afastando-a do impulso instintivo para a procriação e a gratificação física e dirigindo-a para os centros mais elevados do amor e do despertar espiritual. Várias práticas sexuais tântricas e taoístas são planejadas exatamente com esse propósito. Disciplinas contemplativas em outras tradições também se processam assim, embora menos diretamente. Ao longo do tempo, no entanto, as regras sexuais tornaram-se finalidades em si mesmas, transformando-se em obrigações morais cuja violação era considerada uma grave ofensa contra Deus, sendo elevada a um *status* especial como pecados carnais, freqüentemente acompanhados por rigorosas represálias. Essa é a alquimia da repressão que as instituições religiosas, ao tentarem regular o impulso reprodutor e o desejo natural para o prazer, acabaram se tornando obcecadas por sexo, como indivíduos que, ao tentar fazer regime, só conseguem pensar em poucas coisas mais além de alimento.

O triste resultado desse legado é que milhões de pessoas têm sofrido o tormento do ostracismo ou de um fogo infernal privado porque se comprometeram com relações sexuais proibidas ou com atos tidos como depravados ou pervertidos, ou apenas tiveram pensamentos e fantasias agora retratados com impunidade na MTV. Em alguns casos, o simples ato de "tocar em si mesmo" o condenava às chamas do inferno por toda a eternidade. A vergonha associada a esses impulsos, os impulsos mais naturais a nós oferecidos por Deus, pode ter contribuído para a epidemia social da depressão. E ela continua até hoje. Apesar da revolução sexual, da liberação das mulheres e de anos de luxuriosa exposição explícita de partes do corpo diante dos nossos olhos, uma significativa porcentagem dos que procuram psicoterapia está lidando com culpa, vergonha e várias disfunções envolvendo o sexo. Ironicamente, poder-se-ia argumentar que o excesso de sexo que tanto perturba a comunidade religiosa é, em grande parte, uma conseqüência não-intencional da ligação entre sexo e pecado, uma maciça teatralização. É totalmente natural para os apaixonados espíritos de forma humana que procuram prazer — especialmente os jovens — contrapor a repressão à expressão, a opressão à obsessão e o desafio violento à submissão forçada.

O resultado final, tanto para os moralistas conservadores como para os sensualistas licenciosos, tem sido uma ruptura na totalidade do ser. Exceto talvez para monges e freiras, uma espiritualidade que nega o corpo não é uma espiritualidade completa. "A espiritualidade também precisa ser sensual", é o que afirma Deepak Chopra, "porque uma pessoa espiritual é aquela que vive plenamente no momento presente, o que significa viver plenamente no corpo." Em algum lugar entre a supressão e a indulgência obsessiva há um sensível caminho do meio para cada buscador sensual da paz com Deus.

Foi esse o destino de muitos "você deve" e "você não deve", sexuais e de outros tipos. A Dra. Karen Horney chamou isso de "a tirania dos 'deves'". As regras podem ter sido outrora diretrizes para a harmonia social e o avanço espiritual, mas com o tempo elas foram convertidas em códigos legais e apoiadas pela ameaça da coação draconiana: Faça como lhe foi ensinado, caso contrário, você será punido. Por quê? Porque Deus supostamente quer assim. A severidade inflexível da dominação e da condenação ofuscou o amor incondicional no âmago do impulso religioso. Tristemente, em vez de levar as pessoas para mais perto do Divino, essa abordagem punitiva as dilacera com vergonha e culpa, afastando milhões de pessoas da participação religiosa e impedindo a entrada no clero de muitas que sentem o chamado. "O melhor que se pode dizer a respeito do legalismo ritualístico é que ele melhora a conduta", disse Aldous Huxley. "No entanto, ele faz pouco para alterar o caráter e nada em si mesmo para modificar a consciência."

O Temor a Deus

As expressões "temor a Deus" e "temente a Deus" têm sido utilizadas como expressões de glorificação há séculos, muito mais, tragicamente, do que a expressão "Deus amoroso". Num universo moral, uma certa quantidade de temor sagrado é um útil mecanismo de defesa; quando somos tentados a cruzar a linha, é bom lembrar que colhemos o que semeamos. Certamente, a sociedade como um todo está aí para nos beneficiar; sem uma dose medicinal de temor cósmico, o lado negro poderia agir à solta, num frenesi de violência. Mas quando a trepidação é implantada na psique como um órgão artificial, causando apreensão generalizada, o universo se transforma num gigantesco estado policial. Como regra, a percepção espiritual não tem espaço para altos vôos num estado policial.

A palavra *FEAR* (temor, medo) pode ser entendida como um acrônimo: *False Expectations Appearing Real* (Falsas Expectativas que Parecem Reais). As vozes religiosas dominantes têm feito a expectativa da punição parecer mais real do que o amor, e se devemos acreditar nos santos que se tornaram íntimos do Divino, essa expectativa é falsa, pois a verdadeira essência de Deus é o amor. Como podemos nos abrir para o Sagrado quando tememos que o universo não seja seguro e que não podemos confiar em Deus a não ser que sejamos perfeitos? Como podemos dar as boas-vindas ao Divino quando estamos nos escondendo, como Adão no jardim? Em vez disso, contraímos os nossos espíritos como as lesmas encolhem os seus corpos quando sentem perigo. Cavamos fossas ao redor dos nossos corações. Trancamos as portas e as janelas dos nossos sentidos. Transformamos nossas mentes em cães de guarda. Essa perpétua vigilância inunda o sistema com a química da ansiedade e afoga a música da alma como um sinal de alarme num salão de concerto.

As evidências sugerem que o significado original da expressão que chegou a nós como "temor a Deus" era algo mais como a emoção expressa pela palavra inglesa *awe*, que indica uma "mescla de reverência ou veneração, de espanto ou pavor e maravilhamento". E *awe*, escreveu Abraham Joshua Heschel, "nos torna capazes de perceber no mundo insinuações do divino, sentir em pequenas coisas o princípio da significação infinita, sentir o supremo no comum e no simples; sentir na precipitação do transitório a quietude do eterno". Na presença desse tipo de visão, o que possivelmente nos amedrontaria? No entanto, em vez de *awe* nós sentimos tremor. "O momento mais importante da minha vida espiritual", disse uma ex-freira que hoje é assistente social em Seattle, "foi quando eu deixei de temer a Deus e passei a reverenciar a Deus. Eu percebi que Deus não é uma figura ameaçadora, mas uma figura para a qual eu posso me voltar com confiança e sinceridade."

Se nós podemos dizer que Deus tem uma personalidade de pai, será que nós realmente pensamos que o nosso Pai Celestial quer que passemos o nosso precioso tempo na Terra caminhando sobre cascas de ovos em vez de dançar de alegria? Será que nós realmente acreditamos que a nossa Mãe Divina nos quer paralisados de apreensão em vez de eletrizados de admiração? Será que é isso o que você quer para os *seus* filhos?

"Eu Sou Digno?"

Talvez a vitória do legalismo religioso tenha acontecido por causa de interpretações honestas, mas errôneas, por parte de autoridades bem-intencionadas. Talvez fosse o resultado de uma crença paternalista segundo a qual os seres humanos de vontade fraca precisavam ser protegidos contra os seus instintos básicos. Ou talvez, como muitos acreditam, fosse uma tentativa cínica de controlar as populações de crentes e manter o poder das instituições religiosas. É melhor deixar essa questão nas mãos dos historiadores. O que não é discutível é que as estruturas que deviam ser santuários de amor e de bondade são, com freqüência, fábricas de angústia, onde se diz a milhões de veneradores que eles são depravados em virtude de sua própria existência, e que cada desejo natural, pensamento desobediente ou caprichoso e sentimento não-generoso constituem uma ofensa a Deus.

Esse fato ridiculariza o Criador como cruel ou irracional. Por que deveria o Grande Planejador nos fazer imperfeitos só para nos castigar por não sermos perfeitos? No filme *Advogado do Diabo* (*Devil's Advocate*), escrito por Jonathan Lemkin e Tony Gilroy, o Diabo, interpretado por Al Pacino como um poderoso procurador, acusa Deus de ser um gozador. "Ele dá instintos ao homem", ele grita. "Ele dá a você essa dádiva extraordinária, e o que ele faz? Eu juro, para a sua própria diversão, para a sua própria comédia cósmica particular, ele cria regras contrárias. É a maior piada de todas: olhe, mas não toque; toque, mas não prove; prove, mas não engula. E enquanto você pula de um pé para o outro, o que ele faz? Ele fica se urinando de tanto rir. Ele é um sacana. Ele é um sádico. Ele é um patrão ausente."

É claro que essa avaliação exagerada está perdendo a outra metade da equação religiosa: que Deus ama e perdoa a todos nós. No entanto, é uma triste verdade o fato de que, apesar dessa promessa, milhões continuam a sentir-se indignos. "Eu não mereço o amor de Deus", eles dizem a si mesmos. "Eu não estou à altura dos padrões de Deus. Eu arruinei as minhas chances de ir para o céu." Por que esse autodesprezo persiste? Por um motivo, a ênfase religiosa no Ocidente é orientada em função das obras: para merecer o amor e a aprovação de Deus, você precisa realizar boas obras e obedecer aos mandamentos.

Outra razão para a persistência da auto-recriminação é que as pessoas simplesmente não conseguem perdoar a si mesmas, por mais que lhes digam que elas são perdoadas. Elas sentem que têm de pagar um alto preço pelos seus pecados, e não conseguem acreditar que Deus as deixaria fora de perigo assim tão facilmente. Talvez elas estejam repetindo para si mesmas as ameaças que ouviram do clero e dos pais tementes a Deus, que projetaram seus próprios tormentos particulares em mensagens como estas: "Você não pode esconder nada de Deus" e "Deus castigará você por isso". Mas talvez a razão mais importante, sobre a qual voltaremos a falar mais adiante neste capítulo, é que, para a maioria dos que acreditam, o amor de Deus é meramente um conceito, um artigo de fé, e não experiência real. Eles esperam recebê-lo algum dia, quando Deus decidir que eles o merecem; nunca lhes disseram que esse amor está mais perto deles do que a sua respiração.

A religião certamente manteve saudáveis muitas pessoas que de outro modo não o estariam. Ela nos tem ajudado a regular alguns dos nossos instintos básicos. Mas quando lhe pedem para agir de acordo com modelos como os de Moisés, Maomé e Jesus, é fácil você ficar maluco ao tentar fazer as coisas corretamente. Amar os meus inimigos? Fazer o bem para aqueles que me odeiam? Falar bem dos que falam mal de mim? Sem problemas. Moleza! Essa responsabilidade é uma das principais razões pelas quais muitos buscadores de Deus se afastaram da religião do seu nascimento. Alguns encontram um novo lar numa paróquia mais bondosa, mais amável. Outros se mudam de congregação ou se convertem para uma religião inteiramente nova ou adotam um caminho não-convencional. Por exemplo, um motivo pelo qual tantos norte-americanos são atraídos para o Oriente é que a mensagem que eles ouvem é revigorante: todos nós possuímos — na verdade todos nós *somos* no âmago do nosso ser — a natureza-de-Buda ou *sat-chit-ananda* (consciência de beatitude absoluta), e os pecados são equívocos que nós cometemos porque somos almas em evolução para as quais a Terra é um lugar de crescimento.

A ausência de julgamento é uma das razões pelas quais milhões encontraram lares em programas de 12 Passos. Nesses programas, não se diz a eles que eles são maus, mas apenas impotentes; eles percebem que, independentemente do que têm feito, eles são aceitos; e eles aprendem que o Poder Superior ao qual eles se convertem os perdoa, os entende e ajuda a adquirir forças. "Eu estava cansada de me sentir pior depois de passar a freqüentar a igreja do que antes de entrar nela", disse Suzie Baker*, que cresceu numa igreja congregacional de Ohio. Quando criança, ela via o braço horizontal da cruz como um símbolo dos braços abertos de Deus. Por volta do final da sua adolescência, ela passou a vê-lo como um sinal de "Mantenha-se Afastado", como se a igreja fosse uma barreira para a salvação e não uma porta de entrada. "Na época, eu estava namorando secretamente um rapaz mais velho", ela recorda, "e os sermões faziam com que eu me sentisse suja." Sua vontade de fugir criou asas quando se descobriu que o ministro estava tendo um caso. Não há nada parecido com a hipocrisia clerical ou com um escândalo suculento para incitar um crente a levar sua dúvida e seu descontentamento para outro lugar. Depois de quase vinte anos de inquietação pessoal, Suzie encontrou um lar espiritual apropriado para ela: Overeaters Anonymous (Glutões Anônimos). "É aqui que Deus está", diz ela. "Nos doze passos, na conversão, nas pessoas — homens e mulheres que sofrem como eu, que me ensinam o que é a humildade e me aceitam totalmente como eu sou."

Independentemente da afiliação (ou da *não*-afiliação) de uma pessoa, todos os que levam a espiritualidade a sério se sentiram, em alguma ocasião, indignos ou inadequados. Nós todos sabemos com o que se parece estar prestes a agarrar uma oportunidade, sentir que as nossas ações estão reduzindo o nosso progresso ou manter à distância a paz e a felicidade que estamos procurando. Todos nós lutamos para domesticar os nossos pensamentos corruptos e os nossos instintos egocêntricos, e para nos alinhar com os valores nobres dos nossos Eus Superiores. Portanto, independentemente de qual é o caminho que você escolheu, não é sempre fácil estar à altura dos padrões mais elevados desse caminho — ou então dos nossos próprios padrões — e o resultado comum é a autopunição.

Certamente, há uma vantagem espiritual em tentar atingir valores elevados e viver de acordo com eles. E é certamente importante que nos mantenhamos responsáveis pelas nossas ações. Mas, sem compaixão por nós mesmos e sem perdoar a nós mesmos, nós não podemos mudar de uma maneira significativa. Se o pecado é o que nos mantém separados do Divino, então a vergonha é um pecado, e a culpa é um pecado, e o medo é um pecado, pois eles constroem paredes entre nós e tudo o que é sagrado. Portanto, para muitos de nós é necessário nos livrarmos da bagagem emocional que estamos arrastando de um lado para o outro antes de podermos erguer os nossos olhos para Deus no espírito da paz e da devoção.

A Mentira da Vergonha

É hora de esquecer a vergonha da tua mocidade.

ISAÍAS 54:4

Você pode estar pensando: O que há de errado com a vergonha? Ela não é útil? A culpa não serve a um propósito? Para entender plenamente por que essas emoções nos afastam da paz com Deus é importante definir exatamente o que elas são e o que elas não são.

Quando falamos a respeito das virtudes da vergonha ou da culpa, em geral nós estamos pensando em alguma coisa que tem um nome melhor: remorso. O remorso é uma emoção saudável. Arraigado na consciência moral e desencadeado por um sentimento de aflição sobre um erro que nós cometemos, ele nos permite sentir arrependimento, nos desculpar pelas nossas ações e nos corrigir. Sem a capacidade para o remorso, nós não seríamos capazes de reconhecer os nossos erros e de aprender com eles.

A culpa é semelhante ao remorso no sentido de que ela se origina do reconhecimento consciente de uma ação má. No entanto, psicologicamente falando, o remorso é construtivo, enquanto que a culpa nada mais é que uma punição auto-infligida que você não merece. Em muitos casos, a sentença é tão severa que ela equivale a um encarceramento emocional por toda a vida.

A vergonha é ainda mais penetrante. Nós a sentimos, não pelo que fizemos, mas pelo que *somos.* A vergonha não diz que você cometeu um erro; ela diz que você *é* um erro. Ela diz: "Você é um impostor. Você é desprezível. Você é defeituoso, indigno e repulsivo."

Como todas as emoções, a vergonha existe num *continuum.* Até um certo ponto, ela é parte da condição humana; como o resfriado comum, ela aflige de vez em quando até o mais saudável dentre nós. Para outras pessoas, a vergonha se assemelha mais a uma doença crônica que nunca desaparece por completo e irrompe freqüentemente, com sintomas de incapacidade. E, para muitas pessoas, a vergonha é um câncer emocional, uma malignidade dolorosa que corrompe o espírito e sem cessar corrói a alma. No seu pior aspecto, a vergonha inflige uma auto-repugnância tão intensa que você sente que não merece o respeito ou a preocupação de ninguém, nem mesmo de Deus.

A diferença entre remorso e vergonha é semelhante à que existe entre a auto-estima e a autovalorização. Nós medimos a nossa auto-estima pelas nossas ações. É alguma coisa que nós merecemos, e ela levanta e cai dependendo da maneira como nós avaliamos o nosso impacto sobre o mundo. A autovalorização, por outro lado, é uma medida do nosso valor intrínseco. É algo que nós merecemos em virtude da nossa própria existência, como seres nascidos com a centelha do Divino. Quando pessoas com um sentimento saudável de valor cometem erros ou causam dor em outras pessoas, sua auto-estima pode sofrer um golpe temporário, mas o seu valor fundamental não se move uma polegada sequer. Não acontece o mesmo com aqueles que estão envoltos nos grilhões da vergonha. Eles não só têm uma deficiência de autovalorização como também aceitaram a mentira de que são *destituídos* de valor. Eles não conseguem perdoar a si próprios, nem mesmo por ações más de pequena importância; e, se eles são religiosos, eles estão certos de que Deus também não os perdoará, independentemente do quanto se arrependam. Pessoas que se baseiam na vergonha não podem aceitar o amor de Deus porque, bem no fundo, elas sentem que não o merecem.

As sementes da vergonha costumam ser plantadas no início da nossa vida, muito antes de nós podermos ao menos discernir a palavra "Deus", e menos ainda imaginar com o que um ser supremo poderia se parecer. Quando as necessidades de uma criança pequena não são atendidas, quando ela é indesejada ou está ressentida, quando ela não recebe o amor todo envolvente que ela merece e de que necessita, surge a dor primordial de ter sido arrancada do ventre bem-aventurado. Por volta dos dezoito meses, quando começamos a nos tornar cientes de que somos indivíduos únicos, com nossos próprios pensamentos e sentimentos, nós compreendemos pela primeira vez a palavra "não". A partir daí, somos repreendidos ou punidos por fazer as coisas de maneira errada. Se uma criança recebe cuidados adequados, a dor desses momentos inevitáveis de negação é como a picada de uma vacina — de curta duração, aliviada pelo bálsamo do amor dos pais e, em última análise, fortalecedora. Essas inoculações de vergonha medicinal formam a base sólida da autodisciplina e da responsabilidade moral. Mas se as lições requeridas são dispensadas severamente, com ameaças ou abusos, o resultado não é uma imunização protetora, mas uma dose enfraquecedora de vergonha tóxica.

Crianças personalizam qualquer coisa. Se elas não se sentem seguras e amadas e se não recebem a devida atenção, elas sabem que alguma coisa está errada. Mas não podem atribuir culpa aos pais onipotentes que, supostamente, as estão protegendo; isso significaria que elas estão totalmente sozinhas, e a sensação de perigo seria insuportável. Portanto, elas concluem: "Deve ser *eu.* Se a Mamãe e o Papai estão perturbados, deve ser *minha* culpa." Como não conseguem distinguir entre o que elas fazem e o que elas são, as crianças interpretam a desaprovação zangada de um pai não como: "Eu não deveria fazer isso", mas como: "Eu sou má."

Se isso acontece com muita freqüência, e com intensidade suficiente, um sentimento profundo e permanente de vergonha se arraiga na psique. À medida que a criança amadurece em sua percepção de si mesma, a vergonha internalizada é reforçada cada vez que alguma coisa dá errado: "Eu não sou bom. Eu estou errado. Eu não mereço amor." Quanto mais profundamente essas impressões iniciais forem gravadas na memória, mais vulneráveis nós seremos aos violentos ataques da vergonha que vêm mais tarde, quando desenvolvemos o nosso senso de individualidade e se espera mais de nós. Na infância tardia, quando nosso entendimento do certo e do errado amadurece, as regras do jogo tornam-se mais explícitas e mais exigentes. Alguns pais têm expectativas razoáveis, e, amorosa e pacientemente, ajudam os filhos a aprender a partir dos erros. Porém, pais exigentes com padrões não-realistas respondem severamente aos desapontamentos, como se o próprio bem-estar deles dependesse da perfeição dos seus filhos. Esse tipo de tratamento, especialmente se for acompanhado por raiva ou abuso, reforça o sentimento da criança de que ele ou ela é fundamentalmente imperfeito.

A agressão de uma psique jovem por punhados de vergonha pode, sem dúvida, ocorrer perfeitamente bem na ausência de religião. Famílias leigas são plenamente capazes de infligir danos psíquicos. Mas quando Deus faz parte do retrato da família, as crianças perturbadas pela vergonha projetam seus sentimentos a respeito dos seus pais e, em alguns casos, das autoridades religiosas, sobre o Todo-Poderoso. Deus torna-se uma figura assustadora, que deve ser obedecida, apaziguada e aplacada a todo custo. Isto é especialmente verdadeiro se Deus é utilizado como uma ferramenta disciplinadora: "Não faça isso. Deus não gosta disso!" "Deus mandará você direto para o inferno se você continuar com isso." "Você não pode se esconder de Deus; ele vê tudo." Se essas mensagens parentais são suplementadas por sermões do tipo fogo-e-enxofre ou por lições dominicais para casa que sublinham o alto preço da desobediência, a imagem de um Deus que castiga pode pairar sobre uma psique em amadurecimento como a espada de Dâmocles.

Com o início da puberdade e a angústia da adolescência, as oportunidades de perpetuar a vergonha tornam-se incessantes. A pressão para corresponder às expectativas torna-se cada vez mais intensa, e a comparação com os companheiros é implacável. Nós queremos dizer para aqueles adultos tolos o que eles podem fazer com suas regras estúpidas e seu Deus invisível, que é mais rigoroso do que o são o ministro e o reitor da escola combinados, e muito mais poderoso. Mas, e se eles estiverem certos? E se Deus está anotando tudo o que eu faço no meu registro permanente? Ao mesmo tempo, o furacão de hormônios chicoteia desejos vergonhosos, pensamentos odiosos e fantasias proibidas — egoístas, agressivas e, acima de tudo, sexuais — cada um dos quais pode ser visto por Deus, esse onipresente *voyeur*, com tanta clareza quanto nós vemos uma tela de televisão.

Para aliviar a sua dor e o seu medo, os adolescentes, impulsionados pela vergonha, fazem um destes dois votos básicos para eles mesmos: ou eles fazem exatamente o que se espera que eles façam para ganhar o amor e a aceitação ou se vingam fazendo exatamente o oposto. Infelizmente, nenhuma das alternativas os livra da vergonha. Muito pelo contrário. Ela os transforma em escravos de um contrato psíquico que nada tem a ver com os seus verdadeiros eus.

Se as ondas da vergonha forem moderadas e se formos capazes de cavalgá-las com segurança até uma praia amorosa, nós desembarcaremos na fase adulta com confiança, auto-respeito e força interior. Quando cometemos um ato imoral ou antiético, nós aceitamos a responsabilidade, enfrentamos as conseqüências, perdoamos a nós mesmos e seguimos em frente, tendo aprendido uma outra lição valiosa. Mas se desembarcarmos na praia de uma vida independente exaurida e machucada por *tsunamis* de vergonha, cada retrocesso subseqüente, cada rejeição, cada falha, cada ato questionável e cada pensamento pecaminoso reativará o nosso desprezo por nós mesmos e o nosso medo da ira divina.

As Ondas da Vergonha que nos Ferem

O efeito da vergonha sobre cada aspecto do Eu Quintessencial pode ser extremamente prejudicial. *Fisicamente*, o *stress* provocado por cada nova colisão, seja ela infligida por outras pessoas ou auto-imposta, desencadeia uma torrente de adrenalina, cortisol e outras substâncias que podem, quando absorvidas em excesso, levar a várias doenças numa fase posterior da vida. A bioquímica alterada também pode criar um estado de agitação que rejeita a paz interior que nós associamos com a presença de Deus.

Mentalmente, as substâncias químicas associadas ao *stress* e provenientes da vergonha crônica podem alterar o cérebro, até mesmo a ponto de matar neurônios e reduzir o QI. Quantidades excessivas de adrenalina e cortisol não apenas reduzem a capacidade de aprendizagem, memória e outras funções superiores, mas também inclinam a direção dos nossos pensamentos para o medo, a hostilidade e a repugnância por nós mesmos. Para cada desejo legítimo, a voz da vergonha sussurra: "Esqueça isso. Você não merece isso. Você é imprestável." Essa voz pode ser facilmente confundida com a voz de Deus.

Emocionalmente, a vergonha internalizada é mutiladora. Num esforço para nos proteger da dor de nos sentirmos defeituosos, deficientes e desprezíveis, nós entorpecemos os nossos sentimentos. Esse torpor, no entanto, também nos exclui do prazer, da felicidade e do amor. Ele pode levar a uma depressão crônica ou a uma ansiedade perpétua, ou a ambas. A gratidão, a veneração e outras emoções associadas com a devoção a Deus podem ser tentadas e manifestadas, mas não podem ser autenticamente experimentadas quando nós não nos sentimos profundamente dignos desses sentimentos exaltados.

Relacionalmente, a confusa tensão da interação humana e o foco de luz que os relacionamentos derramam sobre as nossas fraquezas e falhas servem para reforçar o nosso sentimento de inadequação, baseado na vergonha. As pessoas se transformam em macios capachos ou então em tiranos que projetam sua auto-repugnância sobre outras pessoas e reagem violentamente à mais leve provocação. É difícil, se não impossível, tratar os outros de acordo com os ideais superiores de espiritualidade se você não consegue tratar a si mesmo com bondade. Como você pode enxergar a divindade nos outros se você não consegue enxergá-la em si mesmo?

Espiritualmente, a vergonha é tóxica para a alma. Ela sufoca a capacidade de espanto e admiração, de se maravilhar, de se alegrar e de reverenciar. Ela não apenas tranca a porta para a paz como também pode forçar você a se afastar totalmente do Divino, como uma criança malcriada que tem medo de encarar seus pais. A vergonha faz com que você tenha medo de ser visto por Deus, e isso é uma vergonha flagrante, pois o lar doce lar da alma deve estar situado face a face com o Sagrado.

DA COMPLACÊNCIA E DO DESAFIO PARA A ALIANÇA

Praticar uma religião pode ser adorável.
Acreditar numa é quase sempre desastroso.

TOM ROBBINS

Com relação ao envolvimento religioso, a vergonha (e também a culpa crônica) leva tipicamente, em primeiro lugar, à complacência e em seguida ao desafio. As pessoas que se baseiam na vergonha tendem a se agarrar ao seio de uma instituição, seja porque o seu clima social bem-vindo alivia algumas das suas dores internas ou porque elas a vêem como a sua única esperança de salvação. Dentro da comunidade da igreja ou do templo, algumas pessoas também podem tornar-se preocupadas em ser beneméritos obsessivos, mas ingênuos, idealistas e sem senso prático, com o objetivo de expiar sua vergonha. Mas se a vergonha está profundamente arraigada, elas encontram meios de confirmar sua falta de valor mesmo nas circunstâncias mais aceitáveis. Em sua mente, elas nunca podem alcançar os padrões morais que internalizaram a partir de sua educação na infância e do treinamento religioso.

Em muitos casos, a vergonha leva a pessoa no sentido oposto: a rebeldia. Algumas pessoas rejeitam o pacote completo, separando-se não apenas das propriedades enriquecedoras da alma de suas próprias tradições, mas também de *tudo* o que é espiritual. Algumas se tornam céticas perpétuas ou materialistas crassas, que desprezam a fé, Deus e qualquer coisa que se assemelhe à religião. O desafio baseado na vergonha pode até mesmo levar uma pessoa a assumir uma postura que resulte num sério perigo.

A resposta de Babak Sayadi* para a vergonha levou-o ao limiar da morte, e apenas uma coisa que se assemelhou a um milagre salvou-lhe a vida. Quando ele nasceu, em Londres, seus abastados pais se emocionaram porque finalmente tiveram um filho para acompanhar suas três filhas. Destinado desde o nascimento a assumir os negócios da família e providenciar o que seria necessário para a sua família estendida no Irã, a preparação de Babak para desempenhar o seu papel incluía uma rigorosa educação e uma sólida base em moralidade e disciplina. A família não era particularmente religiosa, embora Alá fosse nominalmente reconhecido em expressões persas usadas no dia-a-dia que significavam "se Deus quiser" ou "Deus esteja com você". No entanto, o pai de Babak tinha um rígido senso de propriedade, arraigado em preceitos muçulmanos. Acreditando que o filho cresceria forte e virtuoso se ele lhe ensinasse as regras desde a tenra infância, ele martelou incessantemente esses princípios em casa. Sua idéia de preparar o filho para a liderança o impelia constantemente a fazer o melhor nunca deixando-o repousar sobre louros. Ele não poderia saber que o que ele estava realmente dizendo a ele era: "Você nunca será suficientemente bom."

Babak se sobressaiu na faculdade, diplomando-se em relações internacionais e em administração comercial. Ele agiu de acordo com o que devia ter feito em cada passo, andando pelo caminho estreito e apertado, e se esforçando para satisfazer padrões impossíveis. Agora, com apreensão, ele assumiu a posição de herdeiro evidente. Durante um ano e meio, ele desempenhou bem o seu papel de acordo com qualquer critério de avaliação — exceto pelo de seu pai. A ausência de aprovação paterna tornou Babak cada vez mais ressentido. Então, alguma coisa o empurrou para além do limite. Num esforço para manter um desempenho de Babak que causasse boa impressão, o pai o humilhou numa reunião do conselho chamando-o de inútil.

Babak deixou a companhia, retirou o dinheiro de seu fundo de crédito e usou esse dinheiro para ir à procura de todo prazer perverso que pudesse imaginar. Ele voou para concertos de rock no mundo todo, consumiu toda droga que pôde obter e se entregou a diversões com garotas de programa de alto preço e prostitutas comuns. Ele não percebeu isso na ocasião, mas o seu comportamento claramente visível, era uma tentativa subconsciente para devolver a seus pais a vergonha que eles haviam infligido a ele. Ele também não podia saber o terrível preço que lhe custaria essa libertinagem. Numa certa altura, sentindo-se fraco, ele fez um exame físico e descobriu que estava com HIV positivo. À medida que sua contagem de células T despencava e infecções oportunas surgiam com alarmante regularidade, ele ficou cada vez mais fraco e cada vez mais desesperançado. Em meados da década de 1980, não havia muitos meios de tratamento para a AIDS. Quando ele foi diagnosticado com câncer, deram a ele três meses de vida.

Babak pôs seus negócios em ordem e voou para uma ilha da Tailândia para morrer. Ele não havia dedicado nenhum pensamento a Deus desde a infância. Mas agora, sozinho numa praia remota da Ásia, ele desabafou sua raiva por ter sido roubado de sua vida de uma maneira tão esmagadora e dolorosa. Os gritos que ele dirigiu a Deus logo deram uma volta de 180 graus: ele amaldiçoou a si mesmo por ser tão egoísta e negligente, por falhar com seu pai, desgraçando sua família e manchando os preceitos morais em que fora criado. Com lágrimas jorrando dos olhos, ele batia na areia com seus punhos. Um desses golpes revelou alguma coisa enterrada logo abaixo da superfície. Era um livro do mestre espiritual indiano Bhagwan Shri Rajneesh [OSHO]. Nessa noite, em seu quarto de hotel, Babak leu a respeito de uma espiritualidade de desenvolvimento interior muito diferente da piedade que ele equiparava com religião. Cativado pelo que ele havia lido e pela discussão que o livro apresentava sobre a reencarnação, ele decidiu resistir à morte da melhor maneira que pudesse e explorar sua própria espiritualidade enquanto ainda tinha tempo.

Enquanto se preparava para voar para as Filipinas a fim de consultar um agente de cura psíquico, Babak fez outra descoberta casual. Enquanto folheava livros e fitas de áudio deixados por hóspedes anteriores do hotel, ele foi atraído por um item: uma fita de auto-ajuda sobre a vergonha, gravada por Lazaris. Depois de explorar a fita durante alguns minutos em seu gravador cassete, ele foi atingido pelo relâmpago do reconhecimento. Ele se viu em tudo o que o narrador estava dizendo. Ele percebeu que, em toda a sua vida, ele fora educado para se sentir imprestável, não especial; desprezado, não privilegiado; deficiente, não dotado de talento. "Emocionalmente, eu havia sofrido abusos", ele diz. "A vergonha era como um banho de água gelada correndo pelo centro do meu ser, e todas as drogas e o sexo e a vida a jato eram uma tentativa para quebrar esse estado de entorpecimento." Ele mudou seus planos e voou para Nova York, onde encontrou peritos para ajudá-lo a curar sua vergonha. Ele pensou que estivesse se preparando espiritualmente para a sua próxima reencarnação. Ele estava, mas não do jeito que ele pensava. Para seu espanto, na verdade ele estava começando uma nova vida na sua forma atual. Agora, dezessete anos depois, o corpo que ele esperava perder ainda está intato, com uma contagem sangüínea normal.

O agradecido Babak agora vê toda a sua saga como o trabalho de Deus, com quem ele desenvolvera uma aliança de trabalho. Como parte de sua cura, ele prometeu que dedicaria o tempo que lhe fosse deixado para fazer alguma coisa boa para o mundo. Ele está cumprindo a sua promessa trabalhando com crianças vítimas de abusos para ajudá-las a curar a vergonha.

Se a vergonha crônica leva a uma complacência obediente ou a um desafio insolente, o resultado final é bloquear o acesso ao estado mais desejável: a aliança. Não necessariamente por intermédio da conformidade com uma instituição espiritual — embora a reconciliação com a sua herança certamente pudesse ter sido parte disso — mas por meio da experiência de estar alinhado com Deus, como convém ao seu direito de nascença.

Esmagando os Grilhões da Vergonha

Como todos nós compartilhamos da mesma humanidade,
nada existe de desumano em pecar e, conseqüentemente,
nada de que se envergonhar ou nada para menosprezar.

ERICH FROMM

A boa notícia é que a vergonha é uma simulação. Ela não é quem você é. Ela não é natural. Não é um castigo de Deus. A voz que na sua cabeça diz que você é indigno não é a voz de Deus. Como todo mundo, você pode ser imperfeito, mas você não é indigno. Sua existência tem um valor e um propósito. Você merece o amor do Divino e todas as bênçãos da vida.

Você pode ter problemas para aceitar as afirmações do parágrafo anterior. A vergonha em si mesma dirá a você que elas são falsas. Ela encontrará razão após razão, prova após prova, para convencê-lo de que você não é suficientemente bom. Esta é a verdadeira mentira, e ela deve ser contragolpeada pela voz da aceitação e do amor — repetidas vezes, se for necessário, até que a mensagem positiva, de afirmação da vida, atue como um antídoto para o veneno da vergonha.

Se você precisa de um lembrete regular da verdade, que tal fazer o que Linda Vincent* fez. Linda, que era assistente de vôo na área de São Francisco, colocou na porta da frente de sua casa um lembrete que dizia o seguinte: DEUS AMA VOCÊ. Convertida para o catolicismo, ela sente esse amor quando está na igreja e em conversas particulares com seu padre. Mas ela também luta contra "a tensão entre a minha realidade atual e a visão que eu tenho para a minha vida". Essa visão, para cuja realização ela reza ardentemente, inclui o marido e os filhos. À medida que ela se aproxima dos seus quarenta anos de idade com o seu sonho incompleto, às vezes ela desliza para um velho hábito, arraigado numa infância dolorosa com uma mãe alcoólatra e um pai viciado em trabalho: ela pensa que não está conseguindo o que quer porque não é suficientemente boa. Intelectualmente, ela sabe que preces não respondidas não são um castigo de Deus por ela fazer alguma coisa errada. Mas aquela voz da vergonha continua irrompendo. O lembrete na porta ajuda a silenciá-la. "Naquele momento", ela diz, "eu me lembro de que não importa o que possa acontecer enquanto eu passo por aquela porta dirigindo-me até o mundo lá fora, eu sou uma filha de Deus e suficientemente boa da maneira como eu sou. Como eu posso não amar a mim mesma se Deus me ama?"

Devolvendo

Diferentemente da raiva ou da aflição, a vergonha não é um sentimento que possa ser processado e com o qual se possa trabalhar. Ela precisa ser apagada do nosso sistema, e para isso é preciso identificar as suas fontes e enviá-la de volta para o lugar de onde veio.

Quando você era criança, quem pôs na sua cabeça a idéia de que você era indigno? Quem fez você se sentir indesejado ou não amado? Quem o negligenciou? Quem abusou de você? Quem o abandonou? De que maneira você foi humilhado, desprezado ou rebaixado? Quem lhe contou que Deus não gosta de você? Quem disse que Deus o castigaria se você não fosse bom? Quando você ficou mais velho, quem o insultou e o importunou? Quem lhe disse que você era inútil? Quem ridicularizou suas crenças ou valores espirituais?

Faça uma lista com todas as fontes da sua vergonha. Inclua os maiores perpetradores e os menores infratores; aqueles que foram os primeiros a transmitir a você o vírus da vergonha e aqueles que subseqüentemente mantiveram vivo esse vírus. Mãe? Madrasta? Pai? Padrasto? Irmãos? A família toda? O clero? Amigos e vizinhos? Professores da escola? Professores das aulas dominicais? Colegas? Patrões? Não deixe ninguém de fora.

Uma vez identificadas as origens da sua vergonha, é extremamente importante descobrir um modo seguro de falar a respeito das experiências do seu passado que induziram a vergonha. Um modo de conseguir isso é encontrar alguém em quem você confia implicitamente — um amigo, um pastor, um psicoterapeuta — pedindo-lhes para que lhe concedam uma hora do seu tempo. O seu confidente deve ser alguém que honrará o seu pedido por confidência e nunca usará contra você o que você lhe disser; alguém que é bastante cuidadoso para ouvi-lo paciente e atentamente, sem a necessidade de resolver os seus problemas ou dar conselhos não-solicitados; alguém com quem você não se sentirá inibido; alguém que possa deixá-lo emocionado sem julgá-lo. Diga a essa pessoa alguma coisa semelhante a isto: "Eu preciso compartilhar com você algo muito pessoal. Se eu lhe pedir uma resposta, por favor, faça-o honestamente. Ou senão, por favor, fique em silêncio e me deixe à vontade para que eu possa compartilhar os meus sentimentos. Em seguida, se você quiser ter a mesma oportunidade, eu ficarei honrado de ouvir o que quer que seja que você gostaria de compartilhar." Se você conseguir o consentimento dele, encontre um local confortável e tranqüilo para contar a sua história tão franca e completamente quanto você puder.

Se for possível, e somente se puder ser realizado de maneira segura e não-ameaçadora, expressar os seus sentimentos diretamente para a *fonte* de sua culpa pode ser extremamente curativo. A história de Brad Hathaway* ilustra o valor desse procedimento. Quando ele era criança no oeste da Pensilvânia, grande parte da vida de Brad girava em torno da Igreja Católica. Aos dez anos de idade, num acampamento de verão promovido pela Igreja, ele entrou, certo dia, num quarto fechado depois de nadar, e foi cumprimentado por um dos Irmãos que dirigiam o programa. O Irmão disse a Brad que ele era especial. Ele o acariciou e o beijou, e abaixou-lhe o calção. Esse foi o começo de um mês de molestações. O Irmão disse a Brad que ele deveria manter os encontros em segredo. Nessa exigência estava implícita tanto a promessa de favores não-especificados como a ameaça de um castigo brutal. Confundido pelo fato de como um representante de Deus poderia cometer o que ele sentiu em seus ossos que era um ato pecaminoso, Brad convenceu-se de que ele devia ter feito alguma coisa para merecer aquilo. Ele enterrou a lembrança desse fato, mas não podia bloquear o entorpecimento e a náusea constantes. "Eu já tinha sido ensinado por pessoas sérias trajadas em roupas negras sérias que não há segredos para Deus", ele diz. "Eu carreguei essa vergonha comigo como um tijolo amarrado no meu pescoço."

O inverno seguinte seria pior. Um padre na escola começou a acariciar Brad e outros meninos enquanto os ajudava a se vestirem para esportes e para seus deveres de coroinha. "Todos sabiam o que estava acontecendo, mas ninguém podia dizer nada", relembra Brad. Finalmente, alguém deve ter falado algo, pois subitamente o padre foi transferido. Ele foi substituído por um pastor exemplar cuja presença amorosa ensinou a Brad que nem todos os padres eram perigosos e que ele poderia participar das atividades da igreja sem medo. Mas o dano estava feito. "Alguma coisa tinha se despedaçado dentro de mim", diz Brad. "Eu nunca me senti normal depois daquilo, e estava envergonhado demais para falar sobre isso. Minha negação era uma prisão de silêncio."

Durante os trinta anos seguintes, Brad teve de se debater com muitos relacionamentos malogrados, dois noivados rompidos, empregos onde ele não conseguia se sobressair e uma desconfortante e contínua depressão. "Minha vergonha complicou a minha vida amorosa", diz ele. "Eu fui impulsionado pelo sexo, mas estava aterrorizado com o compromisso e muito co-dependente." Certa noite, enquanto estava dirigindo, ele ouviu uma mulher no rádio falando sobre sua infância, quando foi molestada pelas mãos do próprio pai. A história dela convenceu Brad de que ele tinha de lidar com o seu passado. A psicoterapia abriu a porta para a cura. "Eu pude ver a teia da vergonha e da autodecepção que havia me confinado por tanto tempo, consumindo tanta energia."

Quando estava com cerca de quarenta e cinco anos e morando no Novo México, ele deu um outro passo crucial em direção à cura de sua vergonha. Numa carta para o arcebispo da diocese onde fora criado, ele descreveu sua dura experiência na infância. O bispo respondeu com sincera preocupação e ofereceu a ajuda da diocese para o pagamento de parte da terapia de Brad. Brad ficou grato, mas ele queria algo mais: encontrar-se com os homens que o haviam molestado. O Irmão do acampamento de verão nunca pôde ser localizado, mas o padre, agora velho e arrependido, ele próprio fazendo terapia, concordou com um encontro supervisionado. "Foi extremamente valioso", disse Brad. "Expressei minha raiva e disse a ele o quanto o que ele havia feito tinha afetado a minha vida. O Brad adulto era capaz de caminhar pelo quarto com o pequeno Brad, que ainda estava traumatizado e assustado, e dizer para esse padre: 'Eu sei o que o senhor fez com esse garotinho.'" O padre admitiu o que ele havia feito e expressou remorso. "Encará-lo, finalmente, de modo que dessa vez fosse *ele* que ficasse com medo — era essa toda a retribuição de que eu precisava", diz Brad. "Eu retomei o poder que havia sido tirado de mim quando eu era uma criança inocente."

A cura de Brad continua até hoje. Sua busca espiritual proporcionou a ele uma visão alternativa de quem ele realmente é, e a terapia o capacitou a trabalhar sua raiva com relação àqueles que ousam representar Deus na Terra. Mas seu encontro bem-sucedido com a pessoa que atormentou sua infância foi um crucial momento decisivo. Isso o ajudou a se libertar de décadas de vergonha interiorizada.

Antes de tentar encarar suas fontes de vergonha, reflita claramente a respeito dela e procure o conselho de um especialista. Certifique-se de que você pode fazer isso de uma maneira que cure em vez de exacerbar a sua dor, e tenha certeza de que isso não causará problemas para as pessoas inocentes que se encontram por perto, sejam elas membros da sua família ou da família de quem o envergonhou. Se for impossível confrontar o perpetrador, ou se você decidir não fazê-lo, pode ser igualmente eficaz, e até mais, purificar sua vergonha com segurança por meio dos exercícios a seguir. (É também extremamente útil fazer esses exercícios *antes* de um encontro em pessoa, para desabafar algumas das suas emoções mais ferozes.)

Como Expurgar a sua Vergonha

É de importância vital liberar os seus sentimentos de raiva reprimidos por tanto tempo com relação às pessoas que o envergonharam. O poder de cura da catarse já era reconhecido desde que essa palavra foi cunhada na Grécia antiga, e, em anos recentes, cientistas confirmaram o seu valor. Por exemplo, estudos mostram que pacientes que escrevem sobre os seus sentimentos se curam mais rapidamente de doenças tais como a asma e a artrite.

Tente escrever uma carta para cada um daqueles que o envergonharam no seu passado. Como no exercício de escrita anterior, não se segure; não se censure; não se preocupe com a ortografia, a gramática ou a coerência. As cartas não se destinam a ser lidas por ninguém, a não ser por você. O propósito não é magoar alguém ou se vingar, mas simplesmente dar a você mesmo a oportunidade de deixar sair sentimentos dolorosos que o estiveram envenenando por dentro.

Algumas das pessoas que o envergonharam podem tê-lo feito sem intenção. Elas podem ser, em outros aspectos, pessoas maravilhosas que sentiram que tinham por você os melhores interesses em seu coração. Por hora, ponha de lado os aspectos de sua personalidade que você ama e respeita. Ao escrever, você está se dirigindo aos aspectos dela que cometeram o erro de envergonhá-lo. Use palavras que você nunca pronunciaria em voz alta. Tome emprestada a voz da criança ou adolescente que foi injuriado, e acuse, condene e amaldiçoe essas pessoas nos mais fortes termos possíveis. Diga-lhes como as suas ações o fizeram se sentir na ocasião e o efeito que elas causaram em você pelo resto da vida. Descreva tantos detalhes quantos você puder; há um valor curativo nessa especificação.

Escreva, em primeiro lugar, para aqueles com relação aos quais você se sente mais forte, e prossiga com a lista. Reserve um tempo suficiente para completar cada carta sem se sentir apressado ou sem se interromper. Você não precisa fazer esse trabalho todo de uma só vez.

Depois que as cartas estiverem escritas, você pode sentir a necessidade de uma catarse mais física. Como anteriormente, você pode descarregar sua raiva de modo seguro golpeando um travesseiro ou um outro alvo macio, com os punhos ou com um bastão de plástico (wiffle bat)*. Novamente, separe os aspectos negativos das pessoas que o envergonharam. Imagine o rosto da pessoa sobre a superfície do alvo da pancada (coloque aí uma foto, se achar que isso o ajudará) e bata a valer. (Volte para a página 138 para se lembrar de outras instruções.)

As Devastações da Culpa

É claro que [Deus] irá me perdoar; esse é o trabalho dele.

ÚLTIMAS PALAVRAS DE HEINRICH HEINE

Como o remorso, a culpa começa com o reconhecimento consciente de que se fez algo errado. Mas, enquanto o remorso transforma a energia dessa percepção em ação positiva e útil, a culpa a converte numa força autodestrutiva. Com a culpa, você nomeia a si mesmo para os papéis de promotor público, de juiz e de

* Ver nota de rodapé na página 138. (N.T.)

júri e sentencia o desprezo para si mesmo. Em muitos casos, isso equivale a punições cruéis e incomuns.

Como crianças, nós procuramos por sinais vindos dos nossos pais para nos fazer saber quando estamos agindo certo e quando estamos agindo errado — não apenas para evitar o castigo, mas também para permanecer seguros no mundo grande e assustador e conseguir as coisas que nós queremos. Quando a desaprovação dos pais é usada adequadamente, ela constrói nas crianças em desenvolvimento um sentido de consciência e o hábito de reconhecer erros e de corrigir comportamentos inadequados. Ela também instala um sistema interno de advertência, que lhes diz quando elas estão em vias de fazer alguma coisa errada de modo que possam interromper a tempo. Contudo, quando os pais e outras pessoas criticam em excesso, a culpa se torna um meio de controle coercitivo. Os que "viajam" na culpa dizem às crianças, por meio de palavras e gestos, que, se elas não fizerem como lhes foi ensinado, elas estarão, na verdade, punindo os seus próprios pais. Se a religião é parte da equação, elas também podem concluir que estão magoando Deus. Como resultado, muitas crianças levam para a vida adulta um hábito de autopunição. Elas se condenam por crimes que não cometeram e distribuem sentenças severas por ofensas menores.

Dependendo de seus códigos religiosos, os que se inclinam para a culpa sentem a necessidade constante de pedir desculpas a Deus por algo — quando não as pedem por ações egoístas ou imorais, então o fazem pelos pensamentos inaceitáveis que disparam através de sua mente e que uma divindade que conhece tudo certamente deve escutar, mesmo que não tenha intenção de fazê-lo (incluindo dúvidas a respeito dessa mesma divindade). Pensamentos culpáveis são particularmente insidiosos, pois somente os santos — e provavelmente poucos deles — escapam da irrupção espontânea de ódio, cobiça, inveja, luxúria e outros pecados presumíveis. Com cada transgressão — real ou imaginária, pequena ou grande, representada em ação ou meramente pensada — os que são habitualmente culpados projetam em Deus a mensagem que eles receberam dos pais: "Olhe o que você fez. Como você pôde me humilhar dessa maneira?" Como meio de penitência, eles se privam dos prazeres da vida e proíbem para si mesmos a satisfação dos desejos. É como se o fato de assumir a culpa fosse a única maneira pela qual eles podem convencer a si próprios — e a Deus — de que são dignos da redenção. No final das contas, somente uma pessoa genuinamente boa poderia se punir por fazer alguma coisa de errado.

A propensão para sentir-se culpado diante de Deus é geralmente composta por padrões distorcidos de pensamentos. Esses padrões incluem os seguintes:

Autocensura: Você acredita que tudo o que está errado é culpa sua, e você não quer ser confundido pelos fatos.

Varredura negativa: Seu radar está sempre em alerta para os pecados; as ações positivas estão fora da tela.

Exagero: Você sempre assume o pior e acredita que suas transgressões são mais terríveis do que elas realmente são.

Pensamento "do tipo isto/ou aquilo": Tudo o que você faz é santo ou pecaminoso, não há lugar para gradações.

Dever: A conversa que você tem consigo mesmo é dominada por expressões como *eu devia, eu não devia, eu tenho de* e *eu não tenho de*; as regras que você interiorizou para ganhar a aprovação dos seus pais ou de Deus obscurecem a voz do seu eu mais autêntico.

Ao reconhecer esses padrões de pensamentos distorcidos, você geralmente pode interromper a marcha da culpa. Mas os hábitos da autocensura e da autopunição podem estar tão entrincheirados que exijam mais trabalho antes de você poder dar a si mesmo a compaixão e o perdão que você merece. Os pais de Rebecca Glazer* eram judeus poloneses que sobreviveram aos campos de concentração nazistas. O restante de suas famílias não sobreviveu. A fidelidade rigorosa à lei judaica proporcionou aos Glazers um sentimento de ordem em meio ao caos da vida pós-holocausto numa nova terra, e os ajudou a aliviar a sua mágoa incessante. Rebecca foi educada para observar cada ritual e obedecer a cada mandamento. A mensagem era: "Se você não seguir literalmente as regras, Deus ficará zangado e você não será protegida do Estranho." Sua adolescência foi marcada por uma rígida submissão, reforçada pela culpa que ela impunha sobre si mesma. Então, no começo da década de 1970, ela foi para a universidade. "Pela primeira vez na minha vida, passei uma semana inteira sem ouvir as palavras 'Deus proíbe'", ela diz. Isso não aconteceu muito tempo antes de ela decidir que as regras de educação impostas pelos seus pais eram antiquadas. No seu segundo ano de faculdade, a submissão deu lugar ao desafio. "Filosoficamente, eu me tornei uma agnóstica, uma mulher da ciência." Ela se tornou tão secular que quando uma imagem parecida com Deus disse a ela num sonho: "Procure pela luz", ela interpretou isso como um sinal — e saiu no dia seguinte para comprar uma nova lâmpada para o teto!

Uma coisa de que Rebecca não se livrou foi o hábito da culpa que ela havia interiorizado dos seus pais. Ela simplesmente o transferiu para o seu próprio código moral. Uma inflexível voz interior constantemente a importunava pedindo-lhe para que trabalhasse mais arduamente e realizasse mais. Ela tomou isso pelo lado pessoal, interpretando que o seu laboratório não havia encontrado uma cura para o câncer. Às vezes, essa voz em sua cabeça dizia: "Você está matando o seu pai", assim como a sua mãe costumava falar quando Rebecca não conseguia fazer as coisas da maneira prescrita.

Então, o pai dela morreu. Rebecca se viu fazendo uma coisa que, na época, ela não acreditava que pudesse fazer: caiu de joelhos e implorou a Deus para que a perdoasse por não ser uma filha suficientemente boa. "O que eu realmente estava pedindo era algum sinal que me comprovasse que eu havia tentado fazer as coisas da melhor maneira, e que eu havia feito o suficiente." Quando estava na sinagoga para realizar o tradicional ritual *kadish* para os mortos, ela descobriu algo pelo qual ansiara, sem perceber que o estava perdendo. Comovida pela cadência rítmica do cântico aramaico e pelas palavras de louvor a Deus, ela sentiu, mais uma vez, a inefável Presença que ela havia conhecido quando criança. "Foi como se Deus estivesse me abraçando", ela diz.

Rebecca, que se inclinava para a culpa, evoluiu da submissão para o desafio, e agora para a aliança: "Meu desprezo por certos aspectos da religião privou, a mim e aos meus filhos, de algo valioso." Ela poderia não voltar para a ortodoxia, mas, em vez disso, poderia se juntar a uma sinagoga e participar dos elementos da sua tradição que tinham significado para ela. Para lidar com esse problema, que ela veio a descobrir que se tratava de uma depressão crônica de pouca intensidade causada pela interiorização da culpa, passou a se consultar com um psiquiatra. E, na esperança de tornar esse abraço amoroso de Deus uma característica permanente de sua vida, ela aprendeu práticas de meditação da tradição mística da Kaballah.

O mero fato de você ser capaz de sentir culpa é um sinal do seu valor inato; significa que você tem uma consciência que trabalha e um sentimento ativo de moralidade. Mas a consciência precisa ser mudada com uma auto-avaliação realista e uma aceitação de quem você é. Além disso, também é possível que parte da sua culpa tenha sido merecida. Na verdade, você pode ter feito coisas que merecem autocensura. Em cada caso, é preciso dar passos específicos antes que o seu juiz interior seja capaz, em boa consciência, de transmutar a sua sentença da culpa para o remorso, e finalmente libertar o seu espírito encarcerado.

Trazendo a sua Sombra para a Luz

A face do sagrado não se afastou do profano, mas se voltou para ele; ela não quer pairar sobre o profano, mas juntá-lo a si mesma.

MARTIN BUBER

Um aspecto crucial da maturidade espiritual é a aceitação da totalidade da nossa condição humana de carne e sangue. Todos nós queremos caminhar em direção à luz. Infelizmente, nós pensamos que isso significa que temos de manter nossas costas voltadas para a escuridão. Nós queremos deixar que o nosso Eu Superior dirija o espetáculo. Infelizmente, nós pensamos que isso significa forçar o nosso eu inferior para dentro do quarto de despejo do inconsciente. Mas é vital aceitar que, assim como nós temos dentro de nós a centelha do Divino, também temos a capacidade para o mal — o que Madre Teresa chamou de o seu Hitler interior.

A sombra está onde nós escondemos as partes de nós mesmos que preferimos repudiar: a inveja, a ganância, a luxúria, a vaidade, o ciúme, a hostilidade, a raiva — todas as qualidades que o ego mobiliza para a sua própria sobrevivência e glorificação. Mas nós pagamos um preço por reprimir o que preferimos não enxergar. Enquanto as características indesejáveis permanecerem inexploradas, elas alimentarão a mentira de que nós não somos dignos aos olhos de Deus. Se não forem examinadas, elas nunca poderão ser entendidas, corrigidas ou domesticadas. Elas também estarão, como disse Jung, "propensas a irromper de repente num momento de desatenção", e nesse momento nós não conseguiremos controlá-las ou guiá-las para uma expressão apropriada.

É igualmente importante reconhecer que a sombra não esconde apenas as nossas qualidades indesejáveis e destrutivas. Ela também obscurece tendências que nos amedrontam ou que parecem pecaminosas, mas isso, quando adequadamente canalizado, pode servir às nossas aspirações mais elevadas e mais devotas: paixão, ambição, carisma, idealismo, criatividade, excitação, arrebatamento e até mesmo o próprio anseio por transcendência que nos impele em direção a Deus. Como crianças com medo de apagar as luzes, imaginamos que monstros horríveis estão nos espreitando no escuro. No entanto, não apenas os demônios verdadeiros são menos assustadores do que nós imaginamos, como também a escuridão conserva prateleiras cheias de brinquedos e jogos iluminadores que tornam a vida digna de ser vivida e que nos ajudam a crescer.

Fazer as pazes com a sombra é um imperativo para fazer as pazes com Deus. Pode ser que não queiramos olhar para o nosso lado negro, mas negar a plenitude da nossa humanidade desonra o nosso Criador. Para restaurar a totalidade — reparar (*atone*) e fazer com que todas as partes de nós mesmos se reúnam *em um* (*at one*) todo novamente — precisamos penetrar nos recessos escuros da nossa psique e, como se estivéssemos ensinando uma criança a caminhar, conduzir, gentil, sábia e compassivamente, o nosso lado negro para a luz.

Fazendo as Pazes com a sua Sombra

Enquanto você não tiver feito as pazes com a sua sombra, você continuará procurando motivos para se sentir indigno perante Deus. Isso pode acontecer porque você sente que não mantém as suas crenças religiosas com força suficiente, ou porque você abriga dúvidas sobre as doutrinas da sua herança, ou então porque você não tem seguido as leis ao pé da letra. Você poderia se sentir desprezível por causa de alguma coisa que você fez, tal como uma mentira ou uma fraude, ou por causa de alguma coisa que você *não fez*, como pagar o dízimo para a sua igreja ou ajudar os pobres. Quando alguma coisa ruim acontece, você poderia pensar que está sendo punido pelos seus pecados. Por exemplo, uma pessoa que nós entrevistamos sofreu durante meses devido à dor torturante provocada por uma lesão num nervo contraída durante uma cirurgia plástica no rosto. Ela estava convencida de que foi o castigo de Deus pela vaidade de querer se livrar de suas rugas.

A "evidência" da sua falta de merecimento poderia estar no fato de que as suas preces não foram respondidas ou de que o milagre que você pediu não lhe foi concedido. Ou poderia ser porque as suas preces *foram* respondidas; talvez você sinta que não merece a sua boa fortuna e tema que Deus se dê conta disso e leve tudo embora. Numa entrevista concedida ao *Los Angeles Times* em 1999, Jim Carrey, cuja ascensão das dificuldades de uma vida humilde para a riqueza e a adulação poderia ser considerada, na opinião de qualquer pessoa, como uma prece respondida, disse: "Eu estou constantemente me sentindo em desacordo com o que eu adquiro na vida... e me perguntando se eu mereço tudo isso." Ele diz que em algumas manhãs ele olha para o seu belo jardim e fala para si mesmo: "Lembre-se de como é bom este jardim. Porque você pode perdê-lo."

O que quer que aperte o botão da culpa, da vergonha ou da repugnância por si mesmo na sua mente será uma falha que, de maneira genuína, precisa ser trabalhada, ou então será uma característica que você, falsamente, rotula como pecaminosa e cujo caráter depravado você exagera. Em qualquer dos casos, isto nada tem a ver com Deus, mas apenas com a sua projeção *sobre* Deus, do seu próprio medo e desprezo por si mesmo.

Que monstros espreitam na sombra que você projeta? Para ajudar a derramar luz no seu lado negro, veja como o problema do merecimento afeta os nove arquétipos:

Os *Reformadores* podem ser tão perfeccionistas que, se Deus fosse entregar a eles as chaves do Paraíso, eles diriam: "Espere, há uma coisa que você deveria saber sobre mim." O "pecado" a que eles são mais susceptíveis é o de criticar, julgar e controlar outras pessoas, e estar excessivamente seguros dos seus próprios pontos de vista. Mas eles também voltam essas tendências contra eles próprios, em vingança. Os Reformadores inclinados à culpa nunca são suficientemente bons aos seus próprios olhos — e, portanto, também acreditam que não são bons aos olhos de Deus. Inclinados para o absolutismo e o fanatismo, eles sentem que não fizeram o bastante quando não foram capazes de consertar suas famílias e seus amigos, a instituição espiritual a que pertencem, a sociedade em geral e, em alguns casos, o mundo. "Eu sinto muito, Deus, por não conseguir consertar as coisas. Tentarei fazê-lo com mais firmeza a partir de agora."

Os *Amantes* são com freqüência importunados pelo sentimento de que não amam suficientemente bem, nem de maneira suficientemente pura, suficientemente compassiva — e, portanto, não merecem ser amados em troca, seja por uma outra pessoa, seja por Deus. Eles se sentem cheios de pecados quando suas necessidades egóicas ficam no caminho da entrega total. "Perdoe-me, Deus, por não amá-lo completamente." Os Amantes podem ser manipuladores e possessivos no seu impulso para serem amados, mas os "pecados" aos quais eles estão mais inclinados são a raiva e o ódio. Eles os escondem de si mesmos, porque acreditam que o verdadeiro amante não deve sentir essas emoções; mas quando não obtêm o amor que estão querendo, eles bradarão em seus martírios, para Deus ou para outro ser humano: "Eu lhe dei tanto, e você me deu tão pouco amor em troca." Naturalmente, a raiva será seguida pelo desprezo por si mesmos por estarem tão indigentes quando o seu amor deveria ser abnegado e incondicional. Infelizmente, a necessidade que os Amantes têm de estar amando obscurece a capacidade que eles têm para reconhecer suas próprias sombras.

Os *Realizadores* castigam a si mesmos porque não realizaram o suficiente. Eles vêem fracasso onde outros vêem progresso, e humilhação onde outros vêem um mero revés. "Desculpe-me, Deus, eu não servi ao senhor suficientemente bem." O ponto fraco dos Realizadores é a sua ganância por grandeza e por glória. Eles podem trabalhar duro para realizar alguma coisa digna, mas tombam no caminho, vitimados pelo impulso de engrandecimento de si próprios, exploração ou comportamento antiético. Alguns chegam mesmo a ter a ilusão de serem mais importantes do que Deus. Em seguida, dizem: "Perdoe-me, Senhor, pela minha vaidade."

Os *Criadores* são os seus próprios piores críticos, repreendendo a si mesmos por não conseguir gerar beleza suficiente, seja em quantidade, seja em qualidade. Os Criadores religiosos poderiam exclamar: "Perdoa-me, Senhor, por não usar o meu talento para expressar plenamente a inspiração que você irradia através de mim." Eles também atacam a si mesmos pelo pecado do orgulho arrogante: "Quem sou eu para pensar que criaria algo como isto? Quem sou eu para pensar que o mundo deveria inundar-me de reconhecimento?" Contudo, é mais provável que eles amaldiçoem os seus excessos do que o seu narcisismo. Quando, na busca do êxtase, os Criadores mergulham no submundo das drogas e da sensualidade, eles usualmente acabam odiando a si mesmos de manhã.

Os *Pensadores* podem passar uma noite impressionando uma multidão com seus conhecimentos e ir para casa sentindo-se impostores que não sabem realmente nada. Quando eles descobrem que seus pensamentos mais primorosos os levam apenas até o degrau da porta que se abre aos grandes mistérios espirituais, eles sentem que fracassaram. Os Pensadores têm dificuldade para deixar a torre de marfim da mente e dar o salto para a experiência direta do sublime — e isso faz com que eles se sintam incapazes. Os Pensadores podem ser arrogantes do tipo sabe-tudo, mesquinhos e emocionalmente distantes — e, com freqüência, são inteligentes o suficiente para saber disso. "Eu sou todo cérebro e nada coração. Perdoa-me, Deus, por não me importar com os outros, e por todas as minhas dúvidas a seu respeito."

Os Buscadores de Segurança vêem outras pessoas cujas vidas parecem mais afortunadas que as deles e perguntam: "O que eu fiz de errado, Deus? Eu tentei seguir as regras." Temerosos, freqüentemente a ponto de atingir a paranóia cósmica, eles estão sempre tentando obedecer, e são cruéis no seu julgamento quando não atingem os padrões que, conforme acreditam, concederão a eles a entrada no reino, seja qual for a maneira como eles o definam. Às vezes, os Buscadores de Segurança restringirão suas necessidades de segurança à riqueza material. Mas, depois de trabalharem arduamente para conseguir uma poupança, eles se sentirão culpados por darem muito a César. "Desculpe-me, Deus, por duvidar que você me dará o sustento como faz com os lírios do campo."

Os *Aventureiros* podem ser tão inclinados para a empolgação que eles se tornam vítimas da inquietação, da impulsividade e dos extremismos autodestruidores. Como conseqüência, sua alergia habitual à negatividade pode dar lugar à autorecriminação. Eles são os primeiros da fila a se confessarem no domingo de manhã ("Eu sou um terrível pecador, Deus. Eu me afastei do caminho."), mas também são os primeiros da fila a "pecar" novamente na semana seguinte. Os Aventureiros freqüentemente querem servir a Deus de maneira genuína, mas só se eles puderem manter a aventura em andamento, e se sentirem especiais. Quando esses objetivos não são alcançados, eles tanto podem se rebelar como ceder à sua tendência para a preguiça — e, então, sentir-se torpes por falta de disciplina.

Os *Patrões* se sentem indignos quando não vivem de acordo com seus altos padrões de liderança. Eles assumirão responsabilidade pessoal pelo bem-estar da família, da empresa, da congregação ou da comunidade — o que lhes dá muitas oportunidades para se culparem quando alguma coisa sai errado. Os Patrões religiosos se prendem a elevados padrões morais e éticos, e quando traem esses valores em sua cobiça por poder e controle, eles se odeiam. "Eu falhei com o Senhor, Deus. Eu menti e enganei, e abusei de outras pessoas para servir à minha ambição egoísta. Por favor, dê-me outra chance para que eu possa provar que sou digno." Com freqüência, eles prometerão fazer as coisas à maneira de Deus somente para começar a renegociar antes que a tinta cósmica esteja seca. Então, eles se sentirão indignos por carecerem de fé.

Os *Pacificadores* sentem que humilharam Deus quando não conseguiram pôr um fim no conflito. Quando as pessoas com quem se preocupam estão sofrendo e eles não conseguem curá-las, eles acham que são preguiçosos e ineptos — mesmo que tenham trabalhado tão arduamente que estejam a ponto de ter uma estafa. Como tendem a procurar fora de si mesmos as regras que norteiam sua vida, os Pacificadores seguem de modo bastante literal os códigos de sua religião, só para se sentirem como pecadores quando não atingem o seu objetivo. Muitos irão chamar pelo Divino pedindo instruções — "Mostre-me o que fazer, Deus; eu preciso da sua orientação" — e, se uma resposta clara não estiver prestes a aparecer, tomarão isso como um sinal de que estão fora da proteção de Deus. Eles se culparão por qualquer pensamento amargo, hostil ou ciumento que crie uma ausência de paz dentro deles.

Confrontando o seu Lado Negro

Você se sente culpado com relação a quê? O que o faz se sentir indigno? As perguntas seguintes o ajudarão a avaliar honestamente onde você se situa com relação a essas perguntas. Reserve um tempo para considerá-las minuciosamente.

1. O que existe a seu respeito que o faz sentir que você não merece o amor de Deus?
2. Quais dentre as suas características pessoais você acha que Deus desaprova?
3. Que evidências você tem de que Deus as desaprova?
4. Você está sendo arrogante ao supor que você sabe como Deus se sente a seu respeito?
5. Você poderia estar projetando em Deus os seus próprios sentimentos a respeito de si mesmo?
6. Os padrões por meio dos quais você se avalia são os seus próprios padrões, ou você os adotou de outras fontes, tais como os seus pais ou a sua religião?
7. Você examinou cuidadosamente esses padrões para saber se eles são compatíveis com os seus valores pessoais?
8. Quais são as ações específicas a cujo respeito você se sente culpado? (Faça uma lista completa.)
9. Por quais delas você já se puniu o suficiente — ou já se puniu bastante?
10. Por quais incidentes específicos você suplica para ser perdoado?

O Poder de Cura da Confissão

Lava-me completamente da minha iniqüidade, e purifica-me do meu pecado.
Pois eu conheço as minhas transgressões...

Salmos 51:2-3

Todas as noites, de costa a costa, milhões de pessoas entram nos porões das igrejas e nos seus salões comunitários, cenários espirituais tão distantes do esplendor das catedrais quanto Britney está distante de Bach. Aí, de uma maneira singularmente moderna, elas fazem o que as pessoas que lutam com demônios interiores têm feito durante milênios no contexto das religiões tradicionais: elas declaram sua boa disposição para transferir sua vontade a um poder superior; elas confessam suas fraquezas pessoais e suas más ações passadas; e prometem reparar aqueles que elas prejudicaram. Esses são os ingredientes-chave que estão por trás do sucesso extraordinário dos Alcoólicos Anônimos e de outros programas de 12 Passos. (Veja "Os Doze Passos" abaixo.)

Uma dentre os milhões de pessoas que participam regularmente de encontros para praticar o programa de 12 Passos é Charles Verde*, um banqueiro de investimentos de Nova York. Charles levou uma vida normal durante toda a faculdade, mas no momento em que tirou sua beca de graduação, ele se encaminhou diretamente para a casa de Mammon: Wall Street. "Eu acreditava que havia uma força superior que, vagamente, afetava a minha vida", ele diz em sua cooperativa Upper East Side. "Mas eu estava convencido de que *eu* era o verdadeiro deus da minha vida. Eu podia controlar o meu destino com inteligência, disciplina e vontade. Eu era um narcisista absorto cuja religião girava em torno de dinheiro e poder."

Chamando de arrogante essa personalidade de vinte e dois anos atrás, Charles diz que ele foi compelido a ser maior e melhor do que todas as outras pessoas. "Minha vida era um jogo de soma zero", ele diz. "Se eu ganhava, você perdia. Eu era um usurário. Eu era desonesto, irresponsável, manipulador, enganador e desrespeitoso."

À medida que Charles reconta a sua história, fica claro que ele se sente satisfeito com a sua auto-revelação. Mas nem sempre foi assim. Ele diz que costumava ser furtivo e reservado, um livro fechado até mesmo para as namoradas e amigos mais próximos. Sua autoconsciência sincera é um dos benefícios que resultam do trabalho diligente com o programa dos 12 Passos. Mas demora um longo tempo para se alcançar esse ponto, e muitíssimas subidas e descidas estonteantes. Quando tinha por volta de vinte e sete anos, Charles estava ganhando mais de um milhão de dólares por ano. A cada noite, ele levava amigos para beber em festas e em sua limusine. Os finais de semana eram passados em orgias, noites sem dormir, onde se ficava "alto" e se fazia sexo com pessoas estranhas. "O tema era mais, mais, mais", ele diz. "Mais bebidas, mais drogas, mais mulheres, mais dinheiro, mais poder — e mais loucura." Como era de se prever, tudo isso explodiu: os relacionamentos, as amizades, o emprego — tudo foi destruído pelos seus vícios. "Todas as vezes em que eu atingia o fundo, eu implorava a Deus para que me tirasse de lá. Eu estava rezando dentro de uma trincheira sob fogo inimigo: 'Por favor, Deus, se o Senhor me tirar daqui eu nunca mais farei isso de novo.' E depois que ele salvou a minha pele pela enésima vez, eu renunciei ao meu vício."

O seu verdadeiro Deus eram as drogas, Charles admite, e o seu salvador foi o seu traficante. "As únicas ocasiões em que eu não estava chapado eram aquelas em que eu perdia a consciência durante doze ou quatorze horas. Quando acordava,

OS DOZE PASSOS

1. Admitimos que éramos impotentes perante os efeitos do alcoolismo ou de outra disfunção familiar e que tínhamos perdido o domínio sobre a nossa vida.
2. Viemos a acreditar que um Poder Superior a nós mesmos poderia devolver-nos à sanidade.
3. Decidimos entregar nossa vontade e nossa vida aos cuidados de Deus, como nós O compreendíamos.
4. Fizemos um minucioso e destemido inventário moral de nós mesmos.
5. Admitimos perante Deus, perante nós mesmos e perante outro ser humano a natureza exata de nossas falhas.
6. Prontificamo-nos inteiramente a deixar que Deus removesse todos esses defeitos de caráter.
7. Humildemente, rogamos a Ele que nos livrasse de nossas imperfeições.
8. Fizemos uma relação de todas as pessoas que tínhamos prejudicado e nos dispusemos a reparar os danos a elas causados.
9. Fizemos reparações diretas dos danos causados a essas pessoas, sempre que possível, salvo quando fazê-lo significasse prejudicá-las ou a outrem.
10. Continuamos fazendo o inventário pessoal e, quando estávamos errados, nós o admitíamos prontamente.
11. Procuramos, através da prece e da meditação, melhorar o nosso contato consciente com Deus, da maneira como nós O compreendíamos, rogando apenas o conhecimento de Sua vontade em relação a nós e forças para realizar essa vontade.
12. Tendo experimentado um despertar espiritual, como resultado desses Passos, procuramos levar essa mensagem àqueles que ainda sofrem, e praticar esses princípios em todas as nossas atividades.

com meu cérebro já sem medicamento, eu ficava esmagado por sentimentos de culpa, vergonha e desesperança. Eu sentia que arruinara a minha vida e que jamais poderia salvá-la." Ele sentia isso até ficar "alto" novamente.

Depois de passar dez anos nessa situação, ele sofreu uma overdose. Ele se lembra de que recuperou a consciência na sala de emergência, e ouviu uma enfermeira dizer: "Nós perdemos você várias vezes, mas Deus o vigiava. Você é um homem de sorte."

"Naquele momento", diz ele, "eu senti pela primeira vez uma ligação estranha, mas forte, com Deus. Eu rezei para ele e lhe agradeci por salvar a minha vida."

A lição não fora suficiente. Nos dez angustiantes anos que se seguiram, ele esteve em reabilitação por cinco vezes. Finalmente, a realidade superou a sua capacidade prodigiosa para a negação. "A única maneira pela qual eu poderia me recuperar era confiar em Deus." Permanecer sóbrio, diz ele, é uma batalha diária, mas o responsável por ele nos Alcoólicos Anônimos e as suas reuniões diárias, junto com o medicamento prescrito para depressão clínica, o mantêm acima de seu vício.

Charles acredita que o valor principal dos 12 Passos foi, para ele, o reconhecimento de que ele era impotente com relação ao seu vício e também a transferência do controle para Deus. Mas teve igualmente um imenso valor fazer o que os Alcoólicos Anônimos chamam de "um minucioso e destemido inventário moral de nós mesmos", e admitir "perante Deus, perante nós mesmos e perante outro ser humano a natureza exata de nossas falhas".

Os benefícios que recebemos admitindo as nossas fraquezas e transgressões é reconhecido há milênios. Em anos recentes, o poder curativo da confissão foi exemplificado pelas apologias públicas de líderes mundiais em nome de nações inteiras e de instituições poderosas. Por exemplo, bem no início do novo milênio, o Papa João Paulo II pediu perdão pelos pecados históricos cometidos em nome da Igreja Católica Romana contra judeus, mulheres, colegas cristãos e várias populações indígenas.

Suponha que é você mesmo quem está dando esse passo. Seja numa situação formal, seja por iniciativa própria, você reconhecerá que é tremendamente curativo liberar o seu autodesprezo, junto com todas as lembranças de culpa por erros cometidos que possam estar impedindo que você faça as pazes com Deus. Desculpar-se diretamente com as pessoas que você magoou é talvez a forma mais poderosa de confissão, e a mais desafiadora. Esteja ciente de que isso precisa ser feito com humildade e arrependimento autênticos. Se a sua desculpa deixar transparecer alguma intenção egoísta ou não-autêntica, ela poderá exacerbar o prejuízo já provocado no relacionamento. Considere com muito cuidado se uma desculpa pedida face a face será verdadeiramente curativa para você e para a outra pessoa, ou se ela poderia meramente criar novas fontes de dor. Se você for adiante com isso, escolha com o máximo cuidado o melhor momento e local possível para a sua confissão e, o que é mais importante, o tom e a linguagem que você usará.

Outra possibilidade é escrever sua confissão num diário pessoal. Se isso ajudálo a se concentrar, imagine que você está escrevendo para aqueles que ficaram prejudicados ou muito desapontados com o seu comportamento passado — ou que *teriam ficado* se soubessem o que você fez. Alternativamente, você poderia imaginar que está escrevendo a carta para alguém, vivo ou morto, que com certeza o entenderia e o perdoaria. Ou escreva essa carta para Deus.

Você também poderia fazer a sua confissão a uma pessoa sábia, a quem você poderia confiar os seus sentimentos mais profundos, talvez um amigo íntimo que honrará a sua confidência, ou um conselheiro espiritual com quem você possa contar para que ouça com compaixão, e sem julgamento, qualquer coisa que você venha a lhe revelar. Você também poderia considerar uma consulta com um psicoterapeuta bem-treinado, preferivelmente com uma orientação espiritual capaz de entender o seu desejo de fazer as pazes com Deus. Com um profissional experiente, você será capaz de liberar o seu doloroso fardo emocional, trabalhar sobre assuntos mais profundos e curar as feridas psíquicas que as suas ações passadas possam ter causado.

Fazendo Reparos

Cria em mim, ó Deus, um coração puro e renova dentro de mim um espírito inabalável.

SALMOS 51:12

Um ingrediente de importância vital para a recuperação de Charles, e para o sucesso dos 12 Passos em geral, é a energia combinada dos passos oito e nove, que chama à cena cada pessoa que você prejudicou, e o leva a fazer reparações. Se você se sente culpado por causa dos danos provocados em outras pessoas, a liberação verbal pode não ser suficiente. Pode ser que você nunca perdoe completamente a si mesmo até fazer alguma coisa concreta para compensar.

"Você tem feito coisas erradas? Então, contrabalance-as fazendo coisas certas." Um conselho simples e profundo de Martin Buber, filósofo do judaísmo que viveu no século vinte. Mas não é tão fácil como parece. Pode ser difícil decidir exatamente como fazer reparos. Pode ser impossível prever como as outras pessoas irão reagir ao seu gesto. Pode ser que você tenha de superar o medo da rejeição ou da retaliação. Uma voz na sua cabeça dirá: "Não se preocupe mais com isso; já é tarde demais. Nenhuma atitude que você tome agora fará diferença." De fato, pode ser verdade que, a essa altura, você não seja mais capaz de curar sentimentos feridos ou de restaurar um relacionamento rompido. Mas a questão crucial no nosso contexto é a de como você se redimirá *aos seus próprios olhos* de modo que você possa voltar a se sentir merecedor do amor de Deus. Quando realizada no intuito de uma oferenda sagrada, qualquer tentativa de fazer reparos vale a pena e é benéfica.

Coloque-se no lugar de outras pessoas, completamente e sem reservas, e pergunte a si mesmo o que você precisaria fazer para que as suas ações fossem perdoadas. Em alguns casos, uma confissão sincera, acompanhada de uma desculpa e de uma promessa de não fazer isso novamente, será o bastante. Porém, se você magoou muito alguém, você talvez precise *mostrar* o quanto está arrependido oferecendo a essa pessoa alguma forma de restituição palpável — alguma coisa de valor material ou ações que equilibrem a balança emocional. Por exemplo, se você foi egoísta, faça um esforço extra para colocar em primeiro lugar as necessidades das outras pessoas. Se você foi mesquinho, seja um pouco extravagante. Mas somente se você puder fazer isso sinceramente. Você saberá se está servindo apenas aos seus próprios interesses e também saberá que Deus sabe.

Às vezes, reparar algum mal que você tenha feito a alguém é impossível devido a motivos tais como distância, tempo, resistência ou mesmo morte. Nesses casos, a melhor abordagem é fazer alguma coisa que apenas você e Deus sabem que é uma sincera oferenda de restituição. No espírito do sacrifício ritual, desista de algo que você valoriza, seja uma doação financeira ou um significativo investimento de tempo, esforço e bondade humana em favor daqueles que precisam disso. Somente quando você é capaz de perdoar a si mesmo na privacidade do seu coração, sabendo que dedicou o seu máximo esforço para fazer reparações, você pode permanecer de pé diante de Deus e respirar o perdão divino, que, como o oxigênio, está sempre presente.

Fé Religiosa e Depressão

Se sentimentos de indignidade, de culpa ou de vergonha têm sido seus constantes companheiros desde há longo tempo, não seria uma surpresa ficar sabendo que a sua agonia o deixou se sentindo deprimido. A depressão clínica é tanto uma conseqüência comum do desprezo a si mesmo como uma *causa* comum desse desprezo. A depressão leva à vergonha que leva à depressão que leva à vergonha numa espiral descendente de torturas.

Em face da depressão, o poder da fé se despedaça e se consome em chamas. Quando você está deprimido, os sermões mais enobrecedores e as palavras mais inspiradoras ditas por amigos animados podem deixar você ainda *mais* deprimido. De fato, talvez a coisa menos útil que se pode dizer a uma pessoa deprimida é:

"Coragem!" — ou o seu equivalente espiritual: "Conte as suas bênçãos", ou "Não se preocupe, Deus ama você". Claro, é isso aí! Como o agricultor que atira sua semente nas rochas, suas melhores intenções espirituais não podem render frutos se forem plantadas numa mente deprimida, pois a depressão interfere biologicamente com a capacidade do cérebro para manter pensamentos positivos durante qualquer período de tempo. Esse estado mental foi captado pelo ministro Henry Ward Beecher, que viveu no século dezenove: "Existem alegrias que anseiam por ser nossas. Deus envia dez mil verdades que se aproximam de nós como pássaros procurando ingresso; mas nós estamos fechados a elas, e por isso elas nada nos trazem, mas se sentam e cantam durante algum tempo no telhado, e em seguida se afastam voando."

Em um nível, a psiquiatria entende agora que a depressão é o produto de um desequilíbrio bioquímico no cérebro, acompanhado por um desequilíbrio psicológico correspondente, com freqüência chamado de "pensamento falho". Certas pessoas podem ter uma predisposição genética para a depressão clínica, assim como há pessoas predispostas a sofrer de diabetes ou de doenças do coração. Um grande número de fatores pode disparar os sintomas: uma infância infeliz, uma grande perda, uma mágoa não-resolvida, uma tensão excessiva, uma doença grave, relacionamentos conturbados, abuso de substâncias químicas, e muitos outros. E, em troca, a depressão faz com que cada uma dessas situações tenha maior probabilidade de ocorrer.

Se você sente com regularidade qualquer um dos seguintes sintomas (compilados pelo National Institute of Mental Health [Instituto Nacional de Saúde Mental]), é muito provável que você esteja clinicamente deprimido:

- Tristeza persistente ou estado de ânimo "vazio"
- Perda de interesse ou de prazer em atividades comuns, incluindo o sexo
- Fadiga e energia reduzida
- Perturbações do sono
- Perturbações alimentares
- Dificuldade para se concentrar, para se lembrar ou para tomar decisões
- Sentimentos de culpa, de indignidade ou de desamparo
- Pensamentos de morte ou de suicídio; tentativas de suicídio
- Irritabilidade
- Choro excessivo
- Dores crônicas sentidas aqui e ali, e dores que não respondem a tratamento
- Produtividade reduzida
- Abuso de álcool ou de drogas

Se você tem uma vida espiritual ou religiosa, os sintomas podem ser acompanhados por pensamentos persistentes tais como: "Deus não me ama", "Eu não mereço a salvação", ou "Eu nunca farei progressos espirituais, e muito menos conseguirei a iluminação". Sua forma habitual de culto poderia ser desanimadora em vez de enaltecedora. Sua prática espiritual poderia parecer embotada e envelhecida em vez de energizante e inspiradora. Você poderia sentir que é incapaz de meditar ou de orar corretamente, ou que não merece a graça. Você poderia estar convencido de que a possibilidade de fazer as pazes com Deus não tem esperança, como todas as outras coisas na sua vida.

Você poderia pensar que está destinado a um futuro desolado e sem Deus, mas muitas pessoas deprimidas conseguiram se erguer acima do desespero. Considere como deve ter sido deprimido o homem que escreveu estas palavras: "Eu sou agora o mais miserável entre os homens vivos. Se o que eu sinto fosse distribuído por toda a família humana, não haveria nenhum rosto alegre sobre a Terra. Se irei melhorar algum dia, eu não posso dizer. Tenho o terrível pressentimento de que não. Permanecer como eu sou é impossível. Eu preciso morrer ou ser melhor do que pareço a mim mesmo." O autor destas palavras foi Abraham Lincoln. De algum modo, ele reuniu a fé de que precisava para seguir adiante e manter intacta a própria nação, e não apenas a si mesmo. E isso aconteceu muito tempo antes de a ciência vir a entender a natureza biológica da depressão.

Agora a depressão é facilmente tratada com medicamentos — tanto naturais como sintéticos — e/ou com psicoterapia, preferivelmente com ambos. Procurar tratamento para isso não é um estigma maior do que obter ajuda para o tratamento da artrite ou do diabetes. Como também não é, de modo algum, "não-espiritual" procurar a ajuda de um médico ou de um especialista em saúde mental. Isso não implica falta de caráter, de disciplina, de força ou de fé em Deus. Nada há nisso para se envergonhar ou se sentir culpado. A depressão não é culpa de alguém, nem sua, nem de seus pais, nem da sociedade, nem de Deus. Consiga a ajuda de que você precisa, preferivelmente de um psiquiatra especializado que não apenas sente empatia com a sua dor, mas que também entende plenamente as dimensões médicas, psicológicas e espirituais da sua condição.

Colocando nas Mãos de Deus

Entre os atributos de Deus, embora eles sejam todos iguais,
a misericórdia brilha com fulgor ainda maior do que a justiça.

MIGUEL DE CERVANTES

Se o seu comportamento no passado fez com que a sua alma, num grito, perguntasse: "Eu sou bom o suficiente, Deus?", por que não fazer a pergunta diretamente? Por que não se abrir para o supremo ouvinte, o supremo conselheiro, o supremo agente de cura?

Em 1980, o Dr. Larry Lea iniciou as atividades de uma igreja evangélica no Texas com quatorze fiéis. Dez anos depois, ele era o chefe da igreja-mãe, com mais de 10.000 membros ativos, mais de 300 igrejas afiliadas e um ministério na televisão que alcançava milhões. Com quarenta anos de idade, tendo também publicado o *best-seller* religioso *Could You Not Tarry One Hour* (Você Não Poderia Esperar Uma Hora?), o "Apóstolo da Oração" deixou o império que ele criou nas mãos de outras pessoas para poder responder ao chamado para pregar ao redor do globo. No mundo do cristianismo evangélico, Larry Lea foi um *superstar.* Voando em seu avião particular, que lhe permitia cumprir seus compromissos de pregação um após outro, servindo como deão do seminário na Universidade Oral Roberts, ele teve êxito qualquer que fosse o padrão que se utilizasse para julgá-lo, material e espiritual. Então, veio a queda.

O casamento de vinte anos de Larry estava se desagregando. Ele e sua mulher procuraram aconselhamento dentro da comunidade evangélica, onde se abominava o divórcio, mas as diferenças do casal ficavam ainda mais acentuadas. Durante a separação judicial, Larry se apaixonou por uma mulher em San Diego. Agora ele estava sendo puxado em dois sentidos ao mesmo tempo: seus valores cristãos, seu dever para com a sua família e a ameaça de escândalo o puxavam em direção à sua casa, mas o seu coração estava sonhando com a Califórnia. Ele voltou ao Texas para dar uma última chance ao casamento. Depois de quatorze meses, ele e a sua mulher concordaram em que haviam feito tudo o que podiam. A mulher na Califórnia, que ele não fora capaz de esquecer, estava esperando por ele, e tão logo o divórcio de Larry foi finalizado, eles se casaram. Pouco tempo depois, o filho deles nasceu. Para a maioria das pessoas, isto teria sido um final feliz para uma provação difícil. A ex-mulher de Lea o perdoou. Seus três filhos crescidos o perdoaram. Porém, aos olhos da comunidade evangélica, o homem que tinha sido chamado de "O Garoto de Ouro do Evangelho" e "o próximo Billy Graham" estava fatalmente maculado. Seus companheiros evangelistas *teriam* perdoado o divórcio e o novo casamento, mas eles não podiam perdoar o escândalo de um caso extraconjugal.

O reverendo Larry Lea era um pária. Suas atividades clericais, que haviam sido programadas com anos de antecedência, agora estavam sendo torrencialmente canceladas em todo o mundo. Ele foi convidado a renunciar a todos os conselhos nos quais já havia servido. "Eu podia entender plenamente a necessidade que eles tinham de dizer: 'Larry, desça por algum tempo'", diz ele. Mas Larry não esperava um ostracismo sem possibilidade de redenção. "O aspecto mais doloroso é que a resposta deles foi muito diferente da de Jesus Cristo", ele disse. "Todo o ensinamento da Bíblia é sobre redenção, amor, aceitação e perdão. Eu estava aberto para a reconciliação a qualquer custo, mas nunca houve nenhuma espécie de ramo de oliveira. Eu achei que morreria de tristeza pessoal e de assassinato profissional."

Larry fora rebaixado à cidadania de segunda classe na comunidade que antes o adorara, e amigos pessoais que antes eram chegados a ele agora o evitavam. Então, Larry levou seu caso diretamente para Deus. Era, diz ele, como pedir uma segunda opinião. "No Livro dos Provérbios se diz: 'Confia no Senhor de todo o teu coração e não te estribes no teu próprio entendimento. Reconhece-o em todos os teus caminhos, e ele endireitará as tuas veredas.' Ele não diz: 'Reconhece-o em todos os teus *bons* caminhos.' Ele diz 'em *todos* os teus caminhos.' A maioria das pessoas só quer levar a Deus as coisas boas. Elas têm medo de que, se ficarem sozinhas com Deus, elas serão esmagadas como um inseto." Lea escolheu deixar exposto o pescoço. "Todas as manhãs, quando o Sol se erguia no Oceano Pacífico, eu me sentava no meu banco de preces e apresentava a Deus a minha situação, repetidas vezes." Ele rezava durante uma ou duas horas por dia, expressando sua culpa e sua vergonha, oferecendo graças, expressando arrependimento, fazendo perguntas e esperando respostas. O que ele recebeu, diz Lea, foi uma clara mensagem de que Deus não estava zangado com ele. "Ele nunca me jogou fora", disse Lea. "Era a coisa mais doce e mais maravilhosa, pois a sua voz dizia: 'Nem eu tampouco te condeno; vai e não peques mais'" — a famosa frase que Jesus dirigiu à adúltera a quem salvara do apedrejamento.

O Dr. Lea, até agora, não foi capaz de fazer as pazes com os seus irmãos religiosos. Mas ele *fez* as pazes com Deus. Ele diz, que quando se voltou para Deus, ele sentiu um perdão curativo e "um amor não-abrandado, ilimitado, inflexível".

Às vezes, durante suas sessões de prece, quando a dor emocional era intensa, ele mudava da adoração para um processo de visualização. "Embora eu sentisse amor pelas pessoas que me feriram", ele diz, "eu apanhava as setas da vergonha que elas enviavam para a minha alma e visualmente as arrancava. Eu visualizava essas flechas arremessadas diante do trono de Deus com um movimento violento. Eu as atirava diante de Deus porque a dor era muito intensa para eu poder suportá-la sozinho." A uma certa altura, o exercício levou a uma poderosa catarse. O que Lea chama de "grito sagrado" se ergueu das suas profundezas interiores. Deixando que esse grito irrompesse através da sua resistência, ele liberou, "na presença de Deus", um guincho alto, agudo e gutural. "Isso me ajudou a romper a servidão que me mantivera cativo", disse ele. Mais tarde, Lea se aconchegou no amoroso perdão do abraço do seu Deus — e continuou a residir ali enquanto reconstruía a sua vida. Atualmente, ele é conselheiro individual e trabalha num livro chamado *The Holy Scream* (O Grito Sagrado).

Você não precisa passar por um treinamento num seminário para levar a sua vergonha e a sua culpa diretamente para Deus, para uma segunda opinião. Você precisa apenas da coragem para permanecer sozinho diante do vazio eterno e desnudar a sua alma. Você poderia recitar uma prece tradicional de arrependimento. Você poderia, à sua própria maneira pessoal, dizer que você sente muito pelo que você fez. Você poderia pedir a Deus o perdão que você não pode conceder a si mesmo. Você poderia confessar que você nem sequer tem certeza de que errou e você precisa saber se de fato o fez. Você poderia perguntar o que você pode fazer para compensar isso. Você pode gritar a sua dor, você pode admitir a sua dúvida, você pode amaldiçoar a si mesmo, aos seus acusadores e até mesmo a Deus. Você pode dizer qualquer coisa, fazer qualquer pergunta. O que você poderia *não* querer fazer é barganhar com Deus. Por que humilhar o seu diálogo convertendo-o numa negociação? Vá em frente e faça promessas, se você acredita que fazer isso o ajudará a progredir na vida, mas não peça nada em troca — nenhum milagre, nem bênção material, nem mesmo orientação, amor ou paz. Você já tem tudo isso dirigindo-se para você.

Quando tiver acabado de falar, no silêncio que permanece, cale-se e ouça. Não espere uma voz clara ou algum sinal concreto. Preste atenção na esmaecida agitação no seu peito e nos sussurros nos cantos da sua mente. Se, na sua receptividade tranqüila, nada emergir por via de revelação ou de descoberta, dê uma folga e prossiga com os seus assuntos. Mas continue a prestar atenção. Mensagens podem surgir quando menos se espera. E se tudo o que os seus esforços trouxerem a você é um pouco de calma ou uma aparência de conforto, não fique desapontado; isso não é fígado fatiado, é uma colherada de perdão divino.

O Amor de Deus

Está aqui... esse amor deve ser encontrado — não escondido em lugares afastados, mas no meio de ocasiões de pecado.

SANTA TERESA DE ÁVILA

A pergunta "Eu sou bom o suficiente, Deus?" implica que Deus ama alguns e não outros, ama algumas vezes e não outras, parcelando o amor como um ser humano, fazendo-o apenas quando for incitado a fazê-lo. Porém, será que nós realmente precisamos merecer o amor de Deus? Será que precisamos fazer as nossas pequenas tarefas e prestar atenção em nossas maneiras como crianças com pais reservados? Será que o amor de Deus é semelhante a um objeto mantido numa casa de penhores até que tenhamos moeda corrente moral suficiente para resgatá-lo? Não se, como nos disseram, Deus *é* amor. Nesse caso, o amor de Deus está eternamente presente, como a gravidade ou o eletromagnetismo. Nós não temos de merecê-lo, nós temos de despertar para ele.

A questão de merecer o amor de Deus é relevante apenas neste aspecto: enquanto você acreditar que não é digno dele, você não se permitirá recebê-lo. Este é um dos salários do pecado: ao fazer coisas que nos fazem sentir envergonhados, culpados e com medo, nós nos privamos do amor e da paz que são legitimamente nossos. De maneira semelhante, fazer as coisas certas não motiva Deus a amá-lo; convence *você* de que você é digno, o que permite que você se abra ao que sempre foi seu. Deus não se recusa a nos recompensar porque nós fomos desobedientes, como um treinador de cães que segura um biscoito em sua mão até que o filhote obedeça às suas ordens. "Deus não pune o pecado", disse o místico do século quinze Juliano de Norwich. "O pecado pune o pecado." Por definição, o pecado nos separa de Deus. A punição é a separação; a cura é a reparação*.

O amor de Deus é o aglutinante cósmico que nos une, uns aos outros e nós todos ao Uno. Está aqui e agora. Está lá e então. Está. O amor emana da própria existência, como o calor emana do fogo. Assim como nós nos aquecemos mais e mais à medida que avançamos lentamente em direção à chama, nós nos sentimos amados em proporção direta à nossa intimidade com o Divino. "Aquele que habita no amor habita em Deus, e Deus nele", declarou o apóstolo João. O corolário também é verdadeiro: aquele que habita em Deus está habitando no amor. Pois na

* A palavra "reparação" (*atonement*) está grafada com hífens, *at-one-ment*, para indicar que a cura resulta da união ou unificação (*at one*). (N.T.)

união com Deus, o medo se vai, a vergonha se vai, a culpa se vai. Tudo o que se refere ao "eu" se vai, e tudo o que permanece é Amor com A maiúsculo.

Se nós aceitamos que Deus é amor e que Deus é infinito, então nós somos forçados a concluir que o próprio material do universo é o amor. Como disse Dante, o amor "move o Sol e as outras estrelas". Nós também temos de concluir que a única coisa que nos impede de viver esse amor é a nossa própria incapacidade de recebê-lo. Não pode ser porque nós somos indignos. Pense nisso desta maneira: se podemos dizer que Deus tem expectativas a nosso respeito, ele esperaria que nós fôssemos perfeitos? Se podemos dizer que Deus concede amor apenas aos que o merecem, os padrões dele seriam tão altos que tornariam esse amor disponível apenas para os santos? Ouça a sabedoria apaixonada de James Kavanaugh, um padre católico dissidente, extraída do seu livro *God Lives* (Deus Vive): "Meu Deus entende tudo, perdoa tudo, me ama com um amor incondicional, e pede a mim perdão universal. Ele não precisa me salvar, pois não há nada de que eu precise ser salvo exceto a minha separação da Sua presença... Nem o Seu amor depende do que eu faço ou não faço, do que eu digo ou não digo!... Ele não exige que eu mude antes de me oferecer o Seu amor... Ele não me aterroriza com as Suas leis e punições... Ele não me chama de filho indigno, uma vez que Ele me forjou através do milagre de milhões de anos de crescimento e mudança... Ele não quer que de repente eu seja perfeito, mas apenas que seja honesto e que viva e cresça. Ele não quer que eu viva com medo dEle ou que esteja saturado de culpa; Ele quer a minha liberdade, que é a Sua própria liberdade."

Mas sem dúvida você já ouviu antes "Deus é amor" e "Deus ama você", talvez pronunciados centenas de vezes. Disseram-lhe que você é o bem-amado de Deus e que você foi criado à imagem e semelhança de Deus. Disseram-lhe que você está perdoado. Você acredita nisso? Por que você deveria acreditar? Afinal de contas, a prova está no pudim, e se você não saboreia o amor de Deus, provavelmente é porque você tem esquadrinhado o refrigerador quando o pudim está no guarda-louça do seu coração. "Embora a câmara interior do coração seja pequena", disse o místico muçulmano Mahmud Shabestari, "o Senhor de ambos os mundos constrói alegremente aí o Seu lar."

Fora com o Velho Deus; que Entre o Novo

Antes de poder chegar à convicção acima, o padre Kavanaugh sem dúvida teve de lutar com grande parte da teologia que lhe fora ensinada. Com freqüência, é necessário fazer isso no caminho que leva ao amor de Deus — a fim de superar as mensagens internalizadas que nos retratam como indignos e a Deus como um ser que castiga e que julga.

Quando Carol Schaefer era caloura na faculdade, ela ficou grávida. Como o ano era 1965, a escola era no Sul e a família de Carol era católica, as opções do aborto e do *status* de mãe solteira eram impensáveis. Ela foi enviada para um lar de mães solteiras para completar sua gravidez em secreta humilhação. Depois de vários meses em isolamento, ela passou o Natal refletindo com uma amarga ironia: ela e suas irmãs de vergonha estavam celebrando o mais amado nascimento da história, mas a gravidez *delas* era um pecado mortal, e quando elas dessem à luz, elas imediatamente entregariam seus filhos a estranhos. Carol, que nunca havia perdido uma missa aos domingos, rezou a Deus por uma maneira de manter com ela o filho. Não recebeu nenhuma resposta. Cinco dias depois de entregar o filho, ela estava de volta à escola, inventando histórias para explicar a sua ausência.

Ela se afastou de Deus e da Igreja. "Eu já era um tanto cética", disse ela, "mas na época eu estava louca." No entanto, apesar de sua dor esmagadora, uma semente de fé permaneceu. Ela rezava todos os dias, só que não mais para Deus, em quem ela deixara de confiar, mas para a Virgem Santa. "A única coisa que me mantinha sadia", ela diz, "era rezar para Maria para que ela protegesse o meu filho e fizesse com que ele soubesse que eu o amava."

Tendo sido humilhada pelo Deus Pai disciplinador, em quem ela fora educada para acreditar, Carol se voltou para a Mãe Divina, que ama incondicionalmente e que nutre e protege seus filhos. "Minhas preces a Maria evoluíram para uma exploração mais ampla da energia feminina do universo", diz Carol. "Isso permitiu, finalmente, que eu fizesse as pazes com Deus."

De uma maneira misteriosa, também a ajudou a encontrar o filho. Dezoito anos depois do seu nascimento, Carol iniciou uma busca por ele. Pouco tempo depois, quando olhava fixamente para uma famosa estátua de Maria numa igreja de Paris, ela teve uma súbita visão do seu filho. Ela acendeu uma vela votiva e chorou. Seis meses depois, ela e o filho foram reunidos. "Bem no meu íntimo, eu sempre sentia que, de alguma maneira, nós tínhamos permanecido em contato", diz Carol, que escreveu sobre a sua experiência numa autobiografia, *The Other Mother* (A Outra Mãe), posteriormente transformada num filme para a TV. Agora ela percebeu que esse laço não estava apenas na sua imaginação e que a sua própria substância era o amor. A experiência deu início a uma busca por uma espiritualidade mais profunda e mais abrangente. "Passei a me entender como uma alma em evolução, e a ver Deus como uma força, e não como uma figura. Agora, eu posso confiar em Deus porque posso sentir a energia feminina da Deusa como uma fonte de amor." O aspecto feminino do Divino levou-a a uma reconciliação com o Deus masculino que ela havia rejeitado. E por que não? O que qualquer mãe faria se o seu filho a fizesse voltar as costas para o seu pai exceto para reuni-los novamente?

Com freqüência, subir acima do estigma e da culpa a fim de abraçar a graça que está sempre presente necessita de um processo semelhante ao de Carol: purgar a mente e o coração de noções ingênuas e incompletas de Deus e substituí-las por um entendimento mais maduro e mais completo. Uma mulher com quem conversamos chegou a ponto de demitir Deus. É isso mesmo, ela escreveu uma carta formal de demissão para o Deus que ela temera desde a infância. "Caro Deus", ela escreveu numa parte da carta, "não é fácil dizer isto, uma vez que o Senhor esteve comigo durante toda a minha vida, mas os seus serviços não são mais necessários, desfazendo-se assim os vínculos empregatícios que nos ligam. Eu não preciso mais de um Deus que vigia a minha vida e julga tudo o que eu faço. Eu não quero mais viver no medo e na vergonha. Agora eu estarei entrevistando candidatos para substituir o Senhor." E ela, corajosamente, partiu em busca de uma nova espiritualidade.

Talvez você também precise se divorciar formalmente do Deus do seu passado. Ou talvez prefira uma abordagem mais conciliatória. E quanto a facilitar uma reconciliação entre Deus como o Pai Autoritário e Deus como a Mãe Divina? Esse casamento sagrado foi dilacerado por séculos de ignorância patriarcal. Como prole da união de Deus e da Deusa, nós merecemos algo melhor do que um lar rompido. "Eu disse: sois deuses, sois todos filhos do Altíssimo." (Salmos 82:6)

Vocês São Mais do que Suficientemente Bons aos Olhos de Deus

Não há homem justo sobre a terra que faça o bem e que não peque.

ECLESIASTES 7:20

Há uma velha piada que se passa numa sinagoga, mas poderia igualmente bem se passar numa igreja, numa mesquita, num ashram ou num encontro dos 12 Passos. Um congregado, arrebatado pelo poder de Deus, cai de joelhos e grita: "O Senhor é grande e eu sou apenas uma mancha de sujeira. Eu não sou nada!" Para não ficar para trás, outro adorador cai de joelhos e grita: "Deus é forte e poderoso, e eu não sou nada! Nada!" E enquanto eles exibem sua humildade superior diante de Deus, um homem na parte de trás cai de joelhos e se lamenta: "Oh, Senhor, és infinito e imenso. És tudo o que existe e sempre existiu. És amor e misericórdia, e eu sou apenas um pecador imundo. Eu não sou nada!" Os dois primeiros se viram e vêem que a voz que vem de trás é a do porteiro. Um vira para o outro e sorri com desdém: "Olhe só quem pensa que é nada."

Essas pessoas evidentemente nunca ouviram a máxima de Baal Shem Tov, o fundador do hassidismo: "Nós precisamos nos curvar, mas não muito baixo e nem com muita freqüência. Pois ao nos curvarmos muito baixo e com muita freqüência, podemos nos esquecer de erguer nossa cabeça." É claro que a humildade é uma característica desejável. Mas a falsa humildade é uma expressão pública de sentimentos de superioridade, e a autoflagelação, independentemente do quão sincera ela seja, não é humildade, é humilhação. Abraçar o seu valor próprio inato não constitui o pecado do orgulho. Nem açoitar-se com as correntes da autocrítica o levará para mais perto da morte do ego, que os ensinamentos orientais nos incitam a obter. Despertar para o Eu divino não é algo que acontece massacrando-se de insultos o eu inferior até que ele se submeta. Esse despertar ocorre quando o nosso sentido de identidade individual se dissolve na unidade de tudo o que existe. Num certo sentido, convencer você mesmo de que você não é digno pode ser tão egoísta quanto se vangloriar do quão realizado você é. Ainda é o seu ego trabalhando, só que é um ego fraco, um ego derrotado, e, de uma perspectiva espiritual, isso não é melhor do que um ego inflado. Ele ainda está separado de Deus.

Você não é perfeito. E quem é? Certamente não o são os heróis do mundo das escrituras sagradas. A Bíblia está cheia de pessoas perversas e de cúmplices, tolos autocentrados e assassinos de inocentes. Mas as suas histórias são atemporais porque elas contêm grandes lições, e a maioria das suas personagens cresce e muda. Como todas as pessoas, os autores deste livro também não alcançam os nossos ideais mais elevados e os padrões que acreditamos que Deus mantém para nós. Harold passava pelo período mais deprimido e torturante de sua vida quando este livro estava sendo completado. Em suas palavras: "Em conseqüência de uma cirurgia opcional malfeita, eu fiquei progressivamente mais viciado nos medicamentos receitados contra a dor. Com a minha capacidade de julgamento seriamente prejudicada, profissionalmente e pessoalmente eu fiz algumas coisas muito insensatas e das quais agora eu me arrependo. Espiritualmente, sofri um completo dilaceramento do tecido do meu ser. Pareceu-me que a minha estimada ligação com Deus fora repentina e irrevogavelmente rompida. Eu me senti abandonado por Deus e envergonhado diante Dele. Mas foi só depois que eu me quebrei e passei por uma escuridão inimaginável que eu comecei realmente a fazer as pazes com Deus. Esse processo contínuo e a tarefa de juntar os pedaços da minha vida foram dolorosos e desafiadores. Mas, ao viver os princípios sobre os quais nós escrevemos neste livro, eu estou emergindo como uma pessoa melhor, e me sinto mais perto de Deus."

Para os budistas, a flor de lótus sempre foi um símbolo de iluminação, porque ela é capaz de crescer emergindo das escuras águas lamacentas — não a despeito das impurezas da lama, mas porque essas próprias impurezas contêm nutrientes que são essenciais para o crescimento do lótus. Assim como essa planta, nós temos de usar o nosso lodo interior para alimentar o crescimento da nossa alma. O pecado, como algo que nos desvia da meta, e o arrependimento, como algo que nos coloca de volta no caminho, podem ser reconhecidos como elementos cruciais na evolução da consciência. Como Ken Wilber afirma: "Uma bolota não é um pecado; ela, simplesmente, ainda não é um carvalho."

O paradoxo é que, para realmente conseguir a transformação, você primeiro tem de aceitar que quem você é agora é, à sua própria estranha maneira, perfeito na sua imperfeição. É o atual ponto de partida na jornada da maratona rumo à realização-de-Deus. Nós não temos escolha a não ser a de nos estendermos em direção à perfeição da nossa religiosidade, mesmo que o objetivo pareça inatingível, assim como as plantas precisam se estender para agarrar o inalcançável Sol. É isso o que nos propusemos quando nos matriculamos na Universidade da Terra. Porém, as bênçãos da criação não são negadas a nós apenas porque cometemos erros. "Porque ele faz nascer o seu Sol sobre maus e bons", disse Jesus, "e vir chuvas sobre justos e injustos" (Mateus 5:45). Quando espancamos a nós mesmos, estamos sendo cruéis, severos, críticos e justiceiros implacáveis — todas as coisas que nós não queremos ser para os outros. Talvez a Regra Dourada deva ser modificada para esta outra: "Faça para você mesmo como você teria feito para os outros."

O rabino do século dezenove Bunam de Pzhysha disse que "todos nós precisamos ter dois bolsos, de modo que possamos alcançar um dos dois, de acordo com as nossas necessidades. No bolso da direita devem estar as palavras: 'Por minha causa o mundo foi criado', e no da esquerda: 'Eu sou terra e cinzas'". O que estende uma ponte entre essas duas mensagens é a resposta à pergunta de Einstein: nós, *de fato*, vivemos num universo amigável. Aos olhos de Deus, nós somos sempre suficientemente bons. Reconhecer o amor de Deus como uma prática diária consciente pode ajudá-lo a curar suas feridas emocionais e chegar a um lugar de paz interior.

6.
ONDE ESTÁ VOCÊ, DEUS?

Reunindo-se com o Divino

Conduze-nos do irreal para o real. Conduze-nos da escuridão para a luz. Conduze-nos da morte para a imortalidade. Paz, paz, paz.

BRIHADARANYAKA UPANISHADE

Se, em alguma galáxia distante, uma espécie de seres inteligentes estivesse monitorando ondas de pensamento vindas da Terra, ela provavelmente concluiria que a pergunta: "Onde está você, Deus?" é a preocupação central do espírito humano. Gritos de "Mostra-me tua face, Senhor! Por que te escondes de mim?" têm reverberado através do espaço e do tempo em mil idiomas, vindos das cavernas secretas do coração; de templos, igrejas e mesquitas; de *canyons* nos desertos, de cavernas do Himalaia, de clareiras na selva e de claustros monásticos. Essa civilização extraterrena que nos ouve às escondidas poderia se surpreender com o jogo de esconde-esconde que o Deus da Terra joga com as suas criaturas; ou, se ela for mais sábia do que nós, poderá se compadecer da nossa situação por não vermos o que está bem na frente dos nossos olhos.

Até agora, este livro tem enfatizado a superação das mais espinhosas barreiras psicológicas e emocionais que dificultam para nós fazer as pazes com Deus. Porém, a paz nesse nível abre a porta para algo muito mais sublime. Ao longo de todo este livro, nós reiteramos a verdade fundamental de que a paz suprema é a paz *de* Deus, que só é encontrada quando rompemos a ilusão da nossa separação e descobrimos que, nas palavras de São Francisco de Assis, "O que estamos procurando é o que está procurando". Agora, nós voltamos ao eterno anseio com o qual nós começamos, à exploração de meios para conseguir um relacionamento com Deus, que é mais íntimo do que uma conversa, mais profundo do que um pacto e mais transformador do que a resolução emocional.

Os Sete Estados da Consciência

Onde procuras por mim, amigo? Olha! Eu estou aqui, bem dentro de ti. Não num templo, não numa mesquita, não na Kaaba, nem em Kailas, mas aqui, bem dentro de ti eu estou.

KABIR

Assim como o corpo evolui a partir do feto, passando pela infância, a adolescência, a maturidade e a velhice, até seu retorno final ao pó, pode-se dizer que a alma cresce através dos estágios naturais da evolução consciente. A busca espiritual começa como uma jornada *em direção a* Deus, torna-se uma jornada *com* Deus e culmina como uma jornada *em* Deus.

Como acontece com todas as jornadas, é bom munir-se de um mapa. Modelos de desenvolvimento espiritual têm sido propostos por pensadores notáveis em psicologia e religião, vindos tanto do Oriente como do Ocidente. Alguns são muito complexos, incorporando pesquisas sobre desenvolvimento moral, maturidade psicológica e outros fatores além da percepção espiritual. Aqui, nós estamos utilizando os setes estados da consciência, conforme destacados pelo iogue Maharishi Mahesh e que estão arraigados na tradição védica da Índia. O modelo é suficientemente simples para que o apresentemos no nosso contexto, e suficientemente profundo para iluminar os estágios fundamentais de crescimento em direção à plena realização de Deus.

Os três primeiros estados de consciência são aqueles com os quais todos nós estamos familiarizados: vigília, sono e sonho. Cada um desses estados "normais" é caracterizado por um único modo de consciência e percepção. No estado de vigília, nós percebemos o mundo através dos cinco sentidos. Os objetos materiais dos quais estamos cientes, junto com os objetos mais sutis que chamamos de pensamentos e sentimentos, constituem o que nós consideramos como sendo a realidade. No sono profundo, é claro que a percepção está inteiramente fechada, e não existem objetos de percepção, em absoluto. No estado de sonho, a percepção ocorre, mas o que é percebido é inconsciente e ilusório. Os três estados também são marcados por diferentes maneiras de definir quem nós somos. Na consciência desperta comum, nós nos identificamos como indivíduos específicos, com personalidades, papéis e formas corporais distintas. No sonho, nós podemos estar cientes dessa personalidade, mas o nosso conhecimento é distorcido e caprichoso. No sono, nenhuma autopercepção existe. Também sabemos, com base em pesquisas científicas, que os três estados de consciência podem ser distinguidos fisiologicamente por vários fatores metabólicos e várias medidas das funções do cérebro.

O mesmo vale para a realidade comum. A brincadeira começa quando nos dirigimos para os outros quatro estados de consciência. Esses também representam diferentes modos de consciência, de percepção e de auto-identificação, junto com diferenças neurofisiológicas significativas. Embora eles sejam tão naturais quanto árvores ou cascatas, esses estados superiores estão distantes dos estados comuns. Eles constituem a própria essência da experiência espiritual, como é registrada pelos místicos, pelos santos e sábios que exploraram o domínio interior da consciência com o tipo de rigor que os cientistas usam quando sondam a matéria. O desenvolvimento da percepção superior é um movimento que leva da prisão da consciência comum para o radiante êxtase do sublime; do embotamento relativo para a completa exuberância; da ilusão para a realidade; da agitação para a paz; do descontentamento para a bênção; da ignorância da nossa verdadeira natureza para o conhecimento supremo de quem nós somos. Também pode ser visto como um movimento progressivo em direção à intimidade com Deus, culminando quando a união divina é realizada e cada recanto da criação manifesta é percebido como sagrado.

Consciência Transcendental

A Consciência interior, livre da mente, é sentida como Deus.

Ramana Maharshi

Imagine que você está num cinema. Assistir a filmes comuns é análogo a viver no estado desperto: você está tendo uma série de experiências sensoriais que se ajustam de um modo coerente para constituir a sua "história". Como nos filmes, o conteúdo do estado desperto é altamente variável; às vezes é engraçado, às vezes, excitante, às vezes, trágico, às vezes, romântico, às vezes, cheio de suspense, às vezes, cômico. A *qualidade* da experiência também varia. Assim como alguns filmes são melhores do que outros, a consciência desperta flutua, dependendo da sua energia, do seu estado de humor, da acuidade dos seus sentidos, do seu estado de alerta e de um grande número de outros fatores.

Agora, suponha que o que aparece na tela é uma série surreal e esquisita de imagens e sons que carece de qualquer sentido de coerência linear. Isso seria análogo ao estado de sonho. Então, suponha que a tela fique preta. Isso seria o equivalente do sono profundo. Três experiências cinemáticas; três estados de consciência. Agora, considere a experiência de ver a tela por si mesma, totalmente iluminada, mas sem nenhuma imagem projetada sobre ela, como se o projetor estivesse funcionando sem filme. Isso seria análogo ao quarto estado: a consciência transcendental (CT).

A consciência desperta pode ser vista como uma interação de três elementos: o experimentador, os objetos da experiência e o processo de experimentar (alternativamente, o conhecedor, o conhecido e o conhecer). Durante a maior parte do tempo, como quando estamos assistindo a um filme que nos prende a atenção, estamos inconscientes do experimentador, pois nós nos perdemos no que aparece na tela da nossa percepção. Em outras palavras, nós nos identificamos com as percepções cambiantes das quais somos conscientes. No entanto, na CT, todas as experiências sensoriais e perceptivas são transcendidas. A tagarelice da mente, os sentimentos, percepções e sensações que normalmente agarram a nossa consciência, quando nos movemos através do tempo e do espaço — tudo isso é deixado para trás. O que permanece é a pura luz do conhecedor ou do experimentador, sozinho no silêncio atemporal. E, como diz Meister Eckhart, "em todo o mundo, nada é tão parecido com Deus como o silêncio".

Eis outra maneira de olhar para esse fato: normalmente, nós estamos conscientes *de* alguma coisa; na transcendência, nós estamos conscientes do *estado* de consciência. Mais precisamente, nós *somos* consciência. Expressando-nos ainda de outra maneira, a consciência é consciente de sua própria essência pura, não-adulterada, destituída de conteúdo. Essa consciência pura tem sido chamada de Eu — o Eu que compartilhamos com toda a criação e que está em unidade com o aspecto transpessoal de Deus, que Eckhart chamava de "Deus além de Deus, completamente sem numeração nem marcas distintivas".

A consciência transcendental tem sido vislumbrada, e em muitos casos sustentada, por tantas pessoas em tantas culturas que é seguro chamá-lo de o terreno do Ser, o substrato universal da existência. É a partir desse encontro com o Divino interior que o profeta pôde declarar: "Ouça, ó Israel: o Senhor é Deus, o Senhor é Um." É para esse estado de consciência que Jesus apontou quando disse, no Evangelho de Tomé: "Quando vocês fizerem o dois ser um e quando fizerem o interior como o exterior, e o exterior como o interior, e o superior como o inferior, e quando vocês fizerem o macho e a fêmea em um só, então vocês entrarão no reino." Essa extinção da dualidade aponta para o mesmo estado de percepção unificada e livre de conteúdo que os budistas chamam de *sunyata* (comumente traduzido por "vazio") e os hinduístas chamam de *samadhi*, ou *turiya*, que é caracterizado como *sat-chit-ananda* (consciência de beatitude absoluta). O mestre zen Shunryo Suzuki disse que experimentar a consciência pura é como estar com Deus antes que Deus diga: "Que haja luz." Ou então, uma vez que é nesse estado que o sentimento de "eu" do ego se dissolve no do "eu" infinito, nós podemos olhar para isso como o fazia o místico muçulmano do século treze Ibn Arabi: "Quando você conhece a si mesmo, o seu 'estado de eu' (*I-ness*) desaparece e você sabe que você e Deus são um e o mesmo."

Deve-se observar que, embora a consciência transcendental seja vivenciada mais comumente na meditação profunda, grande número de pessoas, espontaneamente, topa por acaso com ela (o fato de uma pessoa atribuir essas ocorrências ao acaso ou à graça divina depende das crenças dessa pessoa). Considere, por exemplo, esta descrição feita pelo poeta Alfred, lorde Tennyson: "Subitamente, por assim dizer, a partir da intensidade da consciência da individualidade, a própria individualidade pareceu dissolver-se e desaparecer no ser ilimitado, e este não é um estado confuso, mas o mais claro dos estados claros, o mais seguro dos seguros, totalmente além das palavras — onde a morte era uma impossibilidade quase risível — a perda da personalidade (se se pode falar assim) não parecendo extinção, mas a única vida verdadeira."

Também é importante notar que esse quarto estado de consciência parece caracterizado por um estado fisiológico caracteristicamente discernível. Como numerosas fontes da mídia em anos recentes têm relatado, cientistas do campo emergente da neuroteologia começaram a mapear as mudanças que ocorrem no cérebro durante a absorção na meditação profunda ou na prece. As primeiras descobertas indicam que, quando o pensamento e a consciência sensorial se dissolvem, as áreas do cérebro que nos proporcionam o nosso sentimento de fronteiras e que nos orientam no tempo e no espaço ficam essencialmente desligadas. Isso deixa a pessoa com uma sensação de infinitude, onde a distinção usual entre eu e não-eu desaparece. O cérebro, escreveram os pesquisadores Eugene d'Aquili e Andrew Newberg em *Why God Won't Go Away* (Por que Deus Não Quer Ir Embora), percebe o eu "como infinita e intimamente interconectado com todos e com tudo".

Um corpo de dados mais antigo expande esse retrato da transcendência. Durante quase trinta anos, pesquisadores têm estudado as correlações fisiológicas da Meditação Transcendental numa tentativa de mapear o quarto estado de consciência. Descobriu-se a ocorrência de mudanças significativas mediadas pelo sistema nervoso autônomo, especialmente nos estágios mais profundos de meditação, quando a consciência pura passa a ser conhecida. O ritmo cardíaco, por exemplo, diminui acentuadamente, assim como a taxa da respiração. "A respiração diminui até chegar, essencialmente, a um estado não-ativo", diz o Dr. Alarik Arenander, diretor do Brain Research Institute da Maharishi University of Management, em Iowa. "Isso acontece sem nenhuma manipulação ou controle, e corresponde a relatos subjetivos de experiências sem fronteiras espaciais e temporais." Igualmente intrigantes são as constatações da ocorrência de níveis inusitadamente elevados de sincronia das ondas cerebrais ao longo de diferentes áreas do córtex. "Essas ondas de atividade cerebral sugerem que o processo transcendente produz uma grande mudança no funcionamento neural", diz Arenander.

A consciência transcendental é, por definição, um estado transitório. Ele vem e vai com freqüência variada durante as práticas espirituais e, num grau menor, espontaneamente. É, no entanto, o terreno no qual são desenvolvidos estados de consciência mais elevados e mais permanentes.

CONSCIÊNCIA CÓSMICA

Quando a mente está sem cuidado ou alegria, é o auge da Virtude.
Quando está unificada e imutável, é o auge da quietude.
Quando ela não se irrita contra nada, isto é o auge do vazio.

CHUANG-TZU

Na Consciência Cósmica (CC), a felicidade, a paz e a Auto-iluminação do quarto estado nunca se afastam de nós. O Eu transcendental coexiste com todas as atividades da mente, do corpo, dos sentidos e das emoções. É como se alguém pudesse desfrutar das imagens bruxuleantes de um filme e, ao mesmo tempo, permanecesse ciente da tela totalmente iluminada sobre a qual elas são projetadas — uma analogia que só faz sentido se você imaginar que a percepção da tela confere ao espectador um perfeito contentamento interior e um deleite intensificado pela história que se passa sobre a tela. É o que acontece com a consciência cósmica: a perfeição interior cria um fundamento sobre o qual as flutuações da experiência não são perturbadas pela paz.

A consciência cósmica representa o fim do estado de guerra do ego com Deus. Agora, a individualidade fundiu-se com a inteligência e a energia universais. Todos os anseios, todas as dúvidas e desesperos, toda a culpa, dor, vergonha e censura se dissolvem na beatitude divina, e a beatitude não é apenas um estado de ânimo ou uma atitude, ela é uma condição imperecível do Ser. A pessoa está ancorada no Eu imutável, e isso é a suprema paz de Deus. Não há nada a temer, nada com que se preocupar, nada que faça você se sentir ameaçado, pois você possui o equivalente, no âmbito da alma, de um lar inexpugnável e de uma fonte inesgotável de alimento. As perdas e quedas da vida são simultaneamente vivenciadas e observadas a partir da plataforma silenciosa e não-participante da consciência pura. Como linhas desenhadas sobre a água, elas são notadas, mas não conseguem penetrar nem deixar uma impressão duradoura.

Lembrando-se de Quem Você É

A coexistência do inabalável silêncio interior com a mudança e a ação exteriores tem sido chamada de testemunho, uma experiência comum, embora passageira, entre aspirantes à espiritualidade. Eis o que nos conta Ram Dass a respeito da experiência de testemunhar os seus pensamentos: "Quando a percepção vai além do pensamento, nós somos capazes de nos libertar do tempo e de ver os pensamentos aparecerem e desaparecerem, apenas observando as formas de pensamento passarem a existir, existirem e desaparecerem num milissegundo. E quando a intensidade da concentração nos permite ver o espaço entre dois pensamentos, nós vemos a eternidade." Como esses pensamentos que passam em desfile, *todas* as atividades humanas na consciência cósmica são testemunhadas pelo observador silencioso. "[Eu] sou sensível a uma certa duplicidade por meio da qual eu posso permanecer tão distanciado de mim mesmo quanto de outra pessoa", escreveu Henry David Thoreau. "Por mais intensa que seja a minha experiência, eu estou consciente da presença... de uma parte de mim, que, por assim dizer, não é uma parte de mim, mas um espectador, não compartilhando de experiências, mas tomando nota dela; e isso não é mais eu do que é você."

Sabe-se de pessoas que alcançam a consciência cósmica num lampejo de iluminação. Alguns conseguem permanecer em sua graça por um certo tempo, apenas para vê-la diminuir e retornar, diminuir e retornar, e com freqüência isso acontece muitas vezes ao longo de anos. No entanto, em geral, o crescimento da CT para a CC é um desenvolvimento gradual nutrido por uma disciplina espiritual regular. O silêncio interior alcançado por meio de práticas de meditação é transportado para as atividades mundanas, apenas para desaparecer de novo e de novo. Gradualmente, porém, ela "pega", e finalmente se torna a própria cola da existência. "Com a prática", escreveu o iogue Maharishi Mahesh, "o sistema nervoso se habitua a não perder esse estado de percepção, esse estilo de funcionamento, e então esse estado de percepção é mantido mesmo durante a vigília, o sonho e o sono. Todos os abalos e solavancos de atividades não [são] capazes de derrotar a realidade do quarto estado de consciência." Essa permanência é o que define o *quinto* estado.

Deve-se enfatizar que, embora a consciência cósmica esteja certamente fora da consciência comum, nada existe nela de supernormal. Não é um "estado alterado". É, pelo contrário, o nosso estado mais natural. Os que o provaram durante períodos de tempo prolongados ficaram surpreendidos pela sua total simplicidade. É como despertar para aquilo que sempre esteve lá, apenas velado pelas forças do hábito e da ignorância, e por um sistema nervoso que ainda não é capaz de sustentar esse nível de percepção. Isso é ilustrado na Índia pela alegoria de um príncipe ainda menino que é raptado por ladrões. Criado segundo os costumes dos bandidos, ele se esquece completamente de sua vida anterior e de sua verdadeira origem. Certo dia, o emissário do rei encontra por acaso o príncipe há muito tempo perdido, e que agora é um homem crescido. Ele o reconhece, o abraça e o chama de "Sua Alteza". O bandido o afasta num empurrão. Mas o homem persiste. Ele fala da infância do príncipe, evocando cenas da vida no palácio. Gradualmente, o príncipe se lembra. "Eu não sou um bandido", ele finalmente declara. "Eu apenas esqueci quem eu era." Ele volta para o seu reino, onde lhe dão as boas-vindas com uma grande festa e onde recebe sua herança legítima. Eis o que é despertar e lembrar-se de ser um filho do Deus infinito.

Consciência de Deus

A paz é o primeiro mensageiro que anuncia a aproximação de Deus.
Então, a paz explode em luzes mais deslumbrantes de alegria infinita.

Paramahansa Yogananda

Interiormente, a consciência cósmica representa a realização mais elevada. Aquele que o consegue sabe que o seu Eu é infinito; ele está desapegado dos ardentes desejos que inevitavelmente levam à dor e à perda; ele sustenta paz e beatitude imaculadas durante o tempo todo. Isto representa o que tem sido chamado de libertação, iluminação ou ruptura dos laços com a servidão da ignorância. Mas esse quinto estado de consciência não é o estado supremo de realização humana, mas, em vez disso, é o fundamento necessário para os desenvolvimentos subseqüentes. Pois até mesmo nesse estado exaltado a pessoa ainda experimenta o mundo exterior como separado e distanciado, e a pessoa permanece separada e distanciada de Deus. O crescimento em direção aos estados superiores requer o fechamento dessa lacuna, e o meio pelo qual isso ocorre é o aprimoramento da percepção e do sentimento.

Diz-se que, a partir da plenitude da liberdade interior, fica-se naturalmente inclinado a saudar e a apreciar de braços abertos a experiência exterior. À medida que se passa a viver nesse estado de consciência e que se cresce em direção ao sexto estado, o mundo se torna, cada vez mais, uma coisa bela e uma alegria eterna. Os sentidos ficam mais aguçados, mais capazes de perceber qualidades mais profundas e mais sutis de visão, sabor, tato, olfato e som. A capacidade do coração para as qualidades mais refinadas do sentimento — amor, devoção, ternura, gratidão, compaixão, reverência — se expande. A direção desse crescimento é algo com o qual qualquer um de nós pode se relacionar simplesmente notando o modo como nós respondemos ao mundo num dia agradável — quando nos sentimos felizes, em paz e cheios de energia — e comparando-o com um dia em que estamos cansados, carentes, frustrados ou tristes. Pense nas vezes em que você ficou apaixonado, realizou alguma coisa para a qual você trabalhou arduamente, dormiu como uma pedra e passou a manhã numa praia remota, ou ouviu o seu filho falar as suas primeiras palavras — em tais ocasiões, você pode ter visto alguma coisa radiante e sublime numa paisagem que você já havia contemplado mil vezes, ou pode ter ouvido, como se fosse pela primeira vez, cantos de pássaros ou coros de ventos que sempre estiveram presentes, ou pode ter saboreado alguma coisa estimulante e deliciosa num prato que, antes disso, você havia comido incontáveis vezes ou pelas quais você se enche de gratidão sem nenhum motivo em particular. As mesmas pessoas, os mesmos objetos, as mesmas circunstâncias — mas consciências diferentes. É como se você, que estivera rodando um *software* num velho e defeituoso *hardware*, o transferisse para um novo sistema, rápido, vigoroso e sem falhas. O crescimento em direção à consciência de Deus assemelha-se a *upload* [aperfeiçoar] o seu *hardware.*

"O mundo está cheio do esplendor de Deus", escreveu o poeta Gerard Manley Hopkins. "Vive aí o mais estimado frescor bem no fundo das coisas." Esse frescor e esse esplendor normalmente estão escondidos dos nossos débeis sentidos. Por exemplo, nós captamos 90 por cento das nossas informações através dos olhos, e nossos olhos têm a capacidade magnífica de responder a um único fóton de luz. No entanto, o que os nossos olhos vêem é apenas uma estreita faixa do espectro eletromagnético. Além dela, há uma faixa enorme de ondas infravermelhas e ultravioleta, de raios gama e raios cósmicos e de luz detectável apenas por meio de radar, dos raios X e de outros dispositivos tecnológicos. Mas nós somos capazes de nos tornarmos detectores de um tipo diferente, peculiarmente humano. Quando adequadamente sintonizados, nosso sistema nervoso tem a capacidade de perceber as mais sutis e radiantes qualidades da matéria, bem fundo, no nível onde a substância mutável e o espírito imutável se fundem como o mar e o céu no horizonte.

Percepção Celestial

Essa percepção sublime foi chamada de celestial. Ela foi chamada de numinosa. Ela foi chamada de luz divina. Ela foi personificada e ganhou nomes tais como Shekhinah no judaísmo e, dependendo do intérprete, Espírito Santo no cristianismo e Ishwara no hinduísmo. "O mundo exterior agora permanecerá transformado como a própria expressão ou manifestação de Deus", escreveu Swami Ramdas a respeito dessa percepção. "Por toda parte, a Luz de Deus deslumbra os seus olhos; até mesmo na aparente diversidade e atividade da natureza você, estranhamente, estará ciente de uma quietude e paz do Eterno permeando tudo — uma consciência que é inabalavelmente permanente... seguida pela experiência que coroa um estado ininterrupto de êxtase inefável."

Esses sentimentos despertos podem, naturalmente, ocorrer em qualquer ocasião. É o solo no qual a música e a poesia sagradas criam raízes. Enquanto experiência temporária, esse magnífico modo de percepção pode transformar a vida. A lembrança do momento extático pode manter viva a fé e a persistência na longa busca espiritual. Porém, há igualmente um lado negativo potencial. Visões e experiências sensoriais extáticas podem ser tão intoxicantes que elas são capazes, num aparente paradoxo, de distraí-lo de sua procura da iluminação completa e da paz de Deus. O ardente anseio por um desempenho repetido pode se tornar tão febril quanto a procura de qualquer objetivo material, e a frustração por não alcançá-lo pode desencadear uma crise espiritual ou uma torturante noite escura da alma.

"Desde jovem, eu tinha um ardente desejo de servir a Deus", disse Amy Gallagher, a editora da revista *Passionate Living*, "de me atirar de cabeça nos braços acolhedores do Divino. Eu embarquei num caminho espiritual de intensa meditação, de purificação, de prece e de várias técnicas na esperança de alcançar a União Divina. Eu tive experiências maravilhosas e extáticas, e, no entanto, o meu coração ainda não estava em repouso." Então, ela encontrou um mestre que lhe ensinou que "voltar para Casa era tão fácil quanto se abrir [para] o Ser puro e simples, e se acalmar dentro dele". O que ela descobriu, diz Amy, é que a fusão com Deus "não é absolutamente o arrebatamento e o êxtase que eu antes imaginara, nem se equipara às idéias espirituais elevadas que antes ocupavam o topo da minha mente. Contudo, essa ternura e essa brandura são, inequivocamente, o que eu mais amo". Ela não é a primeira pessoa a ter encontros extáticos com o Divino e a *não* ter paz interior ou auto-realização. Ela foi afortunada por ter aprendido a sabedoria de integrar o êxtase e a serenidade.

Para a percepção divina se elevar até a permanente consciência de Deus, a estabilidade interior e a Autopercepção da consciência cósmica precisam ser estabelecidas antes. É nesse sentido que esses sete estados podem ser considerados seqüenciais, pois lampejos de percepção superior — sejam eles breves ou prolongados — podem ocorrem em qualquer ocasião. "Se um homem quer ser um verdadeiro devoto de Deus", escreve o iogue Maharishi Mahesh, "ele precisa tornar-se o seu puro Eu; ele precisa se libertar dos atributos que não pertencem a ele, e só então ele pode ter uma devoção concentrada e não dispersa... Para que a sua devoção alcance Deus, é preciso que ele, em primeiro lugar, se torne puramente ele mesmo, sem nada que o encurte."

É por meio da interação cada vez mais intensificada da percepção aprimorada e do sentimento exaltado que a consciência de Deus cresce e se torna estabilizada. Quanto mais você aprecia o mundo, mais você o ama; quanto mais você ama o mundo, mais você o aprecia. Essa apreciação amorosa não é mera emoção. É um estado de consciência imenso, dinâmico, coerente, no qual tudo é abraçado como parte de um só todo adorável.

Até certo ponto, o processo acontece naturalmente, uma vez que a liberdade da Auto-realização é alcançada. Mas esse processo pode ser ajudado — em *qualquer* estado de consciência — por práticas de devoção. As qualidades de sentimento que nós associamos com a devoção — amor, reverência, gratidão, culto — podem, naturalmente, ser direcionadas de inúmeras maneiras: podem estar voltadas para o cônjuge, os filhos e outras pessoas amadas; para a abstração da herança ou da tradição da pessoa; para um guru ou para uma figura espiritual reverenciada; para uma personificação do Divino, tal como Jesus ou Buda; para a imagem de uma divindade. Mas essas metas são apenas intermediárias para qualquer pessoa que esteja à procura de Deus. No final, a devoção precisa culminar no nível mais elevado, onde o crédito supremo é devido. Assim como a apreciação de uma obra de arte nos leva naturalmente a estimar o artista responsável por ela, o sentimento de maravilhamento extático diante da magnificência da criação nos abre o coração para a adoração do Criador.

Quando a consciência de Deus é atingida, cada percepção fica saturada de glória celestial, cada pensamento é uma prece incessante e cada ação é uma oferenda sagrada. É aqui que o amor humano e o amor divino se encontram, e que se atinge a meta que o judaísmo místico chama de *d'vekut*: colar-se a Deus. "Adorar [Deus] significa perder-se no insondável", escreve Pierre Teilhard de Chardin, "mergulhar no inexaurível, encontrar a paz no incorruptível, ser absorvido pela imensidão definida, oferecer-se ao fogo e à transparência, aniquilar-se na proporção em que a pessoa se torna mais deliberadamente consciente de si mesma, e dar o que ela tem de mais profundo àquilo cuja profundidade não tem fim."

Deve-se enfatizar que a plenitude da consciência de Deus não é uma questão de ser consciente *de* Deus. Não é pensar a respeito de Deus, lembrar-se de Deus ou ter pensamentos amorosos com relação a Deus. É um intenso estado de ser, além do pensamento e além da mera emoção, onde você vive a percepção de que não existe lugar aonde você possa ir e onde Deus possa ser deixado para trás.

Consciência da Unidade

O olho com que eu vejo Deus é o olho com que Deus me vê.

Meister Eckhart

Por mais magnífica que seja a consciência de Deus, ela ainda não é o estado supremo. O próximo passo, o passo final, é realizar aquelas que são talvez as dez palavras mais profundas já enfileiradas juntas, a declaração dos Upanishades: "Eu sou Isso, você é Isso, tudo isto é Isso."

Mesmo na presença sem fim do Divino, ainda há separação — entre sujeito e objeto, entre Eu e não-Eu, entre conhecedor e conhecido, entre amante e Bem-amado. O que resta a ser encontrado é a graça suprema: a união do Eu e do Tu. O puro amor não pode suportar a separação; ele anseia pela intimidade da união perfeita. Essa é a realidade viva do sétimo estado da consciência.

Se no estado anterior Deus está lá o tempo todo, na unidade *somente* Deus existe. Expressando-nos de outra maneira, não existe mais um eu separado que adora o Criador, mas apenas uma singularidade na qual venerador e venerado se encontram em perfeita unidade. A consciência pura que foi vislumbrada na transcendência e estabilizada na consciência cósmica, agora é apreendida como a essência mais íntima de tudo o que existe. A pessoa desperta para a verdade de que tudo é Eu, sempre foi Eu e sempre será Eu, e a jornada de um estado para outro era uma ilusão risível, porque nunca houve realmente lugar algum para ir. Toda a noção de separação era um erro colossal. Para citar a analogia tradicional, é como se alguém ficasse assustado com a aparência de uma cobra no escuro, somente para perceber, quando a luz fosse acesa, que aquilo era apenas um bastão.

Aparentemente, a realização chega de maneira espontânea para a pessoa arraigada na consciência de Deus, por meio da inclinação natural do amante para se unir ao Bem-amado. O salto é impulsionado pelo aprimoramento do sentimento e da percepção, mas também se diz que o intelecto desempenha um papel, pois a iluminação é, em grande parte, uma questão de *conhecer* a verdade suprema. Num solo bem preparado, aquilo que em sânscrito é chamado de *mahavakya*, ou grande elocução — uma declaração penetrante proferida por um mestre, a leitura de uma escritura sagrada, e até mesmo uma verdade profunda ouvida ou lida incontáveis vezes antes disso — de repente pode erguer o véu final para a experiência suprema do Aha! Quem sabe? Para você, a fonte do *mahavakya* poderia ser J. D. Salinger. Em seu conto "Teddy", uma criança descreve como ele observou sua irmã tomar um copo de leite: "De repente, eu vi que *ela* era Deus e que o *leite* era Deus. Eu quero dizer, tudo o que ela estava fazendo era derramar Deus dentro de Deus, se você sabe o que eu quero dizer."

A Dualidade se Dissolve em Unidade

O impulso que começou com a consciência cósmica, de projetar para fora a percepção do Eu infinito, agora está completo. Toda a criação está em mim e eu estou em toda a criação. "Nós sempre começamos como dualistas", disse Swami Vivekananda. "Deus é um Ser separado, e eu sou um ser separado. O amor se põe no meio, e o homem começa a se aproximar de Deus, e Deus, por assim dizer, começa a se aproximar do homem... e finalmente se alcança o ponto em que ele se torna uno com o objeto de veneração. 'Eu sou você, e você sou eu; e, venerando você, eu venero a mim mesmo; e, venerando a mim mesmo, eu venero você.'"

A dualidade desapareceu no Uno não-dual sem forma e ilimitado. Santa Teresa de Ávila chamava esse Casamento Espiritual de "uma união secreta" da alma com Deus. Como todos os bem-aventurados que experimentaram esse casamento, ela foi forçada a descrevê-lo com metáforas: "É como chuva caindo dos céus num rio ou numa fonte; não existe nada além de água e é impossível dividir ou separar a água que pertence ao rio da água que cai dos céus. Ou é como se um pequeno regato entrasse no oceano, do qual ele não acharia nenhum meio de se separar, ou como se num quarto houvesse duas grandes janelas através das quais a luz ingressasse: ela entra por diferentes lugares, mas toda ela se torna uma só."

A consciência da Unidade é a última em totalidade, harmonia e intimidade. Tudo é não apenas parte de você, mas *é* você. Isto não significa, naturalmente, que a maravilhosa diversidade do universo se dissolve em algum caldo incolor; uma pessoa não poderia funcionar no mundo sem a capacidade para distinguir uma forma de outra. Na verdade, nesse estado liberto a pessoa agora está equipada para extrair mais deleite do que nunca daquilo que tem sido chamado de *lila*, o jogo do Divino. Mas com uma diferença: o sempre mutável foco da percepção não ofusca mais o silêncio eterno da Unicidade. Em vez disso, a unidade é a característica dominante da percepção. Metaforicamente, é como se fitássemos o vasto e eterno oceano enquanto, ao mesmo tempo, desfrutássemos da dança de cada uma das ondas, que, como você sabe, nada mais são que o oceano.

Primeiro, a realização de que eu sou Isso. Em seguida, de que tu és Isso. Finalmente, de que tudo isto é Isso. E isso é isso.

Ah, mas não inteiramente. Diz-se que os iluminados retêm, felizmente, um resquício de ignorância. A ilusão da separação que gruda na percepção, como a massa gordurosa que fica na mão depois que ela se livra de uma bola de manteiga, não apenas possibilita que ela funcione no mundo como também permite que se continue sentindo o arrebatamento inefável que surge com o amor de Deus. Dnyanadev, um poeta-santo do século treze, descreveu esse truque cósmico com desculpas pedidas à deusa de quem ele era devoto: "Eu não vejo uma maneira de louvá-la verdadeiramente, pois, com exceção do silêncio, a Senhora não usa nenhum outro ornamento. Seu verdadeiro louvor consiste no perfeito silêncio, a sua veneração não é um ato exterior, e a união com a Senhora consiste no fato de eu mesmo não ser nada. Mas, se, como alguém cuja mente está enlouquecida e que balbucia descontrolado, eu canto o seu louvor, seja indulgente com ele, Oh Mãe querida."

O Caminho Quintessencial que Leva ao Inexplorado

Se você procura Deus,
Você nunca encontrará Deus.
Mas se você não procura Deus,
Deus nunca se revelará para você.

POEMA SUFI

Tem-se dito que a noção de um caminho que leva à realização-de-Deus é absurda. Deus está presente em todos os lugares; não existe um lugar para se ir. Não há nada para se encontrar, nada para procurar. Nós já somos perfeitos, já somos divinos, já somos unos com tudo o que existe; nós não precisamos fazer nada para nos tornarmos o que já somos. A lógica dessas afirmações é impecável, e a sua verdade no mais alto nível de percepção é evidente por si mesma e incandescente. Mas não é a realidade que a maioria de nós vive no seu dia-a-dia. Explicando isso de maneira simples, não é suficiente fazer como alguns sugeriram: apenas acorde e perceba que você já está iluminado; pare de lutar e aceite que você já tem a paz de Deus. Apenas Seja! Com muita freqüência, a tentativa de fazer isso atinge um ponto no qual se confunde um conceito intelectual com um estado genuíno do ser, ou onde se usa o poder da sugestão para afetar um estado de ânimo que imita aquilo que você *acha* que deveria ser a realização ou a iluminação.

Nós não vivemos a verdade daquilo que nós somos pela mesma razão que nós não sabemos se o Sol está fora quando as sombras estão grudadas em nós, e não podemos suspendê-las por causa da ignorância ou de habilidades limitadas. Nós somos impedidos de apreender a luz da Realidade por causa dos véus, e às vezes dos muros, da consciência individual. As tecnologias espirituais desenvolvidas ao longo de éons por todas as tradições de sabedoria foram planejadas com o propósito de remover esses obstáculos e de nos livrar das ilusões do ego. Não se trata de nos tornarmos diferentes do que nós somos, mas de deixarmos de ser o que não somos. E, por mais paradoxal que possa parecer, isso requer intenção e disciplina.

Conta-se a história de um devoto que procura um guru e lhe diz que ele quer conhecer Deus. O mestre o leva até um rio, onde ele mergulha a cabeça do estudante na água e a segura lá. Ele deixa que o jovem se debata antes de, finalmente, permitir que ele volte à superfície. "O que você mais queria quando estava mergulhado na água?", ele pergunta.

"Ar", o discípulo responde. "Eu teria feito qualquer coisa por um pouco de ar."

"Quando você se se sentir dessa maneira com relação a Deus", diz o mestre, "então você o encontrará."

Evoluir em direção à paz de Deus em estados de consciência superiores é tão natural quanto uma planta crescendo em direção à luz. Mas, para dar frutos, as plantas precisam de sol, de água e de um solo rico — e do bônus ocasional de fertilizantes, nutrientes e um terno cuidado amoroso para aumentar as suas chances de êxito. De modo semelhante, é melhor não deixarmos o progresso espiritual entregue aos caprichos do acaso ou da graça. A seção seguinte sugere uma abordagem integrativa para estabelecer e estabilizar a paz de Deus, pondo em jogo todos os cinco aspectos do Eu Quintessencial.

No seu âmago, o Eu Quintessencial é luz radiante, a essência da essência, o mais sagrado dos sagrados, a parte de você que toca Deus. Cada aspecto do Eu Quintessencial irradia desse núcleo de Ser eterno. No entanto, embora nós estejamos evoluindo em direção à plena iluminação da realização-do-Eu, os raios que emanam do núcleo são, por assim dizer, obscuros, assim como quartos individuais poderiam ficar frios e escuros quando eles bloqueiam a ação do fogo que proporciona o aquecimento central. Como eles não ardem com o seu pleno potencial, os cinco aspectos do Eu Quintessencial ofuscam a nossa verdadeira natureza como seres de luz. Nossa essência central é obscurecida pelos sentimentos suprimidos, reprimidos e deprimidos do eu emocional; pelos papéis habituais que o eu relacional aprende a desempenhar para a sobrevivência, e que nos convertem em robôs; pelas dúvidas, crenças errôneas e intelectualização excessiva do eu mental; pelas restrições do dogma e da desilusão religiosa sobre o eu espiritual; e talvez, mais do que tudo, pelas necessidades corporais, pela dor e pelo hábito de nos identificarmos com o eu físico, que na realidade nada mais é do que luz eterna concentrada em forma solidificada (como Einstein revelou na sua famosa equação, $E=mc^2$, a massa é meramente energia concentrada).

Ao dar passos para remover essas obstruções, nós podemos revelar mais e mais da nossa luz essencial. Tenha sempre em mente que os efeitos da maior parte das práticas não estão confinados a qualquer uma das áreas do Eu Quintessencial. Uma prática física como, por exemplo, a hatha ioga, afetaria não apenas o corpo, mas também as dimensões mental, emocional, relacional e espiritual. Como no caso das pernas de uma mesa, se uma das cinco é colocada num lugar diferente, todas as outras também mudam de lugar.

A Dimensão Espiritual da Reunião com Deus

Como na ilustração da página 32, o eu espiritual forma o topo da estrela do Eu Quintessencial, recebendo energia dos outros quatro eus, e ao mesmo tempo se responsabilizando por eles e unificando-os. Ao despertar o nosso poder espiritual adormecido, nós podemos trazer paz a todos os aspectos de nossa vida. Embora *tudo* o que fazemos para assegurar a paz de Deus possa ser considerado espiritual, nós limitamos essa discussão a alguns aspectos práticos.

A Paz Transcendente da Meditação

Tranqüilizai-vos e reconhecei: eu sou Deus.

Salmos 46:10

A meditação, a peça central de qualquer caminho para a consciência superior, é recomendada como a via mais direta para o Divino, praticamente por todas as tradições espirituais. Há, naturalmente, um grande número de formas de meditação. Algumas são mais adequadamente chamadas de contemplação, pois envolvem a ponderação sobre o significado de uma passagem das Escrituras ou uma profunda concepção espiritual. Algumas requerem práticas mentais altamente rigorosas, planejadas para disciplinar a mente e treiná-la para se concentrar. Outras são semelhantes a sedativos, e se destinam a manifestar um sentido calmante de relaxamento. Algumas formas de meditação envolvem a visualização de cenas imaginárias ou da imagem de uma divindade. Algumas usam o som de mantras tradicionais, e dentro dessa categoria há métodos que vão desde a entoação rítmica interior até a repetição passiva. O propósito de algumas delas é cultivar certas qualidades, tais como o amor, a compaixão ou a renúncia. E algumas objetivam diretamente o despertar do Eu ilimitado.

Cada forma viável de meditação deveria produzir pelo menos uma medida de paz interior, mas aquelas que produzem a consciência transcendental abrem a porta para a *fonte* da paz, onde a presença do indivíduo encontra a Presença divina. James Finley chama essa qualidade de meditação de processo que "desnuda a nossa natureza e, ao fazê-lo, desnuda a natureza de Deus, que nos é dada como a nossa própria natureza". Assim como o fato de se remover o calor de uma panela de água fervendo reduz a excitação das moléculas, de modo que as bolhas cessam sua atividade febril e se dissolvem em sua fonte, a meditação profunda reduz a excitação da mente de modo a fazê-la assentar-se na eterna quietude que existe no âmago da alma. Ela se torna não-ativa, mas desperta em si mesma, sabendo que "eu sou Isso".

Virou moda dizer que todas as práticas de meditação são a mesma. Talvez seja mais exato dizer que as metas dessas técnicas são com freqüência uma só, e que elas compartilham de certas características. Mas elas não são a mesma, assim como carros, trens e aviões não são a mesma coisa, mesmo que todos eles sejam construídos para levar passageiros de um lugar para outro. Se ela deve servir ao seu anseio pela paz de Deus, sua escolha de uma prática de meditação precisa ser empreendida com cuidado e discernimento, particularmente se você pretende praticá-la sozinho, sem a orientação contínua de um mestre especializado. De um modo geral, uma boa forma de meditação teria, no nosso contexto, as seguintes características:

- pode ser praticada relativamente sem esforços e é fácil fazê-la em casa mesmo
- é ensinada por um mestre treinado adequadamente
- está arraigada numa tradição bem-estabelecida, com uma longa história de sucessos confiáveis
- traz à tona regularmente um estado de alerta tranqüilo

Este último item é o carimbo de qualidade de qualquer meditação capaz de promover a paz de Deus — quietude interior combinada com uma percepção desperta que transcende pensamentos e concepções.

Você talvez queira encontrar uma prática de meditação perto de casa, nos confins amistosos da sua tradição religiosa. Pode não ser fácil conseguir isso, a não ser que você provenha de raízes hinduístas ou budistas; poucas casas de culto modernas incluem práticas diferentes da recitação de preces padronizadas. No entanto, os ramos mais esotéricos de cada religião têm testemunhado uma revitalização, em anos recentes, e práticas de meditação negligenciadas desde há muito tempo têm ficado fáceis de se aprender. Judeus em busca de meditação têm-se voltado para a Cabala e para o movimento de Renovação Judaica; cristãos têm-se voltado para preces centralizadas e práticas místicas derivadas do cristianismo contemplativo; muçulmanos têm-se voltado para técnicas sufis tais como o *dhikr*. E, no espírito pragmático norte-americano de usar qualquer coisa que funcione, os buscadores do nosso mundo pluralista estão procurando além de sua própria herança, com freqüência cada vez maior, formas de meditação budista, tais como zazen e vipassana; várias práticas derivadas da tradição da ioga; ou qualquer número de técnicas sob medida que os professores de meditação estão oferecendo.

Se você está procurando uma prática de meditação que não entre em conflito com a sua forma de culto, e que não exija a adoção de um novo sistema de crença ou o envolvimento com uma organização religiosa, você poderia considerar a meditação transcendental (MT). Embora a imagem popular que se tem da MT seja a de uma simples técnica de relaxamento, ela tem raízes na tradição vedanta e pode ser vista como uma prática espiritual pura. Sem ofender as muitas formas de meditação não-sectárias disponíveis no mercado, nós nos sentimos tranqüilos recomendando a MT porque ela satisfaz aos quatro critérios listados acima, e porque nós mesmos a praticamos durante um tempo total combinado de mais de sessenta anos; ela é ensinada por pessoas bem-treinadas da mesma maneira sistemática em qualquer lugar no mundo; e é apoiada por centenas de estudos científicos relativos a um amplo espectro de medidas — pressão sangüínea, consumo de oxigênio, condições médicas relacionadas ao *stress*, mudanças cerebrais e muito mais — a agregação das quais aponta inequivocamente para a profunda paz interior e a experiência regular da consciência transcendental.

Qualquer que seja a técnica escolhida por você, é importante aprendê-la de uma fonte qualificada e torná-la uma característica regular da sua vida diária. É na constância que "a paz que vai além da compreensão" se torna estabilizada.

A Paz da Oração

A oração é a resposta de energia que Deus obtém de nós, a Sua criação.
A oração fecha o circuito da energia de Deus
e nos ajuda a mantê-la fluindo.

Rabino Zalman Schacter-Shalomi

Enquanto a meditação tem sido chamada de um meio de escutar a Deus, a oração é considerada como um meio de falar com Deus. Essa distinção é útil até onde ela vai, mas com esta importante ressalva: em seu nível mais intenso e mais profundo, a oração e a meditação se encontram num lugar além de toda fala e de toda escuta, na quietude da união eterna. Esse inefável silêncio pode ser tão ressonante quanto um coro de trombetas anunciando a vinda do Senhor.

"Muitas pessoas seguem as formalidades das grandes religiões e rezam explicitamente para que eventos específicos ocorram", escreve Larry Dossey, M.D., pesquisador líder no campo que relaciona prece e cura. "Algumas pessoas rezam para um Deus ou Deusa pessoal, o Todo-Poderoso, ou o Ser Supremo; outros rezam para um Universo impessoal ou para o Absoluto. Outros não rezam num sentido convencional, mas vivem com um sentimento profundamente interior do sagrado. Seu espírito poderia ser chamado de um espírito de devoção, um sentimento de estar simplesmente sintonizado ou alinhado com 'alguma coisa superior'." Como Dossey sugere, esse meio bastante pessoal de se ligar com Deus vem de diversas maneiras. O conteúdo da prece se estende por toda parte, assim como as intenções que as pessoas trazem para a prece e a profundidade com a qual elas a experimentam.

Considere os dois tipos de prece descritos pelo comediante Emo Philips: "Quando eu era criança, eu costumava rezar todas as noites pedindo uma bicicleta nova. Então, eu percebi que o Senhor não trabalhava dessa maneira, e por isso eu roubei uma e pedi a Ele que me perdoasse." Uma piada, sim, mas um relato preciso de um grande número de preces que são enviadas ao céu todos os dias: solicitações de presentes, não muito diferentes de uma carta para o Papai Noel, e súplicas penitentes pedindo perdão pelos seus pecados.

Compare isso com a descrição de prece feita pela mística cristã do século treze Mechthild de Magdeburgo: "Ela atrai o grande Deus aqui para baixo, para dentro do pequeno coração; ela conduz a alma faminta para cima, para dentro da plenitude de Deus; ela leva juntos dois amantes, Deus e a alma, a um lugar maravilhoso onde eles falam muito de amor." Aqui, aquele que reza não está pedindo nada, não está esperando nada, mas apenas a intimidade com o Divino e a oportunidade para adorá-lo.

A prece pode variar desde o extremo interesse próprio até a completa autorendição. Eis uma lista de diferentes tipos de comunicação na prece, junto com as condições mentais e emocionais que em geral dão origem a elas:

- peticionária — desejo, necessidade, dependência
- por um milagre — desespero, desamparo
- regateadora — resignação
- confissão — remorso
- por redenção — culpa, medo
- por orientação — renúncia
- pelo bem-estar de outros — cuidado, compaixão
- oferecendo serviços — generosidade
- de ação de graças — gratidão, plenitude, contentamento
- louvor — admiração, maravilhamento, apreciação

- adoração — amor, devoção
- silêncio — paz interior, comunhão

Evidências, tais como os 1.200 estudos a respeito dos efeitos da prece sobre a saúde, sugerem que a prece por resultados específicos geralmente pode ser eficaz. Mas aquilo pelo qual você pede na prece e a maneira como você pede podem fazer a diferença. O rabino Harold Schulweis distingue entre a prece passiva e a prece ativa. Nesta última, diz ele, "o peticionário vê a si mesmo como um correspondente ativo de Deus", num "relacionamento bilateral de co-criadores e co-santificadores". Sem essa atitude de parceria, as preces, com freqüência, trazem expectativas não-realistas e uma dependência com relação à magia — uma combinação exata para o desapontamento. Por isso, é importante perguntar a si mesmo: "O meu pedido é razoável? É digno? Refere-se a algo que pode ser conseguido?"

A eficácia da prece também depende, em grande parte, da sinceridade com que ela é feita e da profundidade da quietude *de onde* ela é feita. É por isso que a meditação é, com freqüência, recomendada como um prelúdio para a prece: é recomendada para estabelecer um local de encontro santificado para Deus, removendo-se, para isso, o ego para fora do caminho. Disse o sacerdote Angelus Silesius, como um espírito zen alemão do século dezessete: "Deus, cujo amor e alegria estão presentes em toda parte, não pode visitar você, a menos que você não esteja aí."

O sucesso de uma prece também depende da sua abertura para as alternativas de Deus. Você não pode sempre conseguir o que quer, como os Rolling Stones deixaram claro. Mas você pode conseguir alguma coisa que você precise mais, como sabedoria ou orientação. Ao contrário da noção de que a prece é apenas para falar *para* Deus, é sábio também incluir algum tempo de escuta. Ao entrar nas regiões silenciosas de você mesmo, sua pequena mente individual pode "puxar uma extensão" da inteligência cósmica, onde tudo é conhecido. Você pode pensar nas mensagens que chegam como sendo o próprio conselho de Deus ou como a sutil voz da intuição. Como quer que você a chame, uma atitude devota receptiva prepara o terreno para respostas, mesmo que você não tenha feito nenhuma pergunta específica, e mesmo que você não esteja consciente de que tem perguntas para fazer em primeiro lugar.

No nível mais elevado, as preces *sempre* são respondidas. Quando a verdadeira intenção da prece não é conseguir alguma coisa, mas se comunicar intimamente com o Divino, esta afirmação feita pelo rabino David Cooper se aplica: "O anseio de clamar por Deus é *sempre* respondido simultaneamente ao chamado, pois, em última análise, não há diferença entre aquele que chama e aquilo para o qual ele dirige o chamado." Nesse nível, a questão das preces respondidas torna-se irrelevante. Pois aqui você foi além do ato de pedir, além da súplica, além até mesmo da ação de graças. "Por mais tempo do que eu estive disposto a admitir, até para mim mesmo", escreve John Shelby Spong, bispo aposentado da Diocese Episcopal de Newark, Nova Jersey, "as preces dirigidas a um Deus externo, sobrenatural — uma divindade teísta — tiveram pouco ou nenhum significado para mim." Ele pensava que isso fosse uma deficiência pessoal e se esforçou arduamente para superá-la. Por fim, ele chegou a se ver como "um crente no exílio", que precisava revisar a idéia que ele tinha da prece. Em vez de "palavras endereçadas aos céus", a prece para Spong passou a significar "estar presente, compartilhar amor, abrir a vida para a transcendência".

A fim de que a prece atinja o seu potencial espiritual mais elevado, ela deve ser mais do que uma obrigação de rotina; em vez disso, ela deve ser uma ocasião especial, uma ocasião sagrada, uma ocasião que você espera como esperaria a visita de um amigo querido. Ela também deveria ser profundamente pessoal, e não apenas uma repetição de rotina. As preces padronizadas podem ser um recurso magnífico e inspirador, mas por que não escolher também preces que tenham um profundo significado pessoal? Lembre-se de que Jesus nos advertiu para não imitar as pessoas que só rezam em público para que sejam vistos como devotos, ou as pessoas que pensam que quanto mais disserem maior será a probabilidade de serem ouvidas. "Vá até um quarto", ele aconselha, "feche a porta e reze para o seu Pai que está aí nesse lugar secreto."

Você pode perceber que, quando reza, você está inclinado a verbalizar cada vez menos. Muitos resistem a esse impulso, pensando que a prece deve ser articulada claramente e em voz alta. Porém, como apontou o mestre nativo norte-americano Black Elk: "O Grande Espírito está em toda parte: Ele ouve tudo o que está em nossa mente e coração, e não é necessário falar a Ele em voz alta." Você pode chegar à conclusão de que quer sussurrar, não falar. Você pode querer deixar imóveis os lábios e falar apenas em pensamento. Pode ser que você não queira mais formular sentenças inteiras e, em vez disso, passar a falar a linguagem do puro sentimento. A intenção original da sua prece pode desaparecer inteiramente, enquanto você mergulha no silêncio. Em vez de lutar contra essa tendência, com base na suposição de que a prece é equivalente à fala, deixe que ela se desdobre. Isso poderia significar que você está se movendo para níveis mais profundos da prece, para mais perto de Deus.

Na sua delineação dos estágios da prece, Thomas Merton descreve o que ele chama de "prece pura". Aqui, diz ele, a alma "fala para Ele sem saber o que está dizendo, porque o Próprio Deus desviou-lhe a mente das suas palavras e pensamentos. Ela O alcança sem pensamentos porque, antes que ela possa pensar Nele, Ele já está presente nas profundezas do espírito, movendo-a para que ela O ame de um modo que ela não pode explicar ou entender". Esse é o nível subterrâneo no qual a prece e a meditação chegam juntas como correntes subterrâneas. Aí acontece o que Abraham Joshua Heschel descreve como uma "mudança no centro da vida da autoconsciência para a auto-rendição a Deus", onde nós "vemos o mundo no espelho do sagrado".

Peregrinações de Paz

Desde tempos imemoriais, os buscadores religiosos têm feito peregrinações para os lugares sagrados — para Jerusalém, Belém e Meca; para Varanasi e Bodhgaya; para as Grandes Pirâmides, Lourdes, Stonehenge, Delfos e Machu Picchu. Eles vão a esses lugares para venerar, para rezar, para serem curados, para beber o néctar do Divino e para se aproximarem da paz de Deus. Nesses cenários de transformação, onde as mais sublimes emoções foram depositadas durante séculos, a própria atmosfera atrai a alma receptiva para a reverência e o assombro, como uma arrebentação que leva uma garrafa para o mar.

Considere a possibilidade de fazer uma peregrinação a um lugar sagrado que tenha um significado pessoal para você. Para ilustrar o tipo de magia que pode acontecer nessa jornada, eis aqui o relato de uma viagem aos lugares sagrados do Egito feito por um médico da Califórnia:

"Eu estava numa encruzilhada em minha vida. Eu não só estava descontente com o meu trabalho e pensando em adotar uma direção profissional totalmente nova, como também era uma ocasião de tremenda dor, física e emocional. Um acidente de automóvel me deixara com enxaquecas torturantes, que eu estava tratando por meio de ímãs medicinais presos à minha testa com Band-Aids, e meu casamento de 18 anos subitamente estava desmoronando, e me deixando com um sentimento de abandono e traição. Eu estava abalado até o meu âmago, sentindo-me como um inválido invalidado. Quando um grupo de sócios comerciais me convidou para que eu me juntasse a eles num passeio pelo Egito, eu vi nisso uma oportunidade para escapar e, talvez, adquirir um ponto de observação superior de onde eu pudesse ter uma visão da minha vida rompida. Eu não tinha nenhum meio de prever que uma surpreendente transformação irromperia em Luxor, num velho templo dentro do complexo de templos de Karnak.

"Nosso passeio foi liderado por Kevin Ryerson, o perito em canalização que apareceu caracterizado no livro *Out on a Limb* (Minhas Vidas), de Shirley MacLaine. A uma certa altura, numa escuridão total, Kevin disse: 'Abra os olhos e olhe dentro da face da deusa. Bem-vindo à casa de Deus.' Eu vi diante de mim, num brilho de luz solar dourada, a misteriosa forma zoomórfica de Sekhmet, que é, num paradoxo aparente, tanto a deusa da guerra como da cura. O ícone tinha uma forma feminina humana com a cabeça de uma leoa, e os seus olhos projetavam uma enorme compaixão. Enquanto eu olhava fixamente para a sua forma, emoções muito fortes começaram a jorrar dentro de mim. Eu não fui o único. No brilho, eu pude ver lágrimas que fluíam livremente dos olhos de alguns dos outros peregrinos. Então, Kevin falou numa voz que parecia fantasticamente nativa para o espaço ancestral em que nos encontrávamos. Ele disse que o templo era um modelo do subconsciente, que a luz que brilhava em Sekhmet era uma ligação com a alma e que as imagens arquetípicas entalhadas nos muros podiam estimular a cura. Ele explicou como Sekhmet poderia curar os conflitos internos das pessoas antes que eles pudessem se converter em atos de agressão. Tudo isso fazia sentido porque eu tinha a sensação de que os meus conflitos interiores — a respeito da minha mulher, do meu trabalho, das minhas dores de cabeça e assim por diante — estavam de algum modo se dissolvendo.

"Então, nós nos dispusemos de acordo com os nossos signos astrológicos e colocamos diante da deusa os objetos que tínhamos levado conosco para inspiração pessoal. Em seguida, Kevin fez um ritual com um grande cristal. De início, milhares de prismas crepitavam ao redor do compartimento. Então, ele refletiu um raio único de luz nos olhos de cada pessoa. Eu me vi atraído para uma imagem de Hathor, a deusa da alegria. Foi então que eu senti uma tremenda liberação interior, seguida por um dilúvio de paz bem-aventurada.

"Do lado de fora, Kevin assinalou que o centro de pedra do templo estava envolvido em lama até onde os olhos podiam ver. A pedra significa o eterno, e a lama, tudo o que é passageiro. Ficou claro que eu precisava abandonar o meu casamento. Também ficou claro que as recompensas monetárias que haviam impulsionado o meu trabalho não poderiam mais me motivar. Estava na hora de eu me concentrar no sonho, há muito tempo adiado, de servir a humanidade de uma maneira mais duradoura e espiritual. Quando eu contei a Kevin a minha experiência, ele disse: 'Bem, você não precisa mais disto', e removeu os ímãs medicinais da minha testa. A dor que havia sido a minha companheira constante foi embora, e não voltou mais. A viagem que eu pensava que seria uma agradável fuga converteu-se numa peregrinação que transformou a minha vida de uma maneira fundamental."

Se a sua jornada pela montanha passar pelo seu lugar sagrado, ou deslizar rumo a ele, num ônibus com ar condicionado, tenha em mente os seguintes pontos:

- *Estabeleça a sua intenção mais elevada.* Uma peregrinação não é apenas uma viagem de visita a lugares interessantes; é uma busca espiritual. Tente ser claro quanto ao seu propósito, quanto ao que você espera extrair da viagem e quanto ao que você está levando a ela.

- *Viaje com pouca bagagem.* Com isso nós estamos nos referindo à sua bagagem emocional e mental, e não à sua mala. Tente deixar em casa todos os itens pesados — preocupações, aflições, ansiedades — junto com seus preconceitos. Mas leve com você as suas preces favoritas, objetos com significado sagrado e qualquer outra coisa que você sinta que poderia aprofundar a sua experiência. Acima de tudo, leve com você os sentidos bem abertos e uma mente alerta, de modo que você possa permanecer plenamente consciente a cada momento.
- *Escolha as companhias certas.* Se você estiver viajando com um grupo, certifique-se de que as pessoas representam com a maior proximidade possível a sua verdadeira família espiritual. Personalidades incompatíveis podem converter a peregrinação numa zombaria. Além disso, se você estiver se juntando a um passeio, certifique-se de que quaisquer rituais e ritos que venham a ser realizados estejam em sintonia com as suas crenças espirituais.
- *Esteja aberto a tudo.* Algumas vezes, os momentos mais iluminadores de uma peregrinação acontecem quando menos se espera, talvez a caminho de um lugar sagrado, ou saindo dele. Tente dar as boas-vindas a surpresas, agradáveis ou desagradáveis, como parte da experiência de aprendizagem global.
- *Mantenha um diário.* Tome nota das suas experiências. Não registre apenas as circunstâncias externas; descreva os eventos muito mais importantes que acontecem no seu coração e na sua mente.

A Dimensão Mental da Reunião com Deus

Os Vedas são úteis apenas até o despertar.
Para o sábio desperto, os Vedas são tão úteis quanto um reservatório de água quando há enchentes por toda parte.

BHAGAVAD GITA II, 46

O intelecto é, com freqüência, depreciado no caminho espiritual porque suas ferramentas de cálculo, de análise e de lógica não são tão úteis nessa arena quanto elas o são no domínio dos objetos materiais e dos dados quantificáveis. Elas podem, na verdade, ficar no caminho. Mas é por uma boa razão que toda tradição de sabedoria valoriza o estudo e o discernimento. A mente racional pode ser um valoroso recurso espiritual, e negligenciá-la seria um erro tão grande quanto contar muito com ela.

Em primeiro lugar, um intelecto aguçado e bem-informado é indispensável para você tomar decisões sobre a sua vida espiritual. Ela está ali para lembrá-lo de Deus e do seu bem mais elevado quando a sua mente se extravia para o que é frívolo, trivial e dispersivo. Ela está ali para ajudá-lo a ordenar a abundância de equívocos, concepções errôneas e danos específicos que abundam no mercado das idéias. É imperativo para os buscadores da verdade avaliar meticulosamente as informações, e, quando defrontados com escolhas, ouvir o conselho da sua cabeça e também o do seu coração.

Em segundo lugar, uma contribuição geralmente menos apreciada de uma mente informada consiste em interpretar adequadamente experiências interiores. Sem um arcabouço adequado de entendimento, aberturas espirituais profundas podem ser desconcertantes, ou até mesmo assustadoras. Muitas dessas aberturas têm sido tratadas por especialistas mal-informados em saúde mental, mesmo que estejam animados com a melhor das intenções, como quedas por desmoronamento (*break*downs) em vez de avanços por ruptura (*breakthroughs*). Por exemplo, vislumbres prolongados de consciência cósmica têm sido diagnosticados erroneamente como uma doença de despersonalização e tratados com terapias e medicações inadequadas. Encontros extáticos com a consciência de Deus têm sido levianamente descartados como alucinações. E muitas crises espirituais intensas têm sido tratadas como um episódio comum de depressão ou ansiedade. Na maioria dos casos, o medo e a confusão poderiam ser evitados se os próprios indivíduos e as pessoas que os cercam tivessem uma compreensão clara da natureza da experiência espiritual.

Há, igualmente, uma maneira mais sutil e mais profunda de o intelecto servir o espírito: levar a mente até níveis mais profundos e, em última análise, transcender a si mesmo. Ramificações de todas as tradições utilizam diligentes métodos de pesquisa para treinar o buscador de modo a levá-lo a distinguir o real do irreal, o eterno do perecível. Textos sagrados, comentários e discursos de mestres reverenciados estão sujeitos a um exame minucioso e intenso. Histórias são dissecadas, metáforas são desconstruídas e os tratados são analisados como depoimentos legais. Os mestres são sujeitos a interrogatórios cruzados. Passagens das escrituras são desmontadas e remontadas como relógios. Nos ensinamentos mais elevados, o discernimento não permanece no nível conceitual, mas, em vez disso, escolta a mente através da porta até a experiência viva de Deus.

Nas tradições budista e hinduísta, vários métodos contemplativos são utilizados para convencer a mente quanto à natureza impermanente da experiência na consciência desperta ordinária. A mente é levada a entender que tudo o que nós vemos, tocamos, saboreamos, cheiramos e ouvimos não é real. Os prazeres pelos quais ansiamos, as metas que procuramos atingir, os desejos que queremos satisfazer, os corpos com os quais nos identificamos — tudo isso está sujeito a mudança, dissolução e morte. Essas verdades tornam-se indiscutivelmente claras para o intelecto por meio da observação repetida e da análise. Como também a verdade complementar da eterna Unicidade que está subjacente e que permeia todos os fenômenos impermanentes. Com freqüência, o método usado para realizar esse estado é o da negação intelectual, o que na Índia é chamado de *neti neti*: nem isto, nem aquilo. Isto não é o Real; aquilo não é o Real; nem isto, nem isto, nem isto. Nada que muda pode ser o Real, e nada que é discernível pelos sentidos pode ser o Real. No lugar de "o Real", qualquer ensinamento particular poderia substituir "Deus", ou "Brahman", ou outro nome para a Realidade Suprema.

Em certas escolas de Vedanta, ensina-se os buscadores a indagar repetidamente: "Quem sou eu?" Eles são guiados para a percepção de que eles não são o seu corpo, nem a sua personalidade, nem os papéis que eles desempenham na sociedade, nem nada que tenha limites e fronteiras, pois tudo isso muda, mas o "Eu" permanece. O que é esse "Eu"? Não é o meu pensamento, pois ele também muda. E quem está realizando o pensamento? Quem está fazendo estas perguntas? Quem respondeu a *esta* pergunta? Tudo isso se destina a levar a mente até a percepção que testemunha, onde o verdadeiro Eu é revelado como a tela imutável na qual todas as formas mentais são projetadas. "O pensamento 'Quem sou eu?' destruirá todos os outros pensamentos", disse Ramana Maharshi, o mestre da auto-indagação do início do século vinte, "e, como o bastão usado para agitar a fogueira ardente, ele mesmo será destruído no final. Então surgirá a realização-do-Eu".

Por si próprio, o caminho da indagação intelectual pode facilmente ficar atolado no lodaçal da mente, rodopiando incessantemente as suas rodas — particularmente na ausência de contato contínuo com um mentor habilitado. Uma coisa é entender conceitualmente que Deus está sempre presente como o Eu eterno; outra coisa, totalmente diferente, é viver isso, respirar isso e verdadeiramente *saber* isso. Outro risco é que a contemplação constante de idéias abstratas pode interferir com as demandas da vida cotidiana. Por essas razões, tais caminhos estiveram tradicionalmente confinados à vida contemplativa num mosteiro. No entanto, com essa ressalva em mente, todo buscador da paz com Deus é encorajado a examinar minuciosamente os escritos sagrados, a questionar as autoridades espirituais e, por outro lado, a empenhar a mente no serviço da verdade.

Assim como um rio é diferente a cada vez que você pisa nele, tudo o que você lê é diferente a cada vez que você o lê. Quando a sua consciência e o seu discernimento crescem, você invariavelmente encontra nuances de significado que você poderia não ter absorvido num estágio inicial na sua evolução, e cada nova idéia tem o potencial para elevar o seu relacionamento com Deus. Por isso, os textos espirituais podem ser lidos repetidamente e nunca exaurir o seu valor. Mas por que permanecer dentro das fronteiras de uma única tradição? Nunca tivemos tantas fontes ricas de sabedoria disponíveis para uma pessoa média. "A leitura de outras escrituras geralmente projeta luz sobre as nossas", diz Vandana Mataji, uma freira católica que dirige um ashram na Índia, onde os Upanishades são colocados ao lado da Bíblia. "Eles iluminam textos com os quais se esteve familiarizado há muito tempo, mas que, não obstante, ainda não se 'começou a sondar' realmente."

Tente não ler um texto espiritual como você o faria com um tratado de história ou com um livro científico, procurando por fatos. Pense em cada capítulo como se fosse uma cebola de sabedoria que revela significados cada vez mais profundos à medida que cada camada é descascada. Pondere sobre o que se teria perdido na tradução. Considere qual poderia ter sido a intenção original no contexto do tempo e do lugar em que ele foi escrito. Examine várias interpretações. E tente abordar metaforicamente as histórias sagradas, e não apenas literalmente. O que os elementos dos contos simbolizam? A que eles fazem alusão? No que se refere ao crescimento espiritual, é menos importante saber se Moisés realmente dividiu o Mar Vermelho ou se Jesus realmente ascendeu corporalmente ao céu, do que o que está debaixo da superfície dessas histórias eternas. Um bom exercício consiste em pensar nos personagens e eventos como arquétipos do que ocorre dentro da psique individual no caminho espiritual. O que é, por exemplo, o seu Judas interior? O que é a cruz que você carrega? Que demônios você precisa vencer no seu Getsêmani pessoal? O que precisa ser crucificado em você antes que você possa ser ressuscitado? Alternativamente, qual é o seu faraó interior? O que o mantém escravizado no seu Egito pessoal? Que milagres você precisa fazer para ganhar a sua liberdade? Que deserto psicoespiritual você precisa atravessar antes de poder alcançar a Terra Prometida?

O Processo da "*Lectio Divina*"

Eis um exercício para extrair um profundo significado pessoal dos escritos sagrados. Criada por monges beneditinos séculos atrás, a *lectio divina* (leitura divina) é mais bem-realizada no cenário de um grupo pequeno. No entanto, se você não tiver nenhum amigo ou família com quem compartilhá-la, você sem dúvida pode adaptar as instruções para utilizá-las você mesmo.

Peça a alguém do grupo para escolher uma breve passagem (não mais do que uma página ou duas) de uma escritura tradicional, ou de um livro ou artigo sobre espiritualidade. Em seguida, siga estes passos:

1. Um membro do grupo faz uma leitura bem lenta da passagem em voz alta. Outros fazem a mesma leitura, mas silenciosamente, ou escutam receptivamente, com a mente e o coração abertos.
2. Repita o Passo 1. Desta vez, note que palavra ou frase saltam para você.
3. Repita a palavra ou frase para você mesmo diversas vezes.
4. Cada pessoa pronuncia em voz alta a palavra ou frase que ela escolheu, sem explicações.
5. Repita novamente o Passo 1. Quando a passagem é lida, concentre-se na palavra ou frase que você selecionou. Após a leitura, reserve alguns minutos para contemplar o significado que a palavra ou frase tem para você. Pode ser uma interpretação filosófica, uma descoberta revigorada sobre uma concepção espiritual ou alguma coisa estritamente pessoal.
6. Todas as pessoas explicam brevemente o que suas palavras ou frases lhes dizem e porque elas responderam a elas. O significado pessoal não precisa estar de acordo com o conteúdo da seleção ou com a fonte da qual ele se origina.
7. Faça um longo período de silêncio (de dez a trinta minutos). Durante esse tempo, abra-se para o que Deus está lhe dizendo por meio da passagem. Visualize a si mesmo entrando na passagem e, de algum modo, envolvendo-se com as palavras, com os personagens (se se tratar de uma história) ou com as idéias. Apenas, vá para onde o espírito o está levando e, quando estiver pronto, anote os seus pensamentos e sentimentos.
8. A cada um que queira compartilhar os seus pensamentos e sentimentos é concedido um tempo para que o faça (concordem antecipadamente com um tempo máximo). Os participantes deveriam concordar em que tudo o que é compartilhado seja mantido confidencial. Os comentários deveriam ser limitados a questões que poderiam ajudar a pessoa a extrair um significado mais profundo. Não dê conselhos que não sejam solicitados, e não use o tempo de outra pessoa para levantar idéias ou problemas que são seus.
9. Encerre a sessão com alguns momentos de silêncio, com uma prece ou com uma invocação.

A Dimensão Emocional da Reunião com Deus

Amarás, pois, o Senhor teu Deus, de todo o teu coração, de toda a tua alma e com toda a tua força.

DEUTERONÔMIO 6:5

Cada emoção, agradável ou desagradável, é parte do vibrante arco-íris de sentimentos com os quais nós temos sido singularmente abençoados. Nós nos privamos do drama de sermos humanos se não nos permitimos experimentar a sua gama completa. No entanto, algumas emoções estão claramente associadas com a religiosidade, e outras com o pecado, no sentido de nos desviarmos para fora do alvo. À medida que ingressamos mais profundamente na paz de Deus, nós naturalmente crescemos em amor, compaixão, bondade, alegria e outros sentimentos que associamos com um coração espiritual. E, vice-versa, quanto mais nós cultivamos essas qualidades, mais perto da paz de Deus nós nos aproximamos. "Cada pessoa vê o Invisível na proporção da claridade do seu coração", disse Rumi, "e isso depende do quanto ela o poliu. Quem o poliu mais, enxerga mais."

Muitas pessoas que são devotadas à espiritualidade se afastam de emoções "ímpias" que nos lembram que nós ainda não somos perfeitos e que realçam o nosso apego, e exclamam: "Você é egoísta! Você é fraco! Você é indigente!" Quando essas emoções do tipo bicho-papão emergem repetidamente, muitos de nós se empenham num "dar a volta por cima espiritual", o que o psicólogo John Welwood descreve como "o uso de idéias e práticas espirituais para escorar um sentido débil ou inseguro do eu, ou para depreciar necessidades, sentimentos e tarefas de desenvolvimento básicos em nome da iluminação". Em vez de lidarmos com os nossos padrões emocionais confusos, nós presumimos que tudo de que precisamos é de mais prece, de mais meditação, de mais ioga, de mais veneração, de mais do que quer que nos traga o despertar ou a graça admirável que presumivelmente porá um fim nos sentimentos problemáticos. Até um certo ponto, a percepção intensificada e a profunda paz resultante das práticas espirituais *podem* apagar velhos padrões emocionais. Mas não inteiramente. Tendências emocionais podem ser obstinadas e, enquanto elas se agarrarem a nós, nós não conseguiremos receber plenamente o amor de Deus ou expressar o nosso amor por Deus.

Instrução Emocional

Para despertar o melhor dos sentimentos humanos e diminuir o pior, nós temos de nos tornar emocionalmente instruídos. Em si mesmas, e por si mesmas, as emoções não são nem boas nem más. Elas são, em grande medida, reflexos automáticos sobre os quais exercemos pouco ou nenhum controle. Mas nós temos poder sobre o que acontece quando elas sobem à tona.

Um passo importante para a instrução emocional é aprender o vocabulário do sentimento. Esta lista o ajudará a identificar as emoções negativas quando elas surgirem:

Amedrontado	Zangado	Ansioso
Apreensivo	Envergonhado	Traído
Amargurado	Esmagado	Cínico
Deprimido	Desesperado	Distraído
Embaraçado	Vazio	Enfurecido
Invejoso	Insensato	Frustrado
Ganancioso	Magoado	Culpado
Odioso	Indefeso	Hostil
Impaciente	Inadequado	Insignificante
Ciumento	Solitário	Oprimido
Atolado	Pessimista	Ressentido
Triste	Egoísta	Rancoroso
Tenso	Ameaçado	Indigno de amor
Ignóbil	Vitimado	Preocupado

Assim que você sentir alguma dessas emoções, chame-as pelo nome. Se, por um lado, não é saudável abarrotar de sentimentos um cubículo da sua alma, onde eles acabarão por se tornar tóxicos, é sinal de maturidade espiritual testemunhar a sua erupção, interpretar as informações que eles transmitem e, quando possível, converter a sua energia numa alternativa mais positiva. Tente reconhecer as emoções quando elas ainda são meros brotos, antes que irrompam em pleno florescimento e esmaguem a mente. Se possível, reserve um tempo para fechar os olhos, para senti-las completamente. Isso reduzirá a carga física dessas emoções e prevenirá qualquer ação impulsiva da qual você poderia se lastimar mais tarde. Se os sentimentos persistirem, escrever num diário o ajudará a liberar a energia que as aciona e dará a você introvisões sobre a sua origem e significado. Então, até onde você puder, escolha um caminho mais apropriado espiritualmente para lidar com o que quer que tenha desencadeado o sentimento. Se você puder fazer isso sem ser um fingido, você será capaz de usar as emoções negativas como uma fonte de transformação.

Iluminando as suas Emoções

Eis uma lista das qualidades emocionais geralmente consideradas como sinalizadoras de maturidade espiritual e de paz com Deus. Identifique as que você quer que sejam mais proeminentes na sua vida, mas que foram bloqueadas por alguma razão. Você irá querer favorecê-las quando estiver consciente de que tem uma escolha.

Apreciação	Temor reverente	Equilíbrio
Beatitude	Calma	Comunhão
Compaixão	Contentamento	Criatividade
Devoção	Êxtase	Empatia
Entusiasmo	Fé	Perdão
Amizade	Generosidade	Boa vontade
Gratidão	Felicidade	Humildade
Alegria	Bondade	Despreocupação
Amor	Otimismo	Paciência
Tranqüilo	Brincalhão	Vigoroso
Veneração	Serenidade	Rendição
Confiança	Desapegado	Vibrante
Totalidade	Maravilhamento	Adoração

Escolha uma qualidade que você queira desenvolver. Reserve alguns minutos diariamente para se ajustar num estado mental relaxado e confortável (talvez logo depois do seu período usual de meditação ou prece) e visualize a si mesmo dotado abundantemente com essa qualidade. Com o que você sente que isso se parece? Como ela se manifestaria em situações do dia-a-dia, em casa, no trabalho, nos jogos, com outras pessoas, e assim por diante? Como você falaria se possuísse plenamente essa qualidade? Como você agiria numa crise? Como você trataria as pessoas necessitadas ou as que estivessem perturbadas por sua causa? Ao fixar imagens positivas na sua mente, você está dizendo ao seu subconsciente para substituir por essas qualidades os padrões menos desejáveis que podem tê-lo obstruído no passado. Trabalhe com uma qualidade de cada vez, passando para a seguinte, em ordem de prioridade, assim que você se sentir preparado para isso.

Quando você se visualizar exibindo qualidades desejáveis, você se tornará consciente da lacuna entre onde você quer estar e onde você está efetivamente. Reconheça com honestidade essas diferenças. Estar ciente da tensão entre o ideal e o real o ajudará a se dirigir e a ser atraído naturalmente para a direção correta. Porém, isso leva tempo. Os hábitos negativos não mudam da noite para o dia; e, por isso, é importante ser paciente. E se as tendências emocionais obstinadas continuarem a causar problemas na sua vida, você deve, sem dúvida, levá-las para um terapeuta qualificado que possa ajudá-lo a usá-las como um catalisador para o crescimento espiritual.

Da Mágoa para a Gratidão

Se a única prece que você fez em toda a sua vida foi "Obrigado", ela será suficiente.

Meister Eckhart

Num certo sentido, a gratidão é a mãe de todas as virtudes. Quando você pode saudar a vida a cada dia, a cada instante, independentemente das circunstâncias externas, com um "Sim!" sem ambigüidade, então todas as outras qualidades emocionais desejáveis tendem a entrar na linha como pintinhos seguindo uma galinha.

Duas pessoas diferentes enfrentam as mesmas circunstâncias difíceis: uma delas se lamenta e se queixa, enquanto a outra responde com dignidade e graça. Duas pessoas diferentes encontram amor, sucesso ou boa fortuna: uma delas só valoriza levianamente a sua boa sorte e encontra alguma coisa que a leva a se queixar, enquanto a outra curva a cabeça em ação de graças. Na verdade, *você* poderia ter de enfrentar exatamente as mesmas circunstâncias de maneiras radicalmente diferentes dependendo do seu estado de ânimo, da sua saúde e de outros fatores que afetam o seu estado geral de consciência. Quer você desaprove ou aprecie, louve Deus ou amaldiçoe Deus, é uma questão de percepção e de atitude, e, em grande medida, de escolha. "Eu te propus a vida ou a morte, a bênção ou a maldição; escolhe, pois, a vida." (Deuteronômio, 30:19) Os sábios sempre nos aconselharam a homenagear os brilhantes raios de luz que irrompem através das fendas da escuridão, independentemente de quão escuro fique. A recompensa é uma mudança de sentimento, de uvas ácidas para vinho suave.

Às vezes, descobrir uma razão para dizer "Obrigado" nada mais requer que uma mudança de atenção. Outras vezes, exige um salto de fé ter confiança em que esse momento da sua vida é exatamente como deveria ser e que em algum lugar, em meio à imundície e ao lodo, jazem diamantes à espera de serem descobertos. Passá-los pelo crivo vale o esforço. Cada dádiva verdadeira leva consigo alguma coisa a mais do que a própria dádiva: o amor de quem a oferece. Quando você pode reconhecer cada momento como uma dádiva de Deus, você também abre o seu coração para o *amor* de Deus.

Uma maneira de cultivar a gratidão é reservar alguns minutos todas as noites para rever o seu dia e anotar cinco coisas pelas quais você é grato. Tente fazer isso com toda a atenção, e não apenas como um ritual obrigatório, e olhe, além das bênçãos óbvias, para as jóias menores que, com freqüência, passam despercebidas.

Você talvez queira começar expressando a sua gratidão por todas as influências que o trouxeram a este momento em sua busca pela paz com Deus. O Talmude diz: "Cada haste de grama tem o seu anjo, que se curva sobre ela e sussurra: 'Cresça, cresça.'" Reconheça os anjos cujos sussurros têm alimentado o seu crescimento espiritual. Escreva uma lista de todas as pessoas — família, amigos, mentores, clérigos, etc. — que foram os seus principais catalisadores. Acrescente os autores, os palestrantes e as brilhantes personalidades que o inspiraram e o instruíram ao longo do caminho. Escreva a cada um desses anjos uma breve nota de agradecimento, quer você pretenda ou não enviá-la pelo correio, descrevendo como eles o influenciaram e por que você é grato a eles. Então, saia de casa e seja um anjo para mais alguém.

O Oceano da Devoção

Eu sou Aquele a quem eu amo e Aquele a quem eu amo sou Eu.

Al-Hallaj

Como descrevemos antes, o florescimento da paz interior na plena resplandecência da consciência de Deus ocorre, em grande parte, por meio do ato de devoção, o mais aprimorado sentimento de que os seres humanos são capazes. No *Bhagavad Gita*, Krishna, representando a encarnação de Deus, diz a Arjuna, depois de revelar a sua forma divina: "Nem pelos Vedas, nem pelas penitências, nem por doações de esmolas, nem mesmo pelo sacrifício, eu devo ser visto na forma sob a qual você agora Me contempla. Mas pela devoção a Mim somente Eu posso ser conhecido nesta forma... verdadeiramente realizado e nela ingressado."

É desnecessário dizer que muitos rituais de cada religião foram planejados para fornecer ao devoto maneiras prescritas de expressar o mais terno dos sentimentos por Deus. Nós podemos tão-somente encorajá-lo a fazer o melhor uso dessas oportunidades. Tente levar a esses momentos sagrados um coração plenamente aberto e uma mente calma e alerta, e deixe o seu ego na porta. Não importa se os fiéis ao seu redor estão inquietos ou entediados. Não importa se o padre, rabino, ministro ou imã está se comportando mecanicamente, como se não visse a hora de voltar para casa para o jogo de futebol. É uma relação entre você e Deus. É a sua oportunidade para rezar, celebrar, expressar o seu amor e dizer: "Obrigado por tudo."

É claro que você não precisa restringir a sua atividade de devoção a ocasiões formais. Você pode gritar "Obrigado" com toda a força dos seus pulmões ou sentir isso silenciosamente no seu coração em qualquer momento. Uma prática fácil é aprender alguma música devota e cantar a sua gratidão quando você se sentir motivado para isso. Quer se trate de hinos padrões, canções gospel, melodias pop com um tema espiritual ou cânticos de devoção de uma outra cultura, numa língua que você não conhece, você também pode cantá-los quando a sua mente estiver distraída por pensamentos triviais, repetitivos ou negativos, quando você estiver caminhando a passos lentos ou normais, quando você estiver dirigindo o automóvel e em qualquer outra ocasião em que você queira honrar o Divino. Numa das escrituras da Índia, Deus diz para um devoto: "Eu não moro no céu, e nem moro no coração do iogue, mas onde os meus devotos cantam o meu louvor, aí estou eu."

Como Criar o seu Altar Sagrado

Outra poderosa maneira de incorporar na sua vida a atividade devota é criar um altar sagrado na sua casa. Instale-o numa superfície plana num lugar especial. Se você tiver sorte o bastante para dispor de um quarto reservado para meditação, esse seria um local perfeito. Se não, tente colocar o altar numa área sem telefone, sem televisão, sem computador, sem máquina de fax ou qualquer outra tecnologia intrusa. (No entanto, um aparelho de CD seria um bom suplemento, se você restringir o seu uso a sons seletos apropriadamente espirituais.) O ponto focal do altar poderia ser uma foto, uma escultura ou outra representação de uma pessoa sagrada, de uma encarnação divina ou de um lugar sagrado que represente Deus para você. Se lhe agradar, acrescente outras figuras espirituais (por que não ter um panteão?), símbolos de tradições religiosas que você venera, um livro sagrado, citações significativas, orações, um amuleto, um cristal, um cálice, uma espada ou um escudo, uma planta, fotos de suas pessoas queridas — qualquer coisa que você considere sagrada e que possa evocar em você os pensamentos mais elevados e os sentimentos mais ternos.

Um altar pode mudar as suas percepções, os seus sentimentos e os seus pensamentos, elevando-os acima do mundano ao lembrá-lo do sagrado. Mantenha-o sempre limpo. Coloque flores sobre ele regularmente. Acrescente e retire itens de vez em quando, ou rearranje a posição dos objetos. Qualquer coisa capaz de manter o altar fresco e vivo. E realize a atividade de manter o seu altar no espírito do ritual de devoção, cuidadosamente, como se você estivesse preparando um quarto de convidado para um santo.

Não apenas deixe que o seu altar se torne parte do mobiliário. Passe algum tempo junto a ele (você poderia deixar um travesseiro ou uma cadeira por perto para se sentir confortável). Use-o. Realize rituais e cerimônias sobre ele. Faça oferendas. Cante ou entoe cânticos. Reze e medite. Ou simplesmente permaneça diante dele em contemplação. A simples visão desse altar pode ser transformadora. Toque os vários objetos para tornar palpáveis as idéias e os sentimentos abstratos que eles incorporam. Quando uma necessidade emocional ou espiritual específica surgir, focalize um objeto que corresponda a essa necessidade ou que pareça chamar a sua atenção. Segure-o. Toque-o com o coração ou com os lábios. Contemple o que ele representa e una a você a força e a sabedoria que vêm dele. Quando são realizadas a partir do coração, essas atividades podem ser notavelmente transformadoras. Você pode sentir uma mudança no seu fluxo sangüíneo ou na sua musculatura. Você pode sentir um movimento na área do coração, ou a sensação de uma presença divina. Às vezes, você pode se sentir compelido a soluçar, a se lamentar, a gritar de raiva ou a liberar emoções reprimidas. Seu altar deveria ser um lugar onde você se sentisse seguro para dar voz ao que você estivesse sentindo no momento, sabendo que você está num santuário de amor incondicional.

Eis como uma mulher descreve o uso do seu altar: "Às vezes, eu vou até o altar sabendo que eu preciso de alguma coisa específica. Outras vezes, eu apenas me dirijo até ele, como se ele me atraísse, e percebo mais tarde que eu precisava de alguma coisa. Eu me ponho de pé diante dele, e fico alguns minutos me esvaziando. Então, lentamente, eu deixo que o meu olhar recaia sobre cada objeto. Depois de algum tempo, o altar parece tornar-se transparente, e o meu espírito é transportado através de um portal até Deus. Eu percebo que estou sentada com o meu 'time de Deus' — as figuras nas fotos tornam-se reais, mas em outra dimensão. Às vezes, eu recebo orientação delas. Eu posso receber conselhos ou inspiração. Eu poderia ter uma visão do que fazer no capítulo seguinte da minha vida. Problemas insuperáveis tornam-se fáceis de lidar. Nessas ocasiões, eu me sinto como se tivesse despertado de um sono profundo, como se tivesse me deslocado da realidade consensual para uma sabedoria superior. Acima de tudo, eu sinto uma intensa comunhão com Deus."

Consagrando a sua Vida

Potencialmente, tudo o que você faz pode ser um ato de devoção. Todo momento apresenta uma oportunidade para nos lembrarmos de Deus e oferecer-lhe louvores e ações de graças. Muitos de nós estamos acostumados a fazer ações de graças antes das refeições. Por que não consagrar igualmente outras características rotineiras da vida? Os judeus, por exemplo, são obrigados a colocar *mezuzahs* nos batentes das suas portas para fazê-los lembrar de Deus sempre que entram em sua casa ou dela saem. Os cristãos dizem frases como, por exemplo, "Louvado seja Deus" e "Obrigado, Senhor". Os muçulmanos abençoam os seus empreendimentos dizendo *Bismallah ir rahman ir raheen* ("Em nome do Deus de compaixão sem limites, de misericórdia sem limites"). Todos os acontecimentos da vida podem tornar-se sagrados, quer seja visitando amigos, cozinhando alimentos para uma refeição, dando um banho no filho ou pagando as contas.

Sempre que sentimentos de devoção surgirem no seu coração, quer você esteja em seu altar privado, ou numa igreja, numa discoteca, num campo de jogos de bola, numa rodovia ou em algum nicho sagrado no templo Terra, expresse-os com reverência, de todo o coração, sem sonhar com ganhos pessoais — mesmo que você saiba, bem no fundo, que aquilo que você pretende ganhar não tem preço. A devoção é uma oferenda. Não apenas uma oferenda de palavras, ou de flores, ou de melodias, ou de louvor, mas uma oferenda do eu. E desistir do pequeno eu leva ao ganho supremo. Na culminação da devoção, você não só ama, você *torna-se* amor. O Amante, o Bem-Amado e o processo de amar, todos se juntam na singular unicidade de Deus.

A Dimensão Física da Reunião com Deus

Se as portas da percepção fossem desobstruídas, todas as coisas apareceriam ao homem como de fato são: infinitas.

William Blake

Suplicar a Deus para que ele/ela revele a sua glória é como pedir a alguém para destrancar uma porta quando é você que segura as chaves. A grandeza de Deus já está presente, não só nas profundezas da matéria, onde nem mesmo superaceleradores de partículas conseguem ir, mas também diretamente na superfície —

em coisas que vocês têm olhos para ver. "Nós chutamos um diamante como se fosse qualquer pedra velha porque não temos a capacidade de percebê-lo e de avaliá-lo", diz o iogue Maharishi Mahesh. "Nós não só o ignoramos como também até podemos nos queixar porque ferimos o dedo do pé. Mas um joalheiro treinado tem a capacidade de perceber o diamante pelo que ele é." É o que acontece com aqueles cuja percepção está sintonizada com o Divino. Na consciência de Deus, como vimos antes, somos capazes de apreciar os objetos da criação no que têm de mais glorioso, onde é revelada a sublime capacidade artística do Criador.

A capacidade de ver não apenas com o que os metafísicos chamaram de "olho material", ou com o "olho conceitual" das idéias abstratas, mas também com o "olho do espírito", não é inteiramente uma questão de graça espontânea. Ela pode ser alimentada por intermédio de refinamento fisiológico. Assim como usamos dispositivos tecnológicos como microscópios e telescópios para expandir o alcance da percepção dos sentidos, nós podemos abrir os nossos sentidos diretamente para glórias que antes disso eram invisíveis, inaudíveis e não-sensíveis. Algumas das tecnologias psicoespirituais já mencionadas — meditação, prece, rituais de devoção, etc. — trabalham nesse nível, como também o fazem suas funções mais óbvias. E há muito mais que nós podemos fazer para despertar ainda mais as nossas capacidades de percepção adormecidas.

Amar Toda a Criação de Deus

"Ame cada folha, cada raio da luz de Deus", escreveu Feodor Dostoievski. "Ame os animais, ame as plantas, ame tudo. Se você amar tudo, você perceberá o mistério divino nas coisas. Uma vez que o perceba, você passará a compreendê-lo melhor a cada dia, e virá, por fim, a amar o mundo todo com um amor abrangente." É essa a tarefa daqueles que anseiam por se aquecer na paz de Deus, e, em grande medida, é uma questão de prática e de intenção — prática no sentido de aprender a sintonizar a sua percepção, assim como você poderia praticar o uso de um instrumento musical ou de um dispositivo *high-tech*; intenção no sentido de estar alerta e atento em vez de apático ou distraído.

Quando indagado a respeito de onde Deus habita, um rabino hassídico respondeu: "Deus reside onde quer que nós O deixemos entrar." Não obstante, assim como o oxigênio que está presente em toda parte, é evidentemente mais fácil respirar em alguns lugares do que em outros, Deus está em toda parte, mas sua Presença é mais fácil de ser localizada nos lugares sagrados, nos lugares puros, nos lugares que parecem apresentar as palavras "Entrando em Solo Sagrado" blasonadas em suas entradas em letras invisíveis. Cenários naturais espetaculares, onde o paladar é vibrante, o ar é fragrante e os sons são sonatas para as ouvidos — eis onde a maioria de nós mais se aproxima de perceber o milagroso. Sair de sua casa e ingressar na natureza pode ser, portanto, para o moderno buscador de Deus, tão imperativo quanto empregar o tempo num salão de meditação ou numa casa de culto. Eis onde temos a maior probabilidade de ver, nas palavras de Blake, "um mundo num grão de areia e um céu numa flor silvestre".

Outra arena para energizar faculdades perceptivas latentes é a arte. Os museus e as salas de concerto são catedrais para o espírito criativo eterno à medida que ele flui através dos seres humanos. A maior das artes mana dos recônditos mais profundos da consciência, onde o silêncio encontra uma voz e o vazio toma forma. Quando você comunga com uma obra-prima, independentemente do meio, você se conecta, em algum grau, com a percepção do artista na época da concepção, e nessa comunhão a sua própria percepção pode ser atraída para o mesmo lugar puro. Alguma arte, é claro, é sagrada no seu intento. Quer seja a estátua de uma divindade, a pintura de um santo ou um oratório sobre um tema bíblico, seu conteúdo é espiritual e um dos seus objetivos é evocar no espectador ou no ouvinte uma experiência religiosa. Mas a arte não precisa ser explicitamente espiritual para servir ao propósito de aprimorar a capacidade da pessoa para perceber o Divino. O conteúdo pode ser menos importante do que a qualidade estética e a profundidade da alma a partir da qual a obra foi concebida. Ela não precisa ser calmante ou estimulante no propósito com que foi criada; ela só precisa comover o seu espírito e despertar os seus sentidos.

Onde quer que você encontre deleite para os sentidos, seja em Yosemite ou no Louvre, o aprimoramento da percepção não é automático. Nós tiramos da natureza e da arte apenas o que levamos a elas. Se estamos apáticos por efeito da fadiga, consumidos por problemas, ruminando sobre o passado ou ponderando sobre o futuro, nós não podemos receber a plena glória do que nos está sendo oferecido. Para que o momento sensual seja uma porta que nos é aberta do imanente para o transcendente, precisamos nos aproximar dele com atenção cuidadosa, desperta e reverente. "Quando somos cuidadosos", diz Thich Nhat Hanh, "e estamos profundamente em contato com o momento presente, o nosso entendimento do que está se passando se aprofunda, e nós começamos a nos encher de aceitação, alegria, paz e amor."

Tente adquirir o hábito de voltar toda a sua atenção para a experiência sensorial presente. Quando você olha, apenas olhe — e realmente veja. Quando você ouve, realmente ouça. Quando você inala, sinta realmente o aroma. Quando você toca, sinta realmente o contato. Quando você degusta, sinta realmente o sabor. Com muita freqüência, nós estamos distraídos pelo tagarelar da mente e deixamos de apreciar a plenitude sacramental do momento. Às vezes, tudo o que é preciso fazer para retornar ao momento consiste em redirecionar a sua atenção. No entanto, como o tato é o sentido mais imediatamente estabelecido, uma boa técnica para afastar a sua energia de um redemoinho mental é segurar um objeto e voltar toda a sua atenção para o que você está sentindo. Se você estiver caminhando, note as sensações nos seus pés à medida que o seu peso se desloca de um lado para o outro. A partir do tato, há uma transição fácil para a visão ou para o som que você quer focalizar. Outro modo de tranqüilizar a mente consiste em focalizar a sua respiração. Simplesmente, volte a atenção para o padrão natural, notando as sensações no seu umbigo, no peito e na barriga à medida que você inala ou exala.

Passeios Sagrados

O aprimoramento dos sentidos e as habilidades perceptivas que você descobre quando comunga com a natureza ou com a arte podem ser levados para casa, para o seu mundo mundano, como baldes de água doce transportados de um rio para uma aldeia cujo poço está estagnado. Todo lugar é solo consagrado. Não há lugar algum onde Deus não esteja e, se Deus não parece estar presente, é apenas uma ilusão baseada na nossa incapacidade para perceber, "pois agora nós vemos através de um vidro, sem clareza". É preciso prática para localizar o sagrado no profano, mas a memória da maravilha transcendente que você vislumbrou nas catedrais, esteja ela na pedra modelada pela mão do homem ou nas folhagens modeladas por Deus, pode ajudá-lo a evocar a sua presença onde quer que você esteja. Em parte, é uma questão de se lembrar de que a lâmpada de mesa é tão sagrada quanto as estrelas, que a cerca é tão sagrada quanto os picos cobertos de neve, que a água de torneira é tão sagrada quanto o rio impetuoso. Mas é também uma questão de estar atento à magnificência da vida cotidiana. "Para mim, o tempo dos negócios não difere do tempo da prece", disse o irmão Lawrence, "e nos ruídos e tinidos de pratos da minha cozinha, enquanto várias pessoas estão pedindo diferentes coisas, eu possuo Deus numa tranqüilidade tão grande como se eu estivesse de joelhos diante do santíssimo sacramento".

Por que não reservar algum tempo para um passeio sagrado pelos lugares conhecidos perto de casa? Para ajudar a criar um ânimo reverente, imagine que você esteja caminhando lado a lado com Moisés, Jesus, Buda, Maomé, ou com qualquer santo ou sábio da sua escolha. Tente ver a sua vizinhança como se fosse pela primeira vez, como se tudo tivesse sido colocado no seu lugar na noite anterior pela mão de Deus. Encontre o esplendor invisível que há por trás do seu mundo familiar, visível. Para intensificar os seus poderes de observação, tente olhar através de um jornal enrolado, ou leve consigo uma câmera e emoldure cenas como se fossem obras de arte. Em algum ponto, descubra um lugar confortável para se sentar e feche os olhos. Repare quantos sons diferentes você pode ouvir — pássaros, insetos, vozes, etc. — e quantos aromas você nunca sentiu antes. Quando parar para comer, concentre toda a sua atenção, intata, em cada mordida deleitável. E, gentilmente, lembre-se de que tudo o que você vê, ouve, toca, degusta e cheira contém a mesma centelha divina que existe em você. "O próprio Deus atinge o auge no presente momento", escreveu Thoreau, "e nunca será mais divino na passagem de todas as eras."

No filme *Beleza Americana*, escrito por Alan Ball, um adolescente diz à namorada que ele filmou em vídeo uma moradora de rua que, enregelada até a morte, tinha aparência triste. "Quando você vê algo assim, é como se Deus estivesse olhando diretamente para você, apenas por um segundo", diz ele, "e se você for cuidadoso, você pode retribuir-lhe o olhar."

Então ele mostra-lhe a coisa mais bela que já havia filmado. Naquela que muitos consideram a cena mais extraordinária do filme, nós vemos no vídeo um saco plástico esvoaçando ao vento, com uma calçada de cidade e uma parede de tijolos vermelhos como pano de fundo. Enquanto filmava o saco dançante, o rapaz reconta, "eu percebi que havia toda essa vida por trás das coisas, e essa força incrivelmente boa que queria que eu soubesse que não havia razão para ter medo. Nunca".

Até mesmo cadáveres e lixo estão "carregados com a grandeza de Deus". Mas não espere milagres da percepção de Deus vindos de você mesmo. O hábito se desenvolve ao longo do tempo, como quando você se dedica à observação de pássaros e, gradualmente, passa a ver criaturas aladas onde você nunca suspeitaria que elas estivessem escondidas. "O ideal do homem é ver Deus em tudo", disse Swami Vivekananda. "Mas se você não puder ver Deus em tudo, veja-O em uma coisa, nessa coisa de que você mais gosta e, em seguida, veja-O em outra coisa. E assim, você poderá prosseguir."

Como Aprimorar a Percepção

Nós já sabemos, há mais de trinta anos, desde que Elmer Green, da Clínica Menninger, enunciou pela primeira vez este princípio, que "toda mudança no estado fisiológico é acompanhada por uma mudança apropriada no estado mental-emocional, e vice-versa". Como regra, quanto mais nós pudermos estabilizar o estado de percepção que chamamos de alerta tranqüilo (mente quieta/estado de vigília intensificado), mais bem equipado será o nosso sistema nervoso para apreciar as qualidades mais sublimes da experiência. Isso acrescenta toda uma nova dimensão à maneira como nós pensamos a respeito da saúde física. Além das recomendações usuais para se evitar doenças, nós podemos considerar aquilo que ajudará melhor o sistema nervoso a sustentar a paz de Deus. Por exemplo, deficiências em vitaminas e minerais, desequilíbrios hormonais de importância menor, e problemas semelhantes, podem ser descartados como riscos sérios para a saúde, mas poderiam perturbar a química do corpo e impedir o sistema nervoso de manter um estado de alerta tranqüilo. Hábitos alimentares precários, exposição a toxinas, abuso de substâncias químicas, fadiga excessiva, falta de exercícios — tudo isso pode entorpecer os sentidos, inquietar o sistema nervoso e destruir a nossa capacidade para discernir qualquer coisa mais profundamente do que o fazem as percepções mais comuns. Por outro lado, estilos de vida habituais que estimulam e acalmam intensificarão essa capacidade.

O principal sistema de treinamento da fisiologia para que ela apóie a experiência espiritual é a hatha ioga. A ioga, palavra que deriva da mesma raiz que a palavra inglesa *yoke* (parelha), significa união, sendo o seu propósito último a união da pessoa com o Divino. A coleção de práticas testadas pelo tempo que constitui a hatha ioga, abrange centenas de movimentos e de posturas (*asanas*) de graus variados de facilidade, bem como um grande repertório de técnicas de respiração (*pranayamas*) que variam do suave ao estafante. Seu propósito global é eliminar do sistema as impurezas e a tensão, e produzir uma calma profunda e uma percepção intensificada. Embora menos explicitamente espirituais do que a ioga, os antigos sistemas chineses do tai-chi e do qigong também usam o movimento e a respiração para alcançar metas fisiológicas semelhantes.

As Substâncias Medicinais da Paz

O uso medicinal do abundante reino vegetal de Deus também tem uma longa história como meio de ajudar as pessoas a contrabalançar os desequilíbrios para conseguir a paz interior. A erva valeriana, por exemplo, tem sido usada durante séculos como um sedativo seguro e natural. Na Índia, a *ashwaganda* é conhecida desde há muito tempo como uma erva rejuvenescedora e calmante. Em anos recentes, pesquisas sobre erva-de-são-joão e kava kava sugerem que essas plantas poderiam, respectivamente, ser valiosas para o tratamento da depressão e da ansiedade brandas a moderadas. Estudos também indicam que a acupuntura e as ervas chinesas são potencialmente valiosas nessas áreas. Muito promissor para quem procura restaurar a paz profunda no sistema é o antigo sistema médico da Índia, o *ayurveda.* Sua abordagem integrativa da saúde sustenta como propósito fundamental cultivar estados superiores de consciência.

À medida que a ciência moderna continua a descobrir a interação inconsútil entre mente, corpo e espírito, fica cada vez mais claro que as religiões sempre estiveram corretas ao olhar o corpo como o templo da alma. Há, naturalmente, muitas atividades de aconselhamento conflitantes em questões de saúde. No contexto atual, o grande macete é este: faça coisas que promovam o estado de alerta tranqüilo e a percepção refinada; evite tudo o que provoca a apatia ou a agitação, e que por isso anuvia a percepção. Um bom meio de calibrar isso consiste em notar o quanto você está tranqüilo e alerta durante suas sessões de prece ou de meditação regulares; a inquietação e a nebulosidade podem ser sinais de que você precisa equilibrar a sua fisiologia.

A Dimensão Relacional de se Reunir com Deus

Eu quero encontrar Deus, e como quero encontrar Deus, tenho de encontrar Deus junto com outras pessoas. Eu acho que não posso encontrar Deus sozinho.

MAHATMA GANDHI

O que nós conhecemos como a Regra de Ouro tem sido afirmado e reafirmado ao longo das eras por todas a religiões e por todas as filosofias éticas. Na antiga Jerusalém, o Rabi Hillel contou a um jovem buscador: "O que for odioso para você, não faça para os outros. Esta é toda a Torá. O resto é comentário."

Na China, Confúcio fazia eco a Hillel: "O que você não quer que façam para você, não faça para os outros." O islamismo diz isso desta maneira: "Nenhum de vocês é um crente enquanto não desejar para o seu irmão aquilo que deseja para si mesmo." No Levítico, lê-se como um mandamento: "Amarás o teu vizinho como a ti mesmo", palavras repetidas por Jesus quando os fariseus o desafiaram, e mais tarde repetidas no Sermão da Montanha com as seguintes palavras: "Sempre trate os outros como você gostaria que eles o tratassem." Talvez Jesus tivesse ouvido falar do que Aristóteles dissera, trezentos anos antes: "Nós deveríamos nos comportar diante dos nossos amigos como gostaríamos que eles se comportassem diante de nós."

A regra é chamada de ouro porque é simples, precisa e sem falhas. Mas nem sempre é fácil de ser seguida. A perfeição do "Ama o teu vizinho como a ti mesmo" floresce na plenitude da consciência da unidade, quando a pessoa, literalmente, vê o Eu no vizinho, em todos os outros seres e em tudo o que existe. Quando o Outro é o Eu e o Eu é o Outro, é totalmente natural agir com amor, compaixão e bondade para com todos. No entanto, antes desse despertar há um desafio, para dizer o mínimo. Nossos egos ficam no caminho. O orgulho e o interesse próprio bloqueiam as nossas intenções mais nobres. O fogo da ira consome as sementes da bondade. O medo da dor ou da perda nos mantém numa posição de defesa. Nós somos todos egoístas, e seria ingênuo esperar que fôssemos diferentes. Mas aquilo que os grandes mestres tentaram tamborilar dentro dos nossos crânios espessos é o fato de que *é do nosso maior interesse ser bons e compassivos.* A bondade não apenas retorna a nós, com freqüência em recompensas demasiado sutis para serem notadas, como também nos leva para mais perto de Deus ao nos fazer sentir merecedores da graça e ao nos proteger de relacionamentos tóxicos que criam tensão e aflição no caminho da paz. O Dalai Lama, que disse certa vez que a sua religião era a bondade, distingue entre o egoísmo tolo e o egoísmo sábio. "Pessoas egoístas tolas estão sempre pensando em si mesmas, e o resultado é negativo", disse ele. "Pessoas egoístas sábias pensam nos outros, ajudam os outros tanto quanto podem, e o resultado é que elas também recebem benefícios."

Por que não considerar cada relacionamento como um campo de testes, uma sala de aula? Com abertura, sinceridade e intenção correta, o conflito e a tensão podem ser usados como catalisadores para o desenvolvimento espiritual. Cada vez que você exercita a compaixão ao olhar para o mundo através da lente de alguém que esteja sentindo dor, você está afrouxando as apertadas amarras do seu ego, pois ele se agarra à ilusão da separação. "Um ser humano é parte do todo, que chamamos de 'universo', uma parte limitada no tempo e no espaço", escreveu Albert Einstein. "Ele sente ele mesmo, seus pensamentos e sentimentos, como algo separado do resto — uma espécie de ilusão de óptica da consciência. Essa ilusão é uma espécie de prisão para todos nós, restringindo-nos aos nossos anseios pessoais e aos nossos afetos por algumas pessoas próximas a nós. É preciso que a nossa tarefa seja a de nos libertarmos dessa prisão, ampliando o nosso círculo de compaixão de modo a que ele abranja todas as criaturas vivas e toda a natureza na sua beleza."

Essa tarefa, como a proverbial jornada de mil milhas, começa com um único passo. E quanto a praticar o exercício de ver a centelha do Divino na primeira pessoa que você encontrar, como na saudação hinduísta tradicional "*Namaste*"? A partir daí ela pode se espalhar, um passo de cada vez.

A Prática do Amor e da Bondade

Os budistas têm uma técnica de meditação para cultivar a bondade e a compaixão universais. Chamada de prática *metta* (*metta* significa amor-bondade), ela é ensinada sob diversas variantes, mas sempre sob a mesma forma básica e com a mesma preciosa intenção: abrir a capacidade do coração para a ternura por outras pessoas em ondas cada vez mais amplas, desde a mais íntima até a mais distante.

A prática começa focalizando a pessoa pela qual, com freqüência, é mais difícil ter compaixão: nós mesmos. Confortavelmente sentado num lugar tranqüilo, onde não possa ser perturbado, reserve alguns minutos para deslizar para o relaxamento profundo. Quando a sua mente e o seu corpo estiverem ajustados, recite em silêncio as seguintes sentenças para você mesmo, de maneira parecida com uma prece:

Que eu possa me livrar do sofrimento.
Que eu possa ser feliz.
Que eu possa ser saudável e forte.
Que eu possa ser tranqüilo e à vontade.

Repita essas frases, suave e lentamente. Quando a mente estiver distraída, basta voltar ao sentimento e à intenção das palavras, sem fazer esforço. Alguns mestres budistas recomendam prosseguir com cada estágio até que você sinta que ele está completo. Outros recomendam que se mantenha um tempo predeterminado, digamos cinco ou dez minutos por estágio, ou simplesmente que se repita cada grupo de frases um determinado número de vezes.

Agora, a prática passa a se dirigir a outras pessoas. Pense em alguém que lhe é muito próximo — alguém que você ama e cujo bem-estar é profundamente importante para você, e entoe as frases em favor dessa pessoa: "Que [nome da pessoa] possa se livrar do sofrimento", etc.

Sentir sinceridade e boa vontade com relação a uma pessoa amada é uma coisa que, em geral, surge facilmente, mas não se surpreenda se aparecerem sentimentos conflitantes; todos os relacionamentos têm algum grau de ambivalência.

No estágio três, você dirige a sua compaixão para um amigo — para alguém com quem você não é tão íntimo quanto o é com a pessoa anterior, mas a cujo relacionamento você dá valor.

No estágio quatro, mude para uma pessoa diante da qual você se sente neutro. Essa pessoa pode ser um conhecido, como, por exemplo, um vizinho, um colega de trabalho ou uma pessoa relativamente estranha.

Em seguida, mude para uma pessoa pela qual você alimenta sentimentos amargos. Poderia ser alguém com quem você partilha inimizade, ou alguém que queira prejudicá-lo, ou que o tenha magoado no passado. Ou poderia simplesmente ser alguém que o irrita, e para quem você nunca teve bons pensamentos. É desnecessário dizer que todos os tipos de resistência poderiam vir à tona. Seguir em frente apesar das resistências é precisamente o que torna essa prática eficaz.

Finalmente, dirija os seus mais profundos sentimentos de amor e de bondade para todos os cantos do mundo, para todos os estranhos desconhecidos que mereçam a sua compaixão. Use as mesmas frases, mas comece cada uma com: "Que todos os seres possam ..." A prática da *metta* pode ser realizada durante um tempo tão curto, ou tão longo e tão freqüentemente, quanto você queira. Fazê-lo regularmente é bom para o coração.

"Quem Fala Por Ti, Deus?"

As religiões passam, mas Deus permanece.

VICTOR HUGO

É difícil assegurar a paz de Deus se você não consegue resolver o seu relacionamento com os representantes de Deus na Terra. Isso vale para as instituições religiosas — aquela com a qual você cresceu e aquelas que você adotou ou explorou — e para todos os líderes espirituais demasiado humanos, tanto os ungidos como os autonomeados, desde freiras excessivamente autoritárias em escolas católicas até rabinos farisaicos, pastores hipócritas e gurus escandalosos.

Nós tendemos a ser profundamente ambivalentes no que se refere à autoridade religiosa. A luta provavelmente remonta ao primeiro xamã ou sacerdote tribal, mas ela adquire mais dimensões numa cultura na qual todos têm acesso ilimitado à diversidade religiosa, e onde a individualidade e a liberdade de escolha são respeitadas acima de tudo o mais. Os norte-americanos valorizam a lealdade e a tradição, mas nós também somos vigorosamente independentes e relutantes à obediência, e suspeitamos altamente do autoritarismo. Nós queremos a comunidade e a continuidade das afiliações religiosas, mas nos reservamos o direito de rejeitar práticas e preceitos que não fazem sentido para nós. Tudo o que pode criar conflito em nosso coração precisa ser resolvido.

No filme *Alguém Lá em Cima Gosta de Mim* (*Oh, God*), a personagem de John Denver diz a Deus (sob a improvável aparência de George Burns): "Eu não pertenço a nenhuma igreja." "Nem eu", responde Deus. Antes de existir as instituições religiosas, existia Deus. Quando as instituições religiosas declinam e caem, ainda há Deus. Nesse intervalo... bem, é aí que os conflitos surgem. O que começa como a magnífica revelação de uma alma realizada em Deus, e se codifica com a mais sagrada das intenções, acaba inevitavelmente se corrompendo devido às fraquezas humanas. Como todas as organizações, as religiões amplificam o que há de melhor e o que há de pior nos seres humanos. Mas, no final, como dizia Gandhi, "Deus não tem religião".

Para muitos de nós, a questão da autoridade espiritual evoca sentimentos voláteis. Algumas pessoas lamentam os anos que passaram seguindo cegamente religiões do tipo "faça isto, não faça aquilo", ou marcando tempo no conforto superficial de uma comunidade que satisfez suas necessidades, mas não as necessidades da sua alma. Outras ficam zangadas com sua família porque a religião foi insistente e repetitivamente inculcada a elas, ou então porque sofreram abusos físicos, emocionais ou sexuais por parte de algum membro do clero. Ainda outras se ressentem porque a religião foi usada sobre elas para que se sentissem envergonhadas ou indignas. E muitas se afastaram quando chegaram à idade adulta, simplesmente devido ao tédio.

Onde você se posiciona com relação à religião dos seus antepassados? Você a abraça com devoção total e sincera? Com reservas? Você é implacável em relação a ela? Indiferente? Você está profundamente envolvido? Você só comparece à igreja de vez em quando? Freqüenta a igreja somente em ocasiões especiais? Você é totalmente desvinculado? Ela constitui o seu exclusivo envolvimento espiritual ou você a explora de maneira mais ampla?

O Objetivo da Religião: Tradução e Transformação

Ao procurar entrar em acordo com a sua herança, é importante reconhecer os dois principais objetivos a que, como se pensa, as religiões servem. Ken Wilber os chama de tradução e transformação. A primeira função, de longe a mais comum, é confortar, guiar e fortalecer as pessoas e as comunidades. Isso é conseguido por meio de sistemas de crença, histórias compartilhadas e regras por cujo intermédio se vive. Em outras palavras, a religião traduz as complexidades da vida numa linguagem comum, que fornece coerência e coesão social. A função transformacional, diz Wilber, não oferece "conforto, mas revolução". Ela se destina a abalar a nossa complacência e nos desprender dela. Ela nos desafia a crescer, a entrar no casulo de metamorfoses radicais, a morrer para a figura rastejante que nós temos sido e a emergir voando com nossas asas divinas. A função da tradução é sustentar o eu individual; a função da transformação revela o pequeno eu como uma ilusão e nos incita a deixar que ele se vá. A tradução fala para a nossa necessidade de segurança e orientação; a transformação fala para o nosso anseio de nos fundirmos com Deus. Não há segredo no fato de que, com raras exceções, as instituições religiosas da atualidade se sobressaem como tradução, embora tenham caído no nível de um empreendimento lucrativo quando se trata da genuína transformação. Esta falha nos forçou a nos afastarmos das religiões baseadas na crença e a nos aproximarmos da espiritualidade baseada na experiência.

A luta para encontrar o papel adequado da nossa religião ancestral tem-se defrontado com uma espantosa variedade de caminhos. Um grande número de pessoas que procuram Deus abandona completamente a religião da sua juventude, encontrando outros meios de satisfazer às suas necessidades de transformação espiritual. No âmbito desse grupo, alguns conservam rancor pela sua herança, enquanto outros não mostram nenhuma má vontade. Alguns encontram a transformação em outros lugares, mas não podem recolocar os alicerces morais, a história compartilhada e o sentimento de comunidade que as religiões estabelecidas oferecem. Muitos voltam para casa, para as suas raízes, mais tarde na vida, especialmente se têm filhos que continuam a se beneficiar da participação religiosa. Alguns voltam às suas origens com um respeito e uma aceitação recém-encontrados, mas em seus próprios termos. Trazendo consigo conceitos e práticas que aprenderam de outras fontes, eles são capazes de remodelar a religião para que ela se adapte às suas necessidades, adotando o que funciona enquanto ignoram o restante, ou descobrem algum meio de viver com ele. Isto tem sido denunciado como religião escolhida a dedo. Mas, quando feito de maneira responsável, isso não é nem mais nem menos diferente da maneira como pessoas de pensamento claro sempre procedem para se acomodar a instituições falhas. Isso permite que elas permaneçam arraigadas numa tradição sem ficar atolados nela.

Uma solução que um número crescente de pessoas tem encontrado consiste em tirar vantagem da cornucópia de ensinamentos espirituais aos quais nós temos um acesso sem precedentes. Em nenhuma outra época da história houve tantos buscadores capazes de extrair ensinamentos de cada religião importante, e também de um número enorme de tradições pouco conhecidas e de novas ofertas espirituais. Isso só pode ser considerado uma bênção, mas uma bênção com armadilhas notórias. Por um lado, isso permite que cada pessoa crie um currículo individualizado, preenchendo as lacunas do seu desenvolvimento que a sua própria religião ou caminho escolhido não abordam. Assim como nas viagens, a exploração espiritual pode expandir os seus horizontes e abrir a sua mente a possibilidades maiores.

Por outro lado, o supermercado espiritual contém perigos, como charlatães, promessas falsas, concepções errôneas e instituições mais imperfeitas. Não é raro o fato de pessoas abandonarem uma filiação espiritual para adotar uma alternativa lustrosa, só para encontrar, como homens e mulheres que deixam seus cônjuges por um novo parceiro *sexy*, os mesmos problemas no novo romance. Mas talvez a maior armadilha do ecletismo seja a promiscuidade espiritual. É fácil você convencer a si mesmo que você está crescendo espiritualmente quando tudo o que você está fazendo é experimentar um ensinamento depois do outro, e nunca permanecer num mesmo lugar por tempo suficiente para ir mais fundo. "O problema com a espiritualidade estilo cafeteria", diz o especialista em assuntos religiosos Huston Smith, "é que o Santo Ego é, com freqüência, o único que faz escolhas no bar de saladas. O que tem bom sabor nem sempre é aquilo de que você necessita, e um ego não-desenvolvido pode fazer escolhas não-sábias". Smith advoga que se deve ter uma refeição principal e suplementá-la com outros ensinamentos, assim como nós tomamos vitaminas para suplementar nossa dieta regular.

Walt Whitman pode ter exagerado o caso quando disse: "Logo não haverá mais padres. O trabalho deles foi feito." Mas certamente ele estava certo quando acrescentou: "Cada homem será o seu próprio padre." No final, todos os homens e mulheres precisam assumir responsabilidade pela própria alma, e cada um de nós precisa fazer as pazes com as suas raízes religiosas à sua própria maneira. Como acontece no caso da nutrição, descobrir a dieta correta e escolher os suplementos apropriados é tarefa que requer discernimento, conhecimento e um aguçado senso intuitivo das nossas necessidades pessoais. Eis algumas perguntas para você fazer a si mesmo:

- A sua tradição oferece meios de transformação, assim como oferece benefícios à comunidade e também orientação moral?
- Até que ponto você pode viver com aquilo que você considera errado, inútil ou até mesmo nocivo no que se refere à sua herança?
- Você pode encontrar meios de honrar o espírito da sua tradição mesmo que você discorde da letra da lei?
- Você pode converter rituais obrigatórios em oportunidades para o crescimento espiritual, em vez de reconhecer neles apenas ocasiões para banquetes e diversões?
- Você pode perdoar a instituição pelas imperfeições dela?
- Você pode perdoar pelas suas falhas humanas os homens e mulheres que representam a sua religião?
- Você pode estar envolvido com a sua comunidade religiosa e mesmo assim ser verdadeiro para consigo mesmo?
- Quando você participa, você se sente como um hipócrita ou como um impostor?
- Se você fosse romper com a sua herança, o que você perderia com isso?
- Você resiste à sua herança devido às associações negativas vindas do passado — uma experiência má com um pastor, por exemplo?

- Por outro lado, você reluta em explorar outros caminhos porque teme o ostracismo, a desaprovação ou o castigo divinos?
- Você é atraído para alguma coisa nova apenas porque ela é nova, confundindo novidade com substância?

A razão fundamental para participar de qualquer instituição espiritualista é ficar mais perto da experiência direta de Deus. Esta é a suprema régua métrica, assim como a suprema régua métrica de um hospital é "ficar bem" — e você pode ser capaz de ficar bem, mesmo que você não goste de nenhum médico ou que discorde de todas as políticas administrativas do hospital. Em última análise, Deus está além da religião, e essa transcendência é o ponto de encontro de todas as religiões.

Disciplina Espiritual

O mundo é seu amigo se ele faz você se lembrar de Deus,
e seu inimigo se ele faz você se esquecer de Deus.

XEQUE TOSUN BAYRAK

A expressão "disciplina espiritual" parece um oxímoro. Ela justapõe aquilo que é ilimitado com uma palavra que implica controle e restrição. No entanto, todos os grandes mestres da transformação espiritual falam sobre a necessidade de disciplina. Flagelações e cilícios usados em penitência pertencem à idade do martírio da religião; mas, afora os poucos bem-aventurados que caíram num permanente estado de graça, fazer as pazes com Deus requer algum grau de autodomínio. Independentemente do quão atarefado você esteja, é vital criar e integrar na sua vida o tempo necessário para dar a Deus o que é de Deus e a César o que é de César.

Talvez a forma de disciplina mais importante que nós precisamos desenvolver não seja algo a mais para fazer, mas sim, para *não* fazer. Estamos viciados em fazer. Nós nos sentimos pouco à vontade quando não estamos em compasso de alta velocidade, tentando realizar alguma coisa. Mas a paz de Deus não vem tanto do fazer como do *ser*. "Alguns de nós precisamos descobrir que não começaremos a viver mais plenamente enquanto não tivermos coragem para fazer e para ver e para degustar e para experimentar muito menos do que o fazemos usualmente", escreveu Thomas Merton. Ele chamou isso de "uma sábia alternação entre atividade e repouso". Acrescentar à nossa rotina diária períodos de meditação, de prece, de contemplação e de outras práticas destinadas a fazer as pazes com Deus não deveria reduzir as nossas responsabilidades; na verdade, isso poderia nos permitir satisfazê-las com mais energia, percepção e integridade.

Além das práticas diárias, considere a possibilidade de dedicar extensos períodos de tempo a fazer as pazes com Deus. O quarto mandamento, "Lembra-te do dia do sabá e mantenha-o sagrado", não é uma exigência de autoprivação, mas é uma demanda de renovação espiritual. Talvez não seja prático para você tomar todo um período de vinte e quatro horas uma vez por semana para se fechar às grandes agitações da vida e comungar com o seu espírito. Porém, será que metade de um dia é muito? Duas horas? E que tal uma vez por mês? Você pode reservar para si um retiro anual para dedicá-lo ao progresso espiritual? Você pode passar uma semana em tranqüila reclusão em vez de passá-la no local de férias usual? Como quer que você possa lidar com isso, acrescentar uma dose extra de espírito à sua vida é como conseguir um rápido aumento nos seus depósitos bancários regulares com um grande investimento ocasional. Isso resgata a paz com Deus.

No entanto, por mais importante que seja a disciplina espiritual, ela precisa ser equilibrada com alguma coisa igualmente vital. Quando Jesus nos advertiu que nós não podemos entrar no reino do céu a menos que nos tornemos como criancinhas, ele estava nos dizendo, essencialmente, para adotarmos um estado de consciência semelhante ao da criança. Nós nascemos em bem-aventurança e despertamos para um mundo de magia. Os psicólogos do desenvolvimento nos contam que crianças pequenas têm todos os dias o sentimento de estar selvagem e apaixonadamente vivas em seu corpo. Suas emoções fluem livremente e sua mente está aberta e livre de preconceitos e de condicionamentos. Elas respondem com sinceridade e dedicação a tudo o que aparece no momento. Depois, elas começam a imitar os adultos, e a sua espontaneidade inocente se encolhe devido aos temores e preocupações da mente que julga, analisa e resolve problemas, e que precisa estar no controle. Elas acabam se fechando à experiência pura e crua, excluídas da liberdade de estar vivas para o momento. "Tornar-se como criancinhas" exigirá, por isso, o seguinte:

- Inocência; estar aberto de modo pleno e natural para Deus no momento
- Abandono da tensão; ser, não apenas fazer
- Transparência
- Simplicidade
- Aceitação das coisas como elas vêm; recusa a ficar angustiado ou apressado
- Humor; explodir em risos várias vezes por dia
- Deleitar-se por ser filho de Deus

- Amor incondicional pelo Divino
- Sentimento de que você e os seus companheiros de folguedos são amados por Deus
- Sentimento de estar seguro e protegido num universo amigo

Fazer as pazes com Deus não é um assunto austero; é um retorno à inocência, e mesmo que às vezes a estrada pareça marcada mais por bolhas do que pela alegria, é sábio lembrar-se de ficar contente. Deixe que o melodrama se torne o pano de fundo, e a peça divina, o palco.

7.
Como Posso Servi-lo, Deus?
Subindo Acima do Eu Solitário

O serviço que não tem em si o mais leve toque do eu é a mais alta religião.

MAHATMA GANDHI

Quando Henry David Thoreau jazia em seu leito de morte, perguntaram-lhe se ele havia feito as pazes com Deus. "Eu não estou ciente de que eu alguma vez tenha brigado com ele", respondeu Thoreau.

O que seria preciso fazer para você sentir essa qualidade de paz no fim da sua vida? Tudo o que nós exploramos nos capítulos anteriores ajudará a garantir que você o fará. Além disso, há três coisas que você pode começar a fazer exatamente agora — se é que você já não começou a fazê-las.

1. *Aceite a realidade da sua morte.* Shunryo Suzuki disse certa vez que a vida é como içar velas em um barco que você sabe que um dia vai afundar. As pessoas sábias ao longo dos séculos nos têm aconselhado a encarar honestamente a imutabilidade da morte. Elas não estavam defendendo a resignação melancólica ou romantizando um céu que viria. Em vez disso, elas frisavam um reconhecimento honesto e inflexível de que a forma que nós temos habitado durante todos esses anos um dia morrerá e se desintegrará. Cinzas para as cinzas, pó para o pó. Devido ao fato de que pode ser perturbador contemplar a morte, é tentador simplesmente não fazê-lo, mas negá-lo pode ser perigoso. Um motivo pelo qual algumas pessoas *não* estão em paz com Deus no fim de sua vida é que elas simplesmente não estão preparadas para a imensidão desse momento. E se você não está preparado, algum dia — quando você ficar doente, ou escapar por pouco ou despertar para os sinais de decadência física — a feroz inevitabilidade da morte o deixará atordoado como um vento gelado de maio, e o escancarado vazio se abrirá diante de você como as mandíbulas de um leão faminto.

Cerca de três anos depois da morte da sua mulher, e outra vez depois da morte do seu filho, Ralph Waldo Emerson, companheiro transcendentalista de Thoreau, desenterrou os corpos de seus amados. Fitar os corpos decompostos foi a sua maneira de se forçar a confrontar a verdade nua da morte deles. Isso talvez seja um tanto extremado demais para a maioria de nós, mas muitas culturas têm utilizado rituais para reforçar a idéia de que, com cada passo que nós damos, nós nos aprofundamos mais em direção à sombra da morte. Práticas de meditação de várias seitas místicas são planejadas especificamente para lembrar a seus praticantes da impermanência do corpo que eles habitam.

Porém, o valor da aceitação da morte não está apenas no fato de prepará-lo para saudar esse momento no espírito da afirmação dos nativos norte-americanos: "Hoje é um bom dia para morrer." Essa constatação também pode enriquecer de modo profundo a sua existência exatamente agora e todos os dias, até que não haja mais dias. Reconhecer profundamente que o tempo que você tem na sua forma atual é limitado pode estimulá-lo a esclarecer os seus valores e prioridades, e despertar em você uma determinação para extrair o máximo dos anos que lhe restam. "Só podemos experimentar uma afirmação incondicional da vida", observou Joseph Campbell, "quando aceitarmos a morte, não como contrária à vida, mas como parte dela." Essa aceitação incondicional da sua própria mortalidade é essencial para se estar em paz com Deus.

2. *Transcenda o medo da morte.* Para muitas pessoas, naturalmente, o medo da morte torna-se mais tolerável se elas tiverem uma crença profundamente sustentada de que alguma coisa mais, presumivelmente melhor, chegará para elas depois da morte. Se essa convicção é obtida pela aceitação dos preceitos da religião que elas adotaram, ler relatos de experiências de quase-morte ou de uma profunda intuição da eternidade, diminuirá a sua ansiedade natural a respeito do morrer. Mas a crença, por si só, raras vezes é suficiente para remover todo o mistério do grande desconhecido. "Se você vê a morte como o momento em que você se envolve com o mais profundo mistério do universo", disse Ram Dass, "então você se prepara para esse momento ... de modo a estar aberto, curioso, equânime e não apegado ao passado. Você apenas estará presente, momento a momento."

Em última análise, no entanto, o caminho mais seguro para atingir esse estado de superação do medo é descobrir clara e profundamente aquilo que Emerson chamava de "a presença do Eterno em cada homem que estiver morrendo". Um dos valores estabelecidos das práticas, que abrem a percepção da pessoa para o Eu não-mortal e transcendente, consiste em revelar a ilusão da morte e tornar a queda final do corpo uma transição tranqüila e até mesmo bem-aventurada. Quando você percebe, por meio de experiência direta, que o seu espírito está usando o seu corpo da maneira como a luz usa uma lâmpada, você pode presumivelmente observar, sem medo nem tensão, como a lâmpada se enfraquece com o uso e começa a bruxulear. Isso pode muito bem ser o que Platão tinha em mente no momento em que, enquanto estava morrendo, alguém lhe pediu para resumir o trabalho da sua vida. Ele se apoiou num cotovelo e disse: "Pratique o morrer."

3. Seja útil. "Faça com que eu esteja sempre pronto para me aproximar de ti com mãos limpas e olhos leais", reza uma prece dos nativos norte-americanos, "e por isso, quando a vida definha como a luz do dia declinante, possa o meu espírito se aproximar de ti sem que eu me sinta envergonhado." Uma das principais razões pelas quais as pessoas não estão em paz quando morrem é que elas estão torturadas pelo pesar com que encaram a maneira como têm vivido. Naturalmente, esse tormento se baseia mais freqüentemente no medo do julgamento divino e de uma transferência permanente para o inferno. Mas um número surpreendente de pessoas que não aceitam esse modelo de vida após a morte — que não vêem o ato de fazer o bem como um bilhete para o paraíso — mesmo assim sofrem uma agonia de consciência quando elas se lembram dos erros que cometeram com os seus companheiros humanos. Mas talvez ainda mais surpreendente seja o fato de que pessoas boas e decentes não estão em paz na ocasião da morte por causa do que elas vêem como pecados de omissão: elas sentem que não fizeram o bastante por outras pessoas, que não contribuíram o suficiente, que não têm um legado valioso ou digno para deixar atrás de si. Em resumo, elas sentem que não têm vivido como acham que Deus esperava que vivessem.

É esse aspecto do ato de fazer as pazes com Deus que nós focalizamos neste último capítulo. Não apenas por causa do morrer em paz, mas para aprofundar a sua paz no presente e viver uma vida plena, completa e satisfatória. Para alguém que está sendo pelo menos um pouco bem-sucedido em fazer as pazes com Deus, será imperativo perguntar: "Como posso ser útil? O que se espera de mim? Como eu posso ajudar?" E qualquer pessoa que faça essas perguntas se aproxima mais da paz de Deus.

Serviço que Satisfaz a Alma

Os instrumentos da iluminação são a vontade de saber,
a vontade de amar e a vontade de servir.

WU LI

Em sua pequena cidade no Texas, Bill cresceu amando a sua igreja batista. Ele gostava da escola dominical, gostava do pregador e das damas que serviam bolachas, gostava das atividades da juventude e do senso de comunidade. Esse afeto foi mantido até o seu ano sênior no colégio. Incapaz de ignorar os impulsos que o agitavam desde a puberdade, Bill percebeu que ele era *gay*. Agora, aos domingos, ele passou a ouvir ferozes denúncias contra quem ele era, e que vinham do púlpito. Agora, a instituição onde quatro gerações de sua família praticaram culto fez com que ele se sentisse como uma abominação. Agora, em vez de afeto, ele sentiu raiva, que se misturou com repugnância por si mesmo para formar uma combinação letal. Ele tinha de mudar ou abandonar a igreja, e, depois de passar um ano ou dois tentando mudar, ele entendeu que não podia. Com um coração pesado, Bill contou ao pai que ele estava abandonando a firma de construção da família e se mudando para Los Angeles.

No ambiente cosmopolita de L.A. ele encontrou aceitação, juntou-se a uma igreja *gay* e lésbica e forjou uma bem-sucedida carreira na televisão como *designer* de cenários. Numa visita natalina ao Texas, ele revelou para a família a sua orientação sexual. Eles o rejeitaram. Durante os seis anos seguintes, seu único contato com os pais foi uma ocasional chamada telefônica para ver como eles estavam. Sua mãe sempre dizia a mesma coisa: ela o amava e esperava que ele se arrependesse dos seus caminhos pecaminosos antes que acabasse indo para o inferno. O pai não falava com ele. Os telefonemas se tornaram cada vez menos freqüentes. Então ele recebeu a informação de que o seu pai estava morrendo de câncer. Ele voou para o Texas. Durante uma semana, enquanto o velho homem crivado pela dor deslizava para a inconsciência e dela saía, Bill cuidou das suas necessidades. "Apesar de todo o meu ressentimento, algum sentimento primordial de amor assumiu o comando", diz ele. "Eu não pensei, eu não escolhi, eu apenas fiz o que devia ser feito para aquele pobre homem doente que me amara e cuidara de mim até que eu me chocasse contra as suas superstições. Foi na verdade uma graça surpreendente. Eu lavava-lhe o corpo e esvaziava o seu urinol, e me sentia mais próximo de Deus do que jamais estivera na igreja." Antes de morrer, o pai segurou na mão de Bill e disse: "Eu te amo", pela primeira vez na vida. Enquanto ele e a mãe choravam nos braços um do outro, Bill encheu-se de uma sensação de perdão, resolução e renascimento.

Bill foi para o Texas com o coração cheio de ódio e saiu de lá com o coração cheio de Deus. "Alguma coisa se abriu em mim", diz ele. "Eu me senti como se tivesse sido abraçado por Deus e recebido uma mensagem muito clara." De volta a Los Angeles, ele passou a sentir que a sua procura usual por dinheiro, mercadorias e homens era insuficiente. "A minha vida era satisfatória à sua própria maneira", diz ele, "mas ela não podia expressar completamente o amor que eu sentia por Deus." Ele passou a trabalhar como voluntário num albergue. Agora, dependendo do seu horário de trabalho, ele pode passar até vinte horas por semana cuidando dos moribundos. "Meu trabalho de *design* satisfaz as minhas necessidades criativas", diz ele, "mas o trabalho no albergue satisfaz a minha alma."

Compare a história de Bill com a de Martina. Martina se apaixonou por Jesus quando ainda era criança, e costumava manter uma conversa íntima com ele durante a escola católica, a confirmação e a faculdade. Quando adolescente, ela rezava todos os dias, assistia à missa com regularidade e se confessava para se aliviar do fardo dos pecados, a maioria dos quais eram tão triviais que apenas divertia o seu confessor. Ao longo do seu casamento com um radiologista de bom coração que ela conhecera na igreja, do nascimento de três filhos e da vida atarefada de mãe que tem de correr atrás dos filhos, ela prosseguia com a sua rotina piedosa. Pareceria que, por qualquer padrão com que se avaliasse a sua vida, as preces de Martina haviam sido respondidas. Agora, com todos os três filhos na escola e uma criada que mora na casa, ela foi abençoada com uma vida boa e confortável. Então por que, ela começou a se perguntar, ela se sentia abandonada por Jesus? O que ela havia feito para que ele se afastasse dela? E por que, por que, por que ela se sentia tão vazia por dentro, tão triste, tão privada da graça de Deus?

Num certo dia, a resposta veio a ela na voz familiar que ela havia associado com Cristo. "A quem você serve?", perguntou-lhe essa voz. Assustada por se ver como uma pessoa complacente e envolvida consigo mesma, ela imediatamente começou a trabalhar como voluntária num abrigo para moradores de rua. O que começara como um modo de absolver sua culpa e ganhar a aprovação de Jesus, logo se transformou em alguma coisa mais nobre: um novo chamado. Estimulada pela paz e pela alegria que sentia enquanto servia aos menos afortunados, ela tirou a poeira do seu diploma, recebeu um certificado para lecionar e solicitou um cargo numa escola numa zona central da metrópole (essas zonas centrais em geral abrigam as pessoas mais carentes), que a maioria dos professores estava começando a abandonar. "Deus voltou para a minha vida", relata ela. "Não porque eu seja uma 'boa garota', mas porque eu sinto a sua presença quando me esqueço de mim mesma e me dou aos outros."

Bill e Martina representam os dois lados do serviço. Para o primeiro, o impulso para dar mais de si mesmo fluiu espontaneamente de um coração tocado pelo amor divino. Para Martina, as sementes do serviço desabrocharam no deserto espiritual de um coração vazio que ansiava por ser preenchido. Para Bill, o trabalho de prestar serviço foi um transbordamento da paz com Deus; para Martina, foi o caminho que levava a ele.

No filme *Agnes de Deus*, a psiquiatra designada para avaliar o estado mental de Agnes, quando ela foi acusada de matar seu bebê recém-nascido, obtém dela o consentimento para se submeter à livre associação. Quando ela pediu a Agnes para que lhe dissesse a primeira coisa que lhe viesse à mente, a noviça respondeu: "Deus."

Não sabendo o que fazer com essa resposta, a psiquiatra lhe perguntou: "Qual é a segunda coisa que lhe vem à mente?" Agnes respondeu: "Amor." Primeiro Deus, depois amor — um sagrado golpe duplo pelo qual o serviço flui naturalmente da proximidade com o Divino. Deus pode ser visto como infinita generosidade, sempre dando de si mesmo (ou de si mesma) como o Sol dá a luz — ou, para usar uma imagem bíblica, como uma "sarça ardente" que não é consumida pela sua chama. Enquanto manifestação do sagrado, criada, por assim dizer, à imagem e semelhança de Deus, nossa verdadeira natureza é a generosidade. Quanto mais acesso tivermos à fonte inexaurível do amor e da bondade no centro do nosso ser, mais fácil e mais natural será distribuí-la, assim como é fácil ser filantropo quando se é rico.

Olhando de outra maneira, à medida que você é atraído para mais perto da paz de Deus, o conteúdo das suas necessidades e desejos muda; metas egocêntricas, que antes pareciam indispensáveis, e objetivos que você pensava que faria qualquer coisa para obter, perdem sua urgência porque você se sente contente no momento atual. E, pelo fato de você estar grato por essa dádiva, atividades que para outras pessoas poderiam parecer um sacrifício são, para você, apenas uma maneira de dizer: "Obrigado." É como se a aprendizagem para receber o amor incondicional do Divino se expandisse na capacidade de *dar* amor incondicional. E quando dar e receber se tornam essencialmente a mesma coisa, você está livre para perguntar, sem medo de sofrer privação ou de ter desvantagem: "Como posso ajudar?" Você pergunta, não porque acha que deveria fazê-lo, mas porque é inevitável; o seu cálice transborda. A voz que estivera cantando alto: "Meu Caminho", agora proclama: "Sua vontade será feita." No entanto, na medida em que você fez as pazes com o Deus Supremo, você automaticamente serve o Bem Supremo.

Isso explica por que os modelos de papéis das grandes religiões da história escolheram curar, ensinar e despertar as outras pessoas em vez de se aquecer na bem-aventurança da sua iluminação. Eles nada tinham para ganhar pessoalmente. Eles poderiam ter permanecido no topo da montanha ou debaixo da árvore. Em vez disso, serviram aos corações famintos com magnífica compaixão e, em alguns casos, lutaram para corrigir a injustiça social, porque o amor infinitamente generoso que fluía através deles guiou-os para que fizessem assim. E nós, em nossos débeis caminhos, seríamos sábios se os imitássemos — e a todos os heróis de histórias sagradas que retornam de suas buscas sagradas para servir à humanidade — porque nós *temos* de fato alguma coisa para ganhar. Este é o outro lado da equação do serviço: o verdadeiro ato de dar beneficia, antes de mais nada, o próprio doador, levando-o para mais perto de Deus.

O que Eu Preciso Fazer, Senhor?

O homem descobre a sua riqueza quando Deus lhe pede presentes.

RABINDRANATH TAGORE

Antes que o nosso cálice transborde, é com freqüência necessário que nos incitemos a realizar aquilo que o Oriente chama de *seva* e o Ocidente chama de caridade ou serviço. O habitual egoísmo do ego é difícil de ser abalado, mesmo depois que nós começamos a sentir a paz de Deus — e sentir a paz de Deus pode fazer com que queiramos nos afastar dos aborrecimentos e transtornos do mundo e nos embeber ainda mais de beatitude. Para nos cutucar a fim de que nos encaminhemos para o bem superior, todas as tradições religiosas fizeram do serviço uma virtude, e até mesmo uma obrigação. Eis aqui uma amostragem dos estímulos das escrituras para que prestemos serviço*:

Cristianismo: É mais sagrado dar do que receber.

Taoísmo: Estenda a sua ajuda sem procurar recompensa. Dê aos outros e não se lamente pela sua liberalidade, e nem a inveje. As pessoas que são assim são boas.

Sikhismo: A felicidade é própria das pessoas generosas.

Islamismo: O pobre, o órfão, o cativo — alimente-os exclusivamente pelo amor de Deus, não ansiando por recompensas e nem mesmo por agradecimentos.

Hinduísmo: Bom é aquele que dá ao mendigo que vem até ele fraco e à procura de comida.

Judaísmo: Abençoado seja aquele que leva em consideração os pobres: o Senhor o libertará em tempos de transtorno.

Budismo: O verdadeiro tesouro é aquele armazenado por um homem ou uma mulher por meio da caridade e da piedade, da temperança e do autocontrole. Desse modo, o tesouro fica escondido em segurança e não desaparece.

Naturalmente, as principais religiões costumam usar a ameaça da condenação e a promessa do céu para motivar em nós a caridade. Mas para aqueles que estão mais preocupados com a vida depois do nascimento do que com a vida depois da morte, seria melhor aliar-se espiritualmente com a sufi Rabia Basri, do século oito. Dizia-se que ela perambulava pelo deserto com água numa das mãos e uma chama

* Extraído de *Oneness: Great Principles Shared by All Religions*, de Jeffrey Moses.

na outra. Simbolicamente, ela estava extinguindo os fogos do inferno e ateando fogo ao céu para convencer as pessoas a amar a Deus pelo bem do Deus amoroso, e não em função de uma preocupação com a vida depois da morte. O mesmo se poderia dizer com relação a fazer o bem enquanto você estiver no planeta.

Talvez uma força motivadora melhor para os dias de hoje e a época atual seria estes dois simples fatos: em primeiro lugar, é obviamente bom para a sociedade quando as pessoas se dão generosamente e se preocupam umas com as outras e com os necessitados. Em segundo lugar, dar é bom para quem dá.

Um impressionante corpo de pesquisas sugere que aqueles que regularmente se empenham em atos de serviço são mais sadios, mais felizes e podem viver mais do que as suas contrapartidas que não realizam essas atividades. Por exemplo, um estudo realizado ao longo de trinta anos na Universidade de Cornell, descobriu que aqueles que faziam trabalhos voluntários estavam mais satisfeitos e tinham um sentido maior de objetivo na vida. Um outro estudo constatou que uma atitude abnegada torna 2,4 vezes mais provável que uma pessoa seja feliz, enquanto uma atitude egoísta torna 9,5 vezes mais provável a *infelicidade*. Como tudo indica, ajudar os outros melhora o estado de ânimo da pessoa que ajuda e promove nela um otimismo maior. As pessoas que se dedicam ao trabalho voluntário são fisicamente mais sadias do que as que não o fazem, como foi medido por fatores tais como níveis mais baixos de *stress*, uma resposta imunológica mais intensa e um sono mais sadio. Uma experiência realizada na Universidade da Califórnia, em San Francisco, constatou que as pessoas egocêntricas podem correr um risco maior de desenvolver doenças da artéria coronária. E um estudo que durou treze anos, realizado entre homens e mulheres da faixa etária entre 60 e 94 anos de idade, constatou que manter-se úteis e executar atividades significativas à medida que envelhecem pode aumentar significativamente a longevidade. Na média, as pessoas mais idosas que fazem trabalhos voluntários vivem mais do que os seus compatriotas que não o fazem.

Por que ir além das suas próprias necessidades e desejos deveria ser bom para você? Você não deveria estar em melhor situação quando está procurando pelo número um? Talvez seja porque pensar apenas a respeito de si mesmo seja o caminho mais curto para o descontentamento. O egocentrismo focaliza invariavelmente a mente naquilo que está faltando, no desejo insatisfeito que precisa ser satisfeito em seguida, nos problemas pessoais que precisam ser resolvidos, nas feridas que precisam ser aliviadas e nas mágoas e injustiças que precisam ser tratadas — em resumo, no copo da sua vida, vazio pela metade. Pensar no bem-estar de outras pessoas desvia a atenção e, com freqüência, leva a um copo cheio pela metade.

Quando a cantora-compositora Beth Nielson Chapman estava se submetendo a uma quimioterapia para tratar de um câncer no seio, ela não somente sentia horríveis dores físicas, mas também estava esmagada por sentimentos contraditórios com relação a Deus. Ela estava zangada com Deus porque seu filho adolescente encarava a possível perda da mãe apenas poucos anos depois da morte do pai. Ao mesmo tempo, ela estava tentando alcançar a cura pelo poder do amor e da compaixão de Deus. Enquanto alternava entre sentir-se abandonada por Deus e confortada por Deus, o que mais a ajudou, diz ela, foi a oração. Ela não rezou pedindo uma cura. Ela não queria rezar para o alívio da dor. Ela nem mesmo rezou pelo filho. Ela orou por uma criança com quem nunca havia se encontrado e que sofria de uma doença incurável. Alguém lhe havia contado que Madre Teresa costumava pedir para pacientes em fase terminal, em diferentes partes do mundo, rezarem uns pelos outros em vez de o fazerem para eles mesmos. Alguma coisa com relação a isso fez sentido para Beth. Então ela orou pelo filho da mulher que lhe contara essa história.

"Sempre que eu me sentia deprimida, ou com a dor conseqüente dos efeitos colaterais da químio", diz ela, "eu costumava oferecer o meu sofrimento em favor daquele menino como se fosse algum tipo de dinheiro." O desvio da atenção dela mesma para a criança aflita removeu o invólucro de medo e aversão, explica ela, e esse ato facilitou para ela lidar com a dor física. "Depois de rezar, eu conseguia aceitar a dor. Parei de lutar contra ela, e uma enorme graça surgiu disso." Assim como você não pode sentir gratidão e ressentimento ao mesmo tempo, você também não pode sentir empatia e autopiedade ao mesmo tempo, e não pode sentir generosidade e raiva ao mesmo tempo. Para Beth, o ato da oração compassiva foi uma dádiva que retornou a ela com dividendos.

Mas o serviço para os outros, seja em oração ou em ação, traz um nível ainda mais alto de benefício. Ele o leva para mais perto da paz de Deus. "Quanto mais sairmos de nós mesmos e fizermos o bem para os outros", disse Vivekananda, "mais o nosso coração será purificado e Deus estará nele." Nesse sentido, o serviço não é apenas um imperativo moral; é um veículo para o progresso espiritual. Nós nunca nos identificamos tanto com nós mesmos como quando *não* estamos pensando em nós mesmos. Uma vez que a natureza infinitamente generosa de Deus é expressa, em parte, *como* nós mesmos, quando nós permitimos que a generosidade flua por meio de nós sem obstáculos, nós tocamos aquilo que é mais nobre na nossa natureza. Quando nós nos damos, estamos fazendo aquilo que o Talmude chama de imitar a Deus, e o que os muçulmanos chamam de ser dignos do mundo que Alá criou. Assim como, ao meditar ou rezar, nós ficamos mais perto de nossa natureza divina quando tiramos o nosso ego do caminho. Aquietar a nossa incessante preocupação com o ganho pessoal reduz a nossa identificação com o pequeno eu, enriquecendo o nosso sentimento de conexão com o Todo.

Um documentário para a TV chamado *The Heart of Healing* (O Coração da Cura) mostrou a comunidade Star-Cross, uma fazenda de árvores de Natal no norte da Califórnia. Os três clérigos que dirigem o local, Irmão Toby, Irmã Marty e Irmã Julie, adotam crianças com AIDS e que não têm lar. São crianças que não podem ser ajudadas pelo poder da medicina. Normalmente, elas estariam em hospitais ou instituições do governo. A Star-Cross cuida delas até a morte. O Irmão Toby explica o que ele e as irmãs ganham por lidar diariamente com a tragédia, a dor e a perda: "É muito mais fácil para nós encontrar nas crianças o que estamos procurando espiritualmente do que na meditação, sentados debaixo de uma árvore. Nós sempre fazemos esta pergunta: 'Onde está Deus e o que é Deus?' Você não faz essa pergunta quando está lidando com crianças. Quero dizer, você olha dentro dos olhos de uma criança e você vê Deus. É muito simples. Você segura uma criança que está morrendo, e você sabe que está na presença de todo e qualquer mistério que existe na vida e que nós rotulamos de Deus." As crianças moribundas nos lembram do que é importante, acrescenta uma das irmãs. Isto obriga-os a se concentrar em tornar bom o presente, uma vez que não há muito futuro a respeito do qual se possa pensar.

Se podemos dizer que Deus tem pedidos para nós, tudo indica que ele (ou ela) gostaria de nos ver rir, viver e amar com exuberância, mas também servir. Estas não são metas contraditórias. Nós podemos servir outras pessoas e a nós mesmos simultaneamente. Quando você pensa a respeito disso, agir de outra maneira seria negar parte daquilo que nos torna humanos. "Quanto mais eu penso em ajudar os outros", diz o Dalai Lama, "e quanto mais forte se torna o meu sentimento para cuidar de outros, mais benefícios eu colho para mim mesmo. Isto é totalmente extraordinário [...] Uma vez que superar as tendências negativas e intensificar o potencial positivo constituem a própria essência da senda espiritual, a prática de desenvolver o altruísmo é realmente a maior, mais eficaz e mais premente de todas as práticas."

Daquele a Quem Muito se Dá, Muito se Espera

Fala, Senhor, porque o teu servo ouve.

I Samuel 3

Quando a paz com Deus se fortalece e se aprofunda, a generosidade de espírito surge naturalmente, e também o desejo de deixá-la fluir na ação. Então, podem surgir perguntas como: "O que eu deveria fazer? Como eu deveria fazer isso? Quando? Onde? Com quem? Quanto tempo eu devo dedicar a isso?" A primeira coisa que precisa ser dita é que não há respostas universais para perguntas como essas. Cada um de nós precisa fazer o que puder, encontrando a sua maneira adequada de servir e de estabelecer o seu próprio limite sensível. Certos aspectos, no entanto, devem ser ressaltados:

1. *Olhe ao seu redor.* Há incontáveis maneiras de dar. Respeitáveis organizações planejadas para satisfazer a cada necessidade humana concebível estão rogando por voluntários. Muitos deles estão no seu próprio quintal. Também no seu próprio quintal estão inúmeras necessidades que não podem ser satisfeitas por organizações de caridade ou por instituições públicas — pessoas doentes, pessoas analfabetas, pessoas sem lar, pessoas incapacitadas, pessoas moribundas, pessoas solitárias, pessoas não amadas cujos dias seriam iluminados pelo sorriso de um estranho.

E quanto ao seu círculo imediato? Às vezes, é mais apropriado — e em alguns sentidos mais desafiador — inclinar-se de maneira abnegada para as necessidades da família, de amigos e de conhecidos. O serviço não precisa se limitar a estranhos, ou a pessoas cujas necessidades são terríveis, ou a atividades que normalmente são consideradas caridosas. Ele não precisa ser grandioso. Não precisa ser totalmente desgastante. Nem todos são Madre Teresa. "Todo ato de bondade é caridade", disse Maomé. "O seu ato de colocar um sorriso no rosto de um irmão é caridade; uma exortação do seu companheiro para realizar ações virtuosas iguala a ação de dar esmolas; o seu ato de colocar uma pessoa errante na estrada certa é caridade; a sua ação de remover pedras, espinhos e outras obstruções da estrada é caridade." Não é difícil encontrar oportunidade para fazer algum bem. Basta olhar ao seu redor e ver o que precisa ser feito. Pense devotamente, atue localmente.

2. *Utilize as suas dádivas.* Poucos anos antes que o seu próprio câncer fosse diagnosticado, quando ela chorava a perda do marido para o linfoma e cuidava do filho adolescente, Beth Nielson Chapman derramou a sua dor e tudo o que ela aprendera com essa dor nas dez canções de um álbum chamado *Sand and Water* (Areia e Água). Uma comovente crônica de aflição e cura, o álbum integrava o crescimento espiritual que emergiu da tristeza de Beth. "Cada aspecto da minha vida se aprofundou em significado", escreveu ela nas notas de apresentação. "Foi uma dádiva no meio dessa perda." Depois de lançada, sua música também tornou-se uma dádiva para milhares que foram tocados por ela. Isso estimulou Chapman a dirigir *workshops* sobre a aflição. Ela usa a música para ajudar as pessoas que estão de luto a recorrer aos seus sentimentos e as ensina a usar a autoexpressão para acelerar a cura.

Beth é um exemplo de pessoa que usa os seus talentos e inclinações naturais para servir a um bem mais elevado. Temos uma tendência para pensar que, a não ser que uma atividade seja difícil, a não ser que ela envolva grandes sacrifícios ou que o leve a fazer algo que você não gosta de fazer, ela não é digna de ser chamada de serviço. Mas aquilo que cura você também pode curar os outros, aquilo que o ensina pode ensinar os outros, aquilo que o nutre pode nutrir os outros. Por isso, uma maneira de servir consiste em fazer bem o que você fizer — o que você poderia considerar como sendo o seu chamado, ou aquilo que você estava destinado a fazer na Terra — e canalizá-lo para um bem maior. Poderia ser o meio pelo qual você obtém o seu sustento. Poderia ser o seu *hobby* favorito. Poderia ser apenas alguma coisa que você faz bem e gosta de fazer. O fato de tal coisa enriquecer *você* não significa que ela não possa ser igualmente uma dádiva para outras pessoas. De fato, isso poderia torná-la uma dádiva mais poderosa e significativa.

3. Faça isso com intenção e atenção. Como diz a velha canção: não importa o que você faz, mas sim a maneira como você o faz. Uma pessoa corta cabelos num salão; outra é assistente numa clínica para idosos ou inválidos. A cabeleireira estilista faz o seu trabalho com boa vontade e alegria, e atende a cada cliente como se estivesse lavando os pés de um santo; a assistente de enfermeira é carrancuda e indiferente. Quem está realizando o serviço maior? Quem está fazendo mais bem no mundo? Quem está fazendo o trabalho de Deus? "Não é o quanto nós fazemos", disse Madre Teresa, "mas quanto amor nós colocamos no ato de fazê-lo."

Você pode executar o seu serviço com o estado de espírito da doação inocente? Você pode tirar o seu ego fora do caminho? Você pode doá-lo como uma oferenda? É com esse espírito, por exemplo, que B. J. Gallagher executa o seu trabalho como consultora organizacional. "Meu trabalho é o meu ministério", diz Gallagher, a co-autora de *What Would Buddha Do at Work?* (O Que Buda Faria no Trabalho?). "Eu prego o Evangelho do gerenciamento humanista. Eu ofereço a administradores e executivos as habilidades para criar um local de trabalho mais amistoso e mais gentil, de modo que eles trabalhem como uma comunidade e não perturbem uns aos outros ao faze-lo." Parte da declaração da sua missão diz: "Eu tento incorporar o amor de Deus em ação no mundo da melhor maneira que eu posso."

4. Sirva com humildade. Cuidado com a forma insidiosa do materialismo espiritual, que executa serviço para inflar o seu ego, para impressionar os outros ou para acumular pontos com Deus ou com o guru. Madre Tessa Bielecki assinala que há uma diferença entre ser "impulsionado pelo espírito" e "impulsionado pelo eu". "As pessoas querem se sentir bem", diz ela, "e podem, de um modo bastante trapaceiro, estar servindo a elas próprias em vez de servir aos outros." É muito fácil deixar a sua bondade subir à cabeça ou inflá-la de orgulho e grandiosidade a respeito da sua suposta santidade. Por isso, fique alerta com relação aos seus motivos. Descubra o quanto da sua ansiedade para servir é motivado por um desejo de recompensa pessoal, por mais sutil que possa ser, e o quanto do serviço que você presta é animado pela generosidade do espírito. Um bom teste consiste em ver se você pode executar um serviço a respeito do qual ninguém mais saiba, onde você não recebe sequer um mínimo de reconhecimento e simplesmente dá pelo bem de dar.

5. *Sirva com alegria.* Uma cadeia de postos de gasolina costumava anunciar: "Serviço com um Sorriso." Se o sorriso é sincero, é um serviço em si mesmo e de si mesmo, e ele serve tanto àquele que sorri como ao que recebe o sorriso. O serviço não precisa ser um dever melancólico. Na verdade, há poucos espetáculos mais tristes do que aqueles em que as pessoas tentam com tanto empenho ser virtuosas, que elas perdem o humor e a paixão e ficam afetadas. Com a desculpa de curar o sofrimento dos outros, elas se tornam insuportavelmente sérias. Um padre que, por motivos óbvios, quis permanecer anônimo, disse: "Estar no meio de alguns voluntários na igreja me faz ansiar pela companhia de ladrões e réprobos. Pelo menos eles sabem como ser divertidos." Talvez seja por isso que se pede às pessoas que trabalham no Lar para os Moribundos Desamparados, de Madre Teresa, para que brinquem durante uma hora todos os dias.

Eu dormi e sonhei que a vida era alegria
Acordei e vi que a vida era serviço
Agi e, veja só: o serviço era alegria.

RABINDRANATH TAGORE

6. *Sirva a si mesmo.* Nós obtemos o máximo de nosso serviço quando nos perdemos ao fazê-lo. No entanto, podemos assumir o espírito de auto-rendição até um ponto extremo e nos tornarmos mártires. A compaixão exaurida é um problema muito sério, em particular nas comunidades religiosas que exortam os fiéis a fazer sacrifícios cada vez maiores, como se cada hora gasta fazendo o bem rendesse a você um cupom para ser descontado no céu. O serviço genuíno não é motivado pela culpa e não precisa ser medido pelos padrões de santidade. Você é requisitado para ser autêntico, e não sacrificador, e você é chamado, antes de mais nada, para cuidar da única pessoa que você *sabe* que Deus quer que você sirva: você mesmo. Isso significa estabelecer limites apropriados sobre o tempo e a energia que você dedica a outras pessoas. Fazer o bem deveria alimentar a sua alma, e não drená-la.

"As pessoas acham que ser cristão é ser um benemérito idealista, ingênuo e sem senso prático", diz o reverendo William Grimbol, autor de *The Complete Idiot's Guide to the Life of Christ* (O Guia Completo do Idiota para a Vida de

Cristo). "Eles fazem boas obras, mas o fazem rangendo os dentes e ficam exaustos." Ele diz que precisa constantemente lembrar a certos congregados para que cuidem de si mesmos e desfrutem da sua vida. "Vocês precisam aprender a *receber* para que possam dar de maneira mais genuína." Esse mesmo aspecto foi apontado no episódio de *Chicago Hope* que mencionamos anteriormente. Uma personagem pede ao espírito de seu amigo falecido para que lhe diga qual é o Plano Divino. O amigo anota uma resposta rápida. O homem está incrédulo: "É *isso* aí?"

"Isso é mais difícil de entender do que você pensa", diz o espírito. "Estes dois têm igual importância — é isso que é difícil."

Mais tarde, nós lemos o que ele escrevera: "Dar e Receber."

Serviço Arquetípico

Faze a vontade de Deus como se fosse a tua vontade,
de modo que Deus possa fazer a tua vontade
como se fosse a vontade de Deus.

PROVÉRBIO JUDEU

Para guiá-lo no seu caminho até um serviço maior, eis como cada um dos nove arquétipos tende a se relacionar com o assunto:

Os *Reformadores* são naturalmente atraídos para causas dignas. Eles gostam de ajudar as pessoas a mudar sua vida para melhor, e estão na sua melhor forma quando podem ajudar pessoas ou instituições a corrigir falhas e a agir de maneira mais eficiente. Tendências contra as quais eles devem ficar alertas: hipocrisia; tendência para forçar os seus dogmas ou ideologias sobre aqueles a quem eles servem (como missionários que alimentam pessoas famintas a fim de convertê-las); e necessidade de que tudo esteja perfeito.

Os *Amantes* são maravilhosos para trabalhar na base de um para um com os necessitados, como provedores de assistência à saúde, como conselheiros ou em circunstâncias nas quais a empatia é valorizada. Sendo, por natureza, voluntários na oferta de cuidados, sua compaixão poderia fazer deles valiosos ajudantes em albergues e hospícios, em abrigos para pessoas em crise e em creches. Tendências contra as quais eles devem ficar alertas: uso do serviço como meio de receber amor; não amar a si mesmos o suficiente para proteger a sua própria saúde e bem-estar; e converter a si mesmos em mártires.

Os *Realizadores* são líderes ambiciosos e planejadores eficientes que se sentem em casa como chefes de projetos de grande escala com metas humanitárias de longo alcance. Eles também poderiam ser atraídos para programas destinados a aumentar a prosperidade de uma comunidade ou instituição, especialmente se o seu objetivo é melhorar a vida das pessoas. Tendências contra as quais eles devem ficar alertas: competir com colegas e aliados; auto-engrandecimento; e necessidade de controlar.

Os *Criadores* poderiam ser atraídos para projetos que embelezam e inspiram, especialmente por meio das artes. Sua familiaridade com emoções fortes também poderia atraí-los para ajudar pessoas que estão passando por grandes abalos; eles poderiam, por exemplo, ajudar vítimas de desastres, aconselhar os aflitos ou ficar a cargo de uma linha telefônica de emergência para casos de suicídio. Tendências contra as quais eles devem ficar em alerta: deixar que o narcisismo os afaste do serviço; ficar demasiadamente deprimidos, a ponto de não conseguir mais ajudar outras pessoas; e ter necessidade de criar dramas e situações que provoquem emoções intensas em outras pessoas.

Os *Pensadores* levam para qualquer projeto que valha a pena uma inteligência discernidora e uma capacidade para descobrir fatos pertinentes; isso os torna terríveis e valiosos ajudantes na reunião de fatos e no planejamento de etapas, e pessoas indispensáveis quando uma situação exige uma maneira revigorada de olhar para as coisas. Sua capacidade para pensar claramente sob pressão também os torna úteis quando as coisas vão mal. Tendências contra as quais eles devem ficar alertas: ser mesquinhos com o seu tempo e energia; permanecer emocionalmente desprendidos daqueles aos quais eles servem; e deixar que sua mente domine o seu coração.

Os *Buscadores de Segurança* se distinguem em causas que oferecem segurança e conforto para os desafortunados: abrigo para os moradores de rua, alimento para os famintos, pais adotivos para crianças, etc. Como eles levam muito a sério o dever e a responsabilidade, e como são atraídos por palpites arriscados, eles podem ser trabalhadores inflexíveis por uma causa perdida. Tendências contra as quais eles devem ficar em alerta: deixar que a desconfiança na autoridade se interponha no caminho do serviço; e deixar que a sua própria necessidade de segurança prejudique os seus esforços para servir.

Os *Aventureiros* são notáveis para livrar outras pessoas do desânimo e abrir caminho para a graça e o prazer. Eles se dão bem organizando atividades para pessoas confinadas ou levando crianças das zonas pobres das cidades para esquiar ou praticar canoagem. Se lhes é permitido ter idéias e se lhes é dada livre soberania para converter o ato de fazer o bem numa grande aventura, eles podem ser de grande ajuda em qualquer causa. Tendências contra as quais eles devem ficar alertas: mudar impulsivamente para um novo projeto antes que o atual esteja completo; entregar-se à preguiça tão logo as coisas se tornem rotineiras; e esperar que outras pessoas façam o trabalho entediante.

Os *Patrões* podem ser os George Washingtons do mundo — tipos fortes, que tomam sobre si o peso dos encargos, e que você quer que estejam na chefia de uma missão importante, em especial uma missão em que se tem de enfrentar inimigos formidáveis ou grandes obstáculos. Eles poderiam ser atraídos pela política, pelos grupos de protesto ou por organizações especializadas que lutam contra ameaças ao bem comum, conforme eles as definem. Os Patrões, no que têm de melhor, lideram de modo tão eficaz e discreto que ninguém sabe que está sendo conduzido. Tendências contra as quais eles devem ficar alertas: despotismo; beligerância; necessidade de dominar e de controlar; e necessidade de lutar para ser o primeiro às expensas da tarefa que têm nas mãos.

Os *Pacificadores* são excelentes mediadores e conciliadores. Eles poderiam ser atraídos por serviços que envolvam resolução de conflitos, talvez como diplomatas, juízes em tribunais da comunidade ou conselheiros matrimoniais. Eles podem ser encontrados nas Corporações para a Paz ou nas Nações Unidas, trabalhando como voluntários em grupos que advogam o desarmamento ou promovendo esforços pela paz em regiões do mundo dilaceradas por conflitos. Onde quer que se faça necessária uma fórmula para uma solução em que todos ganhem, eles estão prontos para responder ao chamado. Tendências contra as quais eles devem ficar alertas: passividade; sensibilidade a críticas; e esgotamento da compaixão.

Como no caso das nossas outras discussões sobre os arquétipos, favor lembrar-se de que todos nós temos pelo menos um traço de cada tipo de personalidade dentro de nós.

"Seja Feita a Vossa Vontade"

Usa-me, Deus. Mostra-me como lançar mão daquilo que eu sou,
daquilo que eu quero ser, e usa-o para um propósito maior do que eu mesma.

OPRAH WINFREY

Cada buscador espiritual que queira servir quer se apresentar como um instrumento de Deus, pronto para a tarefa que está à sua frente, e receber uma incumbência pessoal. Para almas iluminadas, que estão permanentemente investidas de consciência superior, saber o que a divindade pretende para elas e agir em conformidade com isso não é um problema. A vontade de Deus flui por meio delas como o ar passa pelas narinas, e elas a expressam por meio de cada gesto com a facilidade natural do inalar e do exalar. Essas almas são aquelas que o místico persa Abu Yazid al-Bistami provavelmente tinha em mente quando disse que o único príncipe verdadeiro é "o homem que não pode escolher", porque para ele "a escolha de Deus é a única escolha possível".

Para o restante de nós, "seja feita a Vossa vontade" é uma bela idéia, e "*Let go, let God*" (Solte-se e deixe Deus entrar) é um maravilhoso aforisma. Mas, exatamente, o que dá significado a esses belos sentimentos e, exatamente, como se supõe que devamos chegar até eles? Mesmo que queiramos fazer a vontade de Deus, o nosso ego resistente se apega à estimada vida quando nossas necessidades e desejos pessoais clamam por atenção imediata. Às vezes, render-se parece tão sedutor quanto um mergulho em água fria num dia extremamente quente. Outras vezes, parece tão assustador quanto um mergulho através do gelo fino. "E se Deus me pedir para fazer alguma coisa realmente difícil?", "Perderei a minha individualidade e a minha liberdade de escolha?", "De qualquer maneira, o que significa isso para mim?" Temos medo de que, se relaxarmos a força com que o nosso ego se agarra ao egoísmo narcisista, nós, de algum modo, ficaremos espiritualmente escravizados. Esses temores podem ser projeções sobre Deus de pais tirânicos e autoritários, autoridades religiosas opressivas e fanáticos hipócritas, de todos os tipos, que se autodenominam servos do Senhor. Render-se à vontade de Deus não é como capitular a um regime repressivo ou ter um par de algemas morais presas aos pulsos. Não significa desistir da sua liberdade como um prisioneiro que se rende e entrega suas armas. Não significa ter de ser alguma coisa que você não é. Significa simplesmente agir de acordo com o seu Eu Superior e marchar em compasso com as leis naturais que regulam tudo, desde as células microscópicas até as galáxias. Até que aceitemos que a afirmação "Seja feita a Vossa vontade" representa liberdade e não sacrifício, o ego dará chutes, gritará e resistirá.

Como discernimos a vontade de Deus? Como nós sabemos o que se espera de nós? No final das contas, não é a mesma coisa que perguntar à mamãe ou ao papai o que nós devemos fazer. Deus opera por vias muito mais misteriosas, e a poucos de nós se pede para colocar por escrito o que vem de uma sarça ardente. Alguns diriam: volte-se para as Escrituras e simplesmente faça o que se considera virtuoso, e abstenha-se daquilo que é considerado pecaminoso. Mas, como disse Moisés Maimônides, "O significado literal das palavras bíblicas pode nos levar a conceber idéias corrompidas e a formar opiniões falsas a respeito de Deus". O clero e os eruditos religiosos continuam a discordar quanto ao modo de interpretar injunções das Escrituras, assim como o fizeram por milhares de anos e, provavelmente, sempre o farão.

Em última análise, alinhar-se com o intento de Deus não é uma questão de vontade ou de intelecto. A capacidade emerge naturalmente à medida que você evolui para uma consciência mais elevada e passa a estar protegido na paz de Deus. Seu coração bate por si mesmo. Seus pulmões inspiram oxigênio e expelem dióxido de carbono sem a sua assistência voluntária. A natureza põe você para dormir e o acorda. Por que as escolhas que dão sustento à vida não deveriam fluir com a mesma liberdade de uma mente que está sintonizada com as correntes evolutivas do cosmos? "Nós repousamos no regaço de uma inteligência imensa", escreveu Emerson, "que nos torna receptores da sua verdade e órgãos da sua atividade. Quando discernimos a justiça, quando discernimos a verdade, nós não fazemos nada por nós mesmos, mas deixamos uma passagem para os seus raios." A vontade de Deus nada mais é do que a mente de Deus trabalhando por meio da sua mente *enquanto* sua mente.

Parece que a eterna fórmula é: tire o ego do caminho e sintonize o mais alto canal do mostrador cósmico. "*Yogastah kuru karmani*", diz Krishna para Arjuna no *Bhagavad Gita.* "Estabelecido na união divina, execute a ação." Ou, como Jesus se expressou: "Procure em primeiro lugar o reino de Deus." A partir daquele espaço sagrado onde a percepção individual é uma pura expressão da Inteligência Suprema, a ação correta certamente se manifestará, quer você a chame de servir a vontade de Deus, agir de acordo com a lei natural ou fazer o seu dever. A vontade de Deus pode não chegar a você em mensagens verbais ou visuais, ou como alguma coisa que você é capaz de articular. Ela poderia vir apenas como uma sensação profundamente sentida de aonde ir, do que fazer e de como agir no mundo de momento a momento. As pistas poderiam chegar em sonhos, devaneios ou lampejos de intuição, ou em momentos e encontros sincronísticos, como num encontro aparentemente casual com outra pessoa ou numa passagem num livro que você abre aleatoriamente.

Chana Silverman estava morando na costa do Oregon, trabalhando como garçonete num cassino dos nativos norte-americanos. Ela gostava do trabalho e dos colegas de trabalho, e como ficara viúva recentemente, precisava de dinheiro e de assistência médica. Porém, ela perdera o senso de comunidade de que desfrutara no local anterior, e morava longe de sua filha autista, que estava numa instituição em Portland. Ela rezava pedindo orientação. Certo dia, ela abriu a Bíblia ao acaso e colocou o dedo numa passagem onde se lia: "Donzela de Israel, volta para a tua cidade."

Chana interpretou isso como um sinal. Mas qual seria a cidade? Ela havia morado em muitas, e seus filhos já crescidos estavam morando em lugares diferentes. Então, ela teve um sonho. Ela estava na sala de estar de sua casa anterior com algumas outras mulheres. Uma cobra estava deitada a um canto, enrolada. "Você é a mulher cobra", disseram as outras. "Faça alguma coisa." Cheia de medo, Chana agarrou a cobra e a jogou para fora da casa. Enquanto fazia isso, a cobra a picou no peito. De alguma maneira, na cena seguinte, diante de uma fogueira crepitante, a cobra foi enrolada ao redor da sua cabeça e Chana não ficou com medo. Quando acordou, ouviu a palavra "Califórnia", como uma clara instrução para mudar-se para lá.

Mudar-se para a Califórnia não fazia sentido na época e era, financeiramente, uma decisão de risco. Porém, ela não podia ignorar a experiência. Seus amigos nativos lhe disseram que a cobra era o seu espírito animal. Ela então aprendeu que, em sonhos, o fogo representa a limpeza pelo Espírito Santo; uma cobra enrolada ao redor da cabeça significa o despertar espiritual, e a picada de uma cobra no peito significa abrir-se para o amor. Reunindo todos os sinais, Chana mudou-se para Los Angeles, e não demorou muito tempo para tudo se encaixar em seu devido lugar. Chana conseguiu um emprego, converteu-se para o judaísmo e encontrou um novo lar espiritual numa sinagoga local. Ela começou a limpar sua psique de um passado disfuncional, e, o que é o mais surpreendente, encontrou uma forma de serviço que mudou a sua vida. O amor que abriu seu coração não era por um novo companheiro, como ela esperava, mas pela filha autista, que foi morar com ela. No passado, Chana considerara a sua filha como um fardo, e ela voltara os seus cuidados para outras pessoas. Agora, a criança tornou-se a sua maior bênção e a sua mais profunda professora. Com relação ao sonho e a tudo a que ele levou, diz Chana, "Deus pode usar qualquer coisa para alcançar você".

É uma boa idéia anotar os momentos mágicos e as dádivas de surpresa que acontecem na sua vida, especialmente aquelas que provocam calafrios na sua espinha. É igualmente importante notar que os sonhos, sinais e vozes interiores são facilmente distorcidos por um ego iludido que anseia por vantagem. Nós também precisamos estar abertos aos estímulos que chegam por vias não-dramáticas e sutis, em sinais que se misturam com o cenário da vida e em sussurros que dificilmente podem ser decifrados em meio ao clamor — assim como pelo poder da razão, por meio da qual o Divino também fala. Alinhar-se com a vontade sagrada é, basicamente, uma questão de ser receptivo. "Deus não força a si mesmo sobre nós", diz o reverendo Michael Beckwith. "Não é Deus que limita a sua disposição para dar; somos nós que limitamos a nossa disposição para receber... Esta é uma mudança na qual nós, em vez de tentar fazer alguma coisa acontecer, passamos a permitir que o bem que está acontecendo em toda parte no universo aconteça por meio de nós. A intencionalidade é transformada em disponibilidade."

A maneira mais segura de manifestarmos essa disponibilidade é nos voltarmos para os espaços tranqüilos da percepção, onde a vontade divina é mais facilmente localizada. "Diante da mente que está tranqüila", disse o sábio taoísta Lao-Tsé, "todo o universo se rende." Você poderia fazer isso regularmente durante a oração ou a meditação, mas também poderá fazê-lo em qualquer ocasião em que essa necessidade surgir. Susan Quinn, consultora de desenvolvimento organizacional em Los Angeles, dirige seminários sobre solução de conflitos. Antes de começar uma sessão, e *durante* a sessão, se ela se vê em luta consigo mesma, ela procura um lugar sossegado onde possa se sentar, respira profundamente algumas vezes e "evoca a presença de Deus". Ela não pede coisa alguma. Ela não faz perguntas específicas. "Eu abro um espaço para a receptividade", diz Quinn, autora de *The Deepest Spiritual Life* (A Mais Profunda Vida Espiritual). "Ela é uma mudança na consciência, um meio ligação, e isso muda toda a dinâmica. Deus chega no silêncio."

Paz na Terra (Assim Como no Céu)

O tempo do lobo solitário acabou. Reúnam-se.
Nós somos aqueles pelos quais estivemos esperando.

TOMAS BANEYA, ANCIÃO HOPI

Em *Alguém Lá em Cima Gosta de Mim* (*Oh, God*), George Burns, como Deus, diz ao personagem John Denver: "Eu dei a você um mundo e tudo o que há nele. O resto, isto é, fazê-lo trabalhar, é com você."

"Mas nós precisamos de ajuda", diz Denver.

"É por isso que eu dei vocês uns aos outros."

Num nível, a paz com Deus revela a terrível verdade segundo a qual o universo é perfeito do jeito que ele é. Algumas pessoas pensam que isso significa que nós não temos de "salvar" o mundo, nem de tentar consertar as coisas que nós percebemos que são problemas porque, da perspectiva de Deus, elas podem não ser, em absoluto, problema algum. De acordo com esse ponto de vista, o desprendimento com relação às mágoas e ansiedades da "vida real", obtido sem julgamentos, é considerado mais valioso do que os compromissos sociais. O único dever de um aspirante espiritual é conseguir a realização do Eu. Esse empreendimento, por si só, é considerado uma maneira de curar o mundo, pois a paz das pessoas despertas se espalha não só por meio de atos de bondade, mas também pela pulsação que se irradia, como ondas de rádio, por meio da oração, da meditação e das puras emanações da alma.

Outras pessoas sentem que os espiritualmente evoluídos têm uma responsabilidade moral especial, um chamado por uma cidadania mais elevada. Por exemplo, há o conceito hebraico, profundamente arraigado na tradição judeu-cristã, do *tikkun olam*: repartir o mundo. Afirma-se que Deus deixou um pedaço do mundo inacabado, de modo que os seres humanos pudessem completar o trabalho, como uma mãe que monta apenas uma parte de um quebra-cabeça, de modo que o filho possa aprender com o desafio de completá-lo. Ao longo do tempo, esse desafio foi assumido por ativistas espiritualmente motivados, pertencentes a todas as tradições, os quais sentem a responsabilidade sagrada de tornar este planeta um lugar mais hospitaleiro e de contribuir para o grande sonho da humanidade, o sonho da paz sobre a Terra.

Claramente, muito poucos dentre nós são chamados para a renúncia. O restante de nós é deixado a contemplar o fato inegável de que, independentemente do estado de consciência em que nos encontramos, ou de quão perto estamos de fazer as pazes com Deus, nós precisamos, como dizem os zen-budistas, cortar lenha e carregar água. Conforme nós as cortamos e carregamos, nós temos de fazer escolhas. E essas escolhas enviam ondulações através do universo, alterando o mundo para pior ou para melhor. Uma vez que já que mudamos o mundo com cada ação que realizamos, por que não fazê-lo com a intenção mais elevada? Por que não fazer escolhas que curam, que promovem a bondade e o bem-estar, que minimizam o sofrimento, que tornam mais fácil para as pessoas amar, rir, desfrutar de abundância material e de tesouros espirituais, realizar o seu pleno potencial e fazer as pazes com Deus?

Parece certo que as velhas maneiras de abordar os nossos problemas coletivos — ação política, engenharia social e ajustes tecnológicos — não são suficientes para se lidar com as questões bem conhecidas com que o planeta se defronta atualmente. Elas não podem evitar as crises que assomam, como o terrorismo, o aquecimento global e a poluição em escala mundial, e elas não querem acabar com as antigas, como a pobreza, a fome e as guerras incessantes. Simplesmente, não é razoável esperar muito das soluções que se tenta adotar, e que surgem da mesma consciência limitada que, em primeiro lugar, nos colocou nessa confusão. Enquanto continuarmos a utilizar uma pequena fração do potencial do nosso cérebro; enquanto formos mesquinhos no que se refere à compaixão, à generosidade e à justiça; enquanto nós nos vermos como isolados uns dos outros — e não como partes uns dos outros —, do nosso ambiente natural e de Deus, continuaremos a criar mais problemas do que a resolvê-los. Não podemos depender de peritos e de instituições; eles são apenas porta-vozes do cérebro coletivo do qual cada ser humano é um neurônio. "Os lares são constituídos por indivíduos", diz o iogue Maharishi Mahesh. "Lojas, navios, fazendas e fábricas são equipados com indivíduos. A harmonia externa e a paz de toda a raça humana são alicerçadas na harmonia interior e na paz de cada indivíduo." É por isso que aqueles que despertam para a paz de Deus suportam grandes responsabilidades.

Seja a Mudança que Você Quer Ver

Pelos seus frutos os conhecereis.

Mateus 7:20

Desfazer os danos que nós temos infligido uns aos outros ao longo dos séculos começa com cada um de nós escolhendo o bom, o amável e o compassivo a cada passo — como Mahatma Gandhi se expressou numa frase famosa, *seja* a mudança que você quer ver. Cada vez que nós refutamos o ódio com o amor, o medo com a coragem, o egoísmo com a generosidade, o desespero com a esperança, a crueldade com a benevolência, nós desferimos um golpe contra as forças da escuridão. Mas há também preocupações coletivas que precisam ser abordadas diretamente, se nós queremos evoluir de uma era de dominação e submissão para uma era de soberania e cooperação. Se o intento divino é que todas as criaturas de Deus vivam em paz e harmonia sobre este pequeno mármore azul e verde no imenso universo negro, cada um de nós precisa fazer o que puder para mostrar o caminho, pela palavra, pelo exemplo e pela ação.

Os frutos de nossas ações nasceram das sementes da percepção. Cada um de nós tem um círculo de preocupações no qual mantemos as pessoas e os lugares que achamos que são extensões de nós mesmos — o "nós". Infelizmente, nós tendemos a definir o "nós" sob condições extremamente estreitas. Incluímos aqueles que se parecem conosco, ou que acreditam naquilo que nós acreditamos ou que vivem na circunscrita área que chamamos de lar. Para aqueles que estão dentro do nosso círculo nós não fazemos o mal; nós oferecemos partilha, cooperação e ajuda; nós tratamos o "nós" como trataríamos a nós mesmos. Quanto àqueles que estão fora do círculo, nós os ignoramos, competimos com eles, defendemo-nos deles e às vezes os atacamos. Porém, enquanto nós agirmos como pequenos barcos que flutuam num oceano de indiferença, a vida no planeta continuará precária. É imperativo, portanto, que despertemos coletivamente para a verdade, que surge naturalmente quando uma pessoa se volta para o seu interior e se liga com o Divino: somos todos colegas de quarto, coabitando num universo de totalidade não-rompida. Só então abraçaremos todos os seres e todas as coisas como "nós".

É uma antiga visão, uma eterna visão, mas uma visão que permaneceu, em sua maior parte, como um conceito facilmente ignorado, e não como uma verdade viva. Agora, neste momento decisivo da evolução humana, quando nós vacilamos no limiar entre uma idade de ouro e a extinção da nossa espécie, nós temos mais constatações do que as perenes inspirações dos visionários para nos lembrar da nossa Unicidade. Nós também temos corroboração científica. A ciência tem descascado progressivamente a cebola da criação, explorando as profundezas da matéria para ver o que está subjacente às formas e texturas da existência exterior. A cada passo, uma unidade maior tem sido revelada. Nenhum lugar foi deixado para se ir, exceto a suprema União que os cientistas do espírito sempre perceberam. Algum dia, talvez, teremos uma equação matemática para isso. Mas agora nós sabemos o bastante para afirmar inequivocamente que tudo está interligado, que nós todos somos partes uns dos outros, e que tudo o que cada um de nós faz afeta o restante do planeta. Nós também somos abençoados com tecnologias de comunicação e de transporte que encolhem o globo e reúnem mente e corpo por vias que iluminam a unidade de nossa diversificada espécie. E, mais do que tudo, temos as tecnologias *espirituais* para tornar a Unicidade uma realidade consciente e não apenas uma idéia abstrata, e para tornar a bondade e a compaixão uma experiência sentida e não apenas uma nobre aspiração. Quanto mais "eu sou Isso, tu és Isso, tudo isto é Isso" torna-se uma verdade viva, mais o nosso círculo de afinidades se expande. Em vez de um mundo do tipo Você-*ou*-Eu, ele se torna um mundo do tipo Você-e-Eu.

Todos Filhos de Deus

O mundo não nos foi deixado pelos nossos pais.
Ele nos foi emprestado pelos nossos filhos.

Provérbio Africano

Roberta Forem, uma professora Montessori de Ventura, na Califórnia, testemunhou a seguinte cena em sua sala de aula numa Sexta-Feira da Paixão de manhã. Três crianças de quatro anos de idade estavam aconchegadas a um canto, brincando silenciosamente com blocos de construção. "Vocês vão à igreja hoje?" perguntou o menino cristão. "Hoje é o dia em que eles mataram Deus."

"Ele não era Deus", protestou o menino judeu. "Ele só disse que era, e você não deve dizer isso."

"Ele era o filho de Deus", insistiu o primeiro menino.

O menino judeu levantou a voz: "Você não deve dizer isso."

O terceiro menino, filho de imigrantes da Índia, tinha ouvido a discussão, e parecia um tanto confuso. "Mas Deus está em nosso coração", disse ele. "Somos *todos* filhos de Deus."

Os outros dois pensaram nisso por alguns segundos, e em seguida todos os três recomeçaram a brincar como se o assunto religião nunca tivesse surgido.

Não seria ótimo se as coisas fossem fáceis assim para os adultos?

A moral dessa história não é a respeito das respectivas religiões das crianças. É a respeito de duas maneiras diferentes de entender o nosso relacionamento com Deus. Uma dessas maneiras focaliza as diferenças entre os sistemas de crença, discutindo a respeito dos seus respectivos méritos e defendendo aquele que ela favorece. A outra maneira focaliza a nossa comunidade e a essência da experiência espiritual. Uma delas divide, a outra une. Se você pensar nas religiões como os raios de uma roda que se irradiam para fora a partir do numinoso cubo central da Fonte Sagrada, então a visão centralizada na crença olha no nível da periferia, onde as distâncias entre os raios são grandes. A visão centralizada na experiência localiza-se mais perto do cubo, onde os raios convergem e as suas diferenças se desvanecem.

Num mundo que clama por uma visão unificadora, as religiões deveriam estar na vanguarda, reunindo-nos a todos como filhos de Deus. Infelizmente, com muita freqüência, elas têm feito o oposto. Há trezentos anos, Jonathan Swift disse: "Temos religião suficiente para nos fazer odiar, mas não temos religião suficiente para fazer com que amemos uns aos outros." Isso continua igual. As religiões se extraviam mais e mais, afastando-se do cubo central, e mais e mais umas se afastam das outras na borda externa da roda do espírito. Elas se deixam usar para justificar todo tipo de preconceito e de opressão, jogando irmão contra irmão e irmã contra irmã, como é exemplificado pela torturada história de Jerusalém — literalmente, Cidade da Paz — onde os filhos de Abraão se degladiam a porrete durante séculos. É como se nenhum judeu jamais orasse: "Naquilo que nós compartilhamos, deixe-nos ver a prece comum da humanidade. Naquilo em que nós diferimos, deixe-nos admirar a liberdade da humanidade"; e nenhum muçulmano jamais orasse: "Ó Deus! Torna bom o que está entre nós, une os nossos corações e guia-nos para caminhos de paz."

A história da inimizade e da violência entre as religiões é talvez a característica mais triste da saga humana. Uma coisa é os seres humanos lutarem por terra ou água ou acesso ao alimento, ou odiarem uns aos outros devido a atos de crueldade e ganância. Mas lutar a respeito de Deus, cuja natureza é amor? Tomar uma postura de superioridade em nome daquilo que deveria evocar humildade? Opor uma forma de culto contra outra quando todos nós deveríamos nos ajoelhar juntos? Nada poderia ser mais contrário ao espírito das pessoas sagradas, cujas revelações deram nascimento e nutriram as religiões do mundo, do que a visão de homens arrogantes brigando a respeito de qual Deus ou escritura ou preceito é melhor. Isso é mais do que uma desonra; é uma desgraça.

Se temos de fazer as pazes com Deus coletivamente, precisamos fazer as pazes com o Deus de *todos*, e não apenas com o Deus que nós imaginamos que esteja observando o nosso clube exclusivo. O desafio que se apresenta aos líderes religiosos nesta época de crise global é crescer para fora das suas fronteiras chauvinistas — não apenas tolerar outras religiões, mas também respeitá-las e, ainda mais, celebrá-las, estimá-las e, humildemente, ouvir sua sabedoria. As religiões têm mais a aprender umas com as outras do que a temer umas às outras. É tempo de o clero de todas as crenças dirigir a sua energia não apenas para a preservação das suas instituições e do seu poder, não para converter e persuadir e proclamar "o único caminho verdadeiro", mas para chamar a atenção para a nossa unicidade e a nossa interdependência, e ativar a centelha da divindade em cada alma humana. "Nós precisamos de uma espiritualidade que promova a unidade da família humana", diz o Irmão Wayne Teasdale, "e não de uma que continua a nos dividir ou que mantenha velhos antagonismos."

Há sinais bem-vindos de progresso nas relações entre as religiões, no movimento entre crenças, nas tentativas, empreendidas por vários líderes, para sanar antigas animosidades, na redescoberta das raízes místicas de cada tradição, bem como em outros esforços, grandes e pequenos. Mas o impulso maior para a mudança virá dos milhões de pessoas como você, que estão sentindo diretamente a paz de Deus e, por meio disso, sabendo — e não apenas acreditando, não apenas entendendo, mas *sabendo* — que os raios de todas as religiões se fundem no cubo da roda da união divina. Aqueles que abraçam essa verdade podem preparar o caminho para um despertar espiritual coletivo, equiparando-se ao menino da classe Montessori e proclamando, em gritos e sussurros, em grandes façanhas e nas ações de cada dia: "Mas Deus está em nosso coração. Somos *todos* filhos de Deus."

Que Haja Paz na Terra, e que essa Paz Comece Comigo

Onde não há visão, o povo perece.

Provérbios 29:18

Qual é a sua visão para o mundo? Como você pode ajudar a realizá-la na sua esfera de influência?

Há muitas pessoas que dizem que nós estamos entrando em uma nova era, uma era na qual o modo como nós olharemos o mundo e nos relacionaremos uns com os outros levará a um paradigma mais avançado. Cooperaremos em vez de competir, nos uniremos em vez de nos separar, daremos poder em vez de dominar.

As forças da ignorância e da ilusão serão substituídas pela sabedoria e pela paz. Os valores espirituais e humanistas terão precedência sobre os impulsos materialistas e hedonistas que têm explorado, assaltado e saqueado o nosso mundo durante séculos, poluindo a terra, o ar e o mar, transformando o solo fértil em desertos, dizimando recifes de coral e florestas tropicais, e causando sofrimento humano imensurável. O faminto será alimentado, o pobre será exaltado, o oprimido obterá igualdade e, nas imortais palavras de Isaías, "transformaremos as nossas espadas em arados e as nossas lanças em podadeiras, e nação não levantará espada contra nação, ou não aprenderá mais a guerrear".

Alguns dizem que essa evolução global é tão inevitável quanto a primavera. Há, com certeza, sinais de que uma época de âmbito planetário, de transcendência e de transformação está sobre nós. Nós estamos de pé, na iminência do maior salto da consciência coletiva que o mundo já viu, global em seu alcance e cósmico em suas implicações. Seria animador acreditar que isso está preordenado. No entanto, seria mais realista acreditar que isto é *possível*, e que a transformação só virá a ser desfrutada se nós empreendermos ações efetivas para realizá-la. Certamente, as ferramentas estão no lugar. O conhecimento está no lugar. Mas será que nós temos a vontade? Será que temos a percepção? Será que temos a força de espírito?

A Evolução Consciente de Deus

Dia virá em que, depois de usar a força do vento, das ondas e da marés, dirigiremos a força do amor para Deus. E nesse dia, pela segunda vez na história do mundo, o homem descobrirá o fogo.

PIERRE TEILHARD DE CHARDIN

Este livro foi terminado na época que se seguiu ao ataque terrorista ao World Trade Center e ao Pentágono. O horror tornou dolorosamente claro como é urgente para as pessoas e a civilização como um todo fazer as pazes com Deus — e, por extensão, fazer as pazes uns com os outros, porque nós estamos em Deus e Deus está em nós. Nunca antes as questões aqui abordadas pareceram tão vitais. Como sempre tem ocorrido em situações traumáticas e trágicas, irromperam dúvidas a respeito de Deus, sentimentos de ira contra Deus e sentimentos de isolamento com relação a Deus, enquanto, ao mesmo tempo, os corações se voltaram para Deus pedindo consolo, orientação e amparo. As questões candentes que permanecem como os títulos dos nossos capítulos — "Por que, Deus, por quê?",

"Onde estás, Deus?" e "Como Posso Servi-lo, Deus?", etc. — trovejavam vindas de uma humanidade chocada e aflita. A ferida aberta no nosso corpo coletivo, causada por uma velha e envenenada ferida em nossa alma coletiva, tornou dolorosamente óbvio o quanto é urgente conseguir o despertar espiritual que, por si só, pode produzir a verdadeira paz universal.

Estamos evoluindo porque precisamos evoluir. Mas precisamos evoluir conscientemente. Nós não podemos aceitar uma paz definida simplesmente como uma ausência de guerra. Não quando a Terra clama pela paz de Deus. Não quando ela grita com o ardor cumulativo da angústia da humanidade. Exatamente *de que modo* um despertar espiritual poderia atuar na esfera publica é algo impossível de se prever. Mas podemos dizer com segurança que ela será aquilo que nós fizermos que ela seja, à medida que cada um de nós ofereça a sua contribuição única para as peças do quebra-cabeça que Deus nos deixou para que nós o completemos. As pessoas religiosas têm de tomar algumas decisões. O que está mais perto da vontade de Deus: cavar mais buracos na terra e incendiar mais recursos da natureza para podermos dirigir SUVs maiores ou usar a nossa engenhosidade concedida por Deus para conservar o ar, a água e a terra não poluídos para o futuro? Deus gostaria que violássemos a terra ou que a protegêssemos? (Para responder a essa pergunta, simplesmente imagine por um momento que o planeta é uma célula viva no corpo de Deus.) Até que ponto Deus desejaria que nós, com a nossa limitada percepção e a nossa visão de curto alcance, falsifiquemos a pedra de Rosetta do código genético de Deus? Deus desejaria que procurássemos pelo número um ou que cuidássemos do mais ínfimo dentre nós? Deus gostaria que criássemos crianças para serem consumidoras ou para serem contribuidoras?

Está no espírito de fazer as pazes com Deus travar guerras santas em nome de Deus? Proclamar que os mísseis e as tropas de uma nação têm Deus ao seu lado? Ou é mais sagrado perguntar: "O que devemos fazer para ficarmos ao lado de Deus?" O que estaria mais perto dos desígnios de Deus: que indivíduos, grupos e nações imponham a sua vontade sobre os outros por meio de coerção, ou que eles cooperem, negociem e se acomodem? O que Deus preferiria: que aviltássemos, odiássemos e condenássemos ao inferno aqueles que cultuam diferentemente de nós, ou que nos regozijássemos com a variedade de nomes e formas que os seres humanos têm atribuído ao Divino? Afirmar o que nós esperamos é obvio, *todos nós somos filhos de um único Deus* — não um Deus cristão, um Deus judeu, um Deus muçulmano ou um Deus hinduísta. Não há pagãos. Não há infiéis. Há somente Deus, sem forma, sem nome e Absoluto, uma Essência sagrada e singular à qual os seres humanos têm associado várias imagens e com base na qual os seres humanos têm de pôr um fim à ilusão da separação.

O trabalho interior do despertar do Eu e o trabalho exterior de servir a um objetivo mais elevado não são incompatíveis. Todavia, devido ao fato de que você tem de começar a fazer as pazes com você mesmo e com Deus, você está automaticamente convocado para o serviço de apostar na paz. Você está ligando a luz, enquanto que no passado as almas mais bem-intencionadas batalharam valentemente contra as trevas. E, como Swami Beyondananda inteligentemente afirma: "Uma pequena paz aqui, uma pequena paz ali, e logo logo todas as pazes se ajustarão umas às outras para compor uma grande paz em todos os lugares." O que mais você pode fazer? Fazer as pazes com Deus traz consigo as suas próprias tarefas. Como a luz descompromissada do Divino põe em alto relevo as sórdidas conseqüências da ignorância, soluções para problemas aparentemente insolúveis se farão conhecer.

Você faz uma diferença. E o que quer que você resolva fazer, independentemente de quão aparentemente pequeno isso seja, é apresentado ao mundo como uma oferenda de paz no altar de Deus, e será uma enorme contribuição. "Sirva ao Senhor com alegria", como é dito nos Salmos. Deixe que o seu serviço flua alegremente do seu coração, tanto com o poder invencível da força de Deus como com a força curativa do amor da Deusa. "Quando você está inspirado por algum grande propósito, algum projeto extraordinário, todos os seus pensamentos quebram os seus laços", ensinava Patanjali, o grande sábio da ioga, há 2.400 anos. "A sua mente transcende limitações, a sua consciência se expande em todas as direções, e você se encontra em um mundo novo, grande e maravilhoso. Forças, faculdades e talentos adormecidos tornam-se vivos e você descobre que você é, de longe, uma pessoa maior do que você jamais sonhou que era."

Agora é o "algum dia" dos nossos mitos, uma época para realizar o antigo sonho da humanidade da paz do Céu sobre a Terra. Um a um, estamos despertando; todos em um, despertamos o planeta. Nós, seres humanos, moldados a partir da poeira das estrelas há milhões de anos-luz, somos capazes de nos lembrar do nosso lar original na paz de Deus e de voltar a habitá-lo. Com essa percepção, podemos co-criar com Deus um mundo que é plenamente digno da nossa estatura como seres espirituais em forma humana — uma civilização que envia a paz divina para todas as almas, convertendo o *Homo sapiens* em *Homo universalis*, a raça humana na Graça humana.

Agradecimentos

Embora a tarefa de escrever um livro seja uma aventura profundamente solitária, ela também é colaborativa. Queremos expressar a nossa mais profunda gratidão a muitas pessoas cujas assistência e apoio foram indispensáveis em cada etapa deste livro. Antes de mais nada, embora isso possa parecer estranho, gostaríamos de agradecer um ao outro por uma colaboração alegre da mais alta ordem. Esta foi uma verdadeira parceria na qual dois conjuntos de habilidades, experiências e conhecimento se fundiram para criar uma autoria maior do que a soma das suas partes. Agradecimentos especiais vão para os nossos respectivos agentes, Joelle Delbourgo e Lynn Franklin, pelo seu longo e contínuo apoio e orientação; para Jeremy Tarcher, Mitch Horowitz, Joel Fotinos e Ken Siman pelo seu compromisso com a mais alta visão para este livro e pela sua sábia assistência em nos ajudar a torná-la realidade.

Agradecemos de coração às muitas pessoas que foram bondosas o bastante para nos contar suas histórias, partilhar conosco da sua perícia ou simplesmente conversar conosco, formal e informalmente, a respeito de assuntos pertinentes ao livro. Nós as listamos em ordem alfabética: Brad Adams, Robert Alderman, Alarik Aranander, Swami Atmaswarupananda, Michael Beckwith, Brent BecVar, Rustin Berlow, Ed Bernstein, Dana Brecke, Russ Brue, Mary Bullock, Bob Burchman, Michael Peter Cain, Ray Chambers, Beth Nielson Chapman, Bobby Colomby, Rabino Laurie Coskey, Tom Cunningham, Dalai Lama, Keila DeMorais, Jimmy Dezen, Larry Dossey, Wayne Dossick, Dean Draznin, Ken Druck, Carol Duncan, Carol Edlic, James Finley, Judy Firestone, Rev. Donna Fletcher, Jack Forem, Roberta Forem, Robert Forman, Franklin Fullerman, B. J. Gallagher, Maria Gallo, Swami

Gopalanand Saraswati, Chris Greene, Rev. William Grimbol, Robert Grimes, Christel Hammad, Rachel Harris, Steven Hart, Helen Hays, Betsy Hoffman, Roger Housden, Suzie Hurley, Liza Ingrasci, Raz Ingrasci, Daniel Jackson, Jerry Jarvis, Susan Jorgensen, Hillary Kapan, David Kaplan, Earl Kaplan, Gurutej Kaur, Ellen Kenwood, Diana Kruschke, Doug Kruschke, Rev. Larry Lea, Norman Lear, Stanley Lewis, Kay Lindahl, Kate Lutz, Franz Metcalf, Catherine Miller, Tandie Mitchell-Firemoon, Sonny Murray, Valerie Norris, Craig Pearson, Nancy Peddle, Paul Perrotta, Jach Pursel, Susan Quinn, Kikanza Nuri Robins, Kevin Ryerson, Ayman Sawaf, Carol Schaefer, Ann Scheppach, Neil Schuitevoerder, John Selby, Shanti-Mayi, Nancy Shaw, Chana Silverman, Kathy Solomon, Jim Strohecker, Laura Van Waardenburg, Wendy Ward, Bill Woodring, Majken Youngquist e Connie Zweig.

É com reverente gratidão que agradecemos a todos os mestres espirituais através dos tempos cuja sabedoria não apenas imprimiu seus traços essenciais neste livro como também modelou nossa vida e nos inspirou a nos dirigirmos para o nosso mais alto destino espiritual. Os iluminados são em número demasiado grande para serem mencionados. No entanto, oferecemos a nossa profunda gratidão ao iogue Maharishi Mahesh, que mostrou a cada um de nós como viver regularmente a paz que transcende o entendimento.

Numa nota pessoal, Harold gostaria de transmitir sua profunda e sincera apreciação a Maria Tonello por seu irradiante amor e por seu inteligente, preciso e criativo *feedback* sobre o livro, desde o seu princípio e durante os seus vários estágios de desenvolvimento. Agradecimentos especiais a todos os meus clientes, com os quais tive o privilégio de aprender e crescer em Del Mar, na Califórnia. Sinceras apreciações à minha filha Shazara e aos meus afilhados Damien e Michael, que tanto me ensinaram. Todo amor e gratidão à minha mãe Fridl, ao meu falecido pai Max, à minha irmã Nora e ao meu cunhado Gus.

Phil quer expressar sua profunda e duradoura gratidão a Lori Deutsch. Suas infusões diárias de inteligência e bom senso, junto com sua irrestrita preocupação, apoio e amor, foram indispensáveis em cada estágio deste projeto. Quer igualmente agradecer aos compatriotas espirituais da Forge Guild e aos colegas da Interfaith, cuja dedicação à verdade de todos os caminhos inspirou-me e informou-me sob todos os aspectos. E agradecimentos especiais aos meus falecidos pais, Archie e Ann, pela sua bondade essencial e pelo seu firme agnosticismo, que alimentou, sem o saber, o meu impulso para conhecer o incognoscível.

Finalmente, nossos profundos agradecimentos a vocês, nossos leitores, pelo privilégio de servir ao seu crescimento psicoespiritual.

Leitura Recomendada

Bloomfield, Harold, M.D. *Healing Anxiety Naturally* (Nova York: HarperPerennial, 1998).

———, Candice Carter, Susanna Palomares, Linda Williams e Bradley Winch. *Chicken Soup for the Peace Lover's Soul* (Deerfield Beach, FL: Health Communications, Inc., 2002).

———, Melba Colgrove e Peter McWilliams. *How to Survive the Loss of a Love* (Allen Park, Michigan: Mary Books, 2001).

———, e Peter McWilliams. *How to Heal Depression* (Allen Park, Michigan: Mary Books, 2001).

——— com Leonard Feldes. *Making Peace with Your Parents* (Nova York: Ballantine, 1983).

——— com Philip Goldberg. *Making Peace with Your Past* (Nova York: HarperCollins, 2000).

Chögyam Trungpa. *Cutting Through Spiritual Materialism* (Boston: Shambhala, 1973) [*Além do Materialismo Espiritual*, publicado pela Editora Cultrix, São Paulo, 1987].

Chopra, Deepak. *How to Know God* (Nova York: Crown, 2000).

Concept Synergy. *Making Peace with Your Shadow* (fitas de áudio e livro de instruções) (Orlando, FL: Autor, 1997).

———. *Ending Shame* (fitas de áudio I-IV) (Orlando, FL: Autor, 1997).

Cooper, David A. *God Is a Verb* (Nova York: Riverhead Books, 1997).

Dalai Lama. *Ethics for the New Millennium* (Nova York: Riverhead Books, 1999).

Dosick, Wayne. *When Life Hurts* (San Francisco: HarperSanFrancisco, 1998).

Dossey, Larry, M.D. *Healing Words* (Nova York: HarperCollins, 1993).

Fellowship in Prayer. *The Gift of Prayer: A Treasury of Personal Prayer from the World's Spiritual Traditions* (Nova York: Continuum, 1995).

Ferucci, Piero, Ph.D. *Inevitable Grace* (Nova York: Tarcher/Putnam, 1990).

Finley, James. *The Contemplative Heart* (Notre Dame, Indiana: Soren Books, 2000).

Forman, Robert K. C. *Meister Eckhart: Mystic as Theologian* (Rockport, Massachusetts: Element, 1991).

Fowler, James W. *Stages of Faith* (Nova York: HarperCollins, 1981).

Fromm, Erich. *The Art of Loving* (Nova York: HarperPerennial, 1956).

Goldberg, Philip. *The Intuitive Edge* (Nova York: Tarcher/Putnam, 1983).

———. *Real Life on the Spiritual Path* (Emmaus, PA: Rodale Books, 2002).

Goulston, Mark, M.D., e Philip Goldberg. *Get Out of Your Own Way* (Nova York: Perigee/Putnam, 1996).

Harvey, Andrew. *The Direct Path* (Nova York: Broadway Books, 2000).

Housden, Roger. *Ten Poems to Change Your Life* (Nova York: Harmony, 2001).

Hubbard, Barbara Marx. *Conscious Evolution* (Novato, CA: New World Library, 1998).

Huxley, Aldous. *The Perennial Philosophy* (Nova York: Harper & Row, 1944) [*A Filosofia Perene*, publicado pela Editora Cultrix, São Paulo, 1991].

Khan, Pir Vilayat Inayat. *Awakening: A Sufi Experience* (Nova York: Tarcher/Putnam, 1999).

Koenig, Harold G., Michael E. McCullough e David B. Larson. *Handbook of Religion and Health* (Nova York: Oxford, 2001).

Kornfield, Jack. *A Path With Heart* (Nova York: Bantam Books, 1993) [*Um Caminho com o Coração*, publicado pela Editora Cultrix, São Paulo, 1995].

Maharishi Mahesh Yogi. *Bhagavad Gita* (Nova York: Penguin, 1967).

———. *The Science of Being and Art of Living* (Nova York: Penguin, 1966).

McLennan, Rev. Scotty. *Finding Your Religion* (San Francisco: HarperSanFrancisco, 1999).

Merton, Thomas. *New Seeds of Contemplation* (Nova York: New Direction, 1961).

Mitchell, Stephen. *The Book of Job* (Berkeley: North Point Press, 1987).

———. *The Enlightened Mind: An Anthology of Sacred Prose* (Nova York: HarperPerennial, 1993).

Moody, Harry R. e David Carroll. *The Five Stages of the Soul.* (Nova York: Random House, 1997).

Newberg, Andrew, Eugene D'Aquili e Vincent Rause. *Why God Won't Go Away: Brain Science & the Biology of Belief* (Nova York: Ballantine, 2001).

Schuller, Robert H. *My Journey* (San Francisco: HarperSanFrancisco, 2001).

Schulweis, Harold M. *For Those Who Can't Believe: Overcoming the Obstacles to Faith* (Nova York: HarperCollins, 1994).

Sluyter, Dean. *The Zen Commandments* (Nova York: Tarcher/Putnam, 2000).

Smith, Huston. *The World's Religions* (San Francisco: HarperSanFrancisco, 1993) [*As Religiões do Mundo*, publicado pela Editora Cultrix São Paulo, 2001].

Smoley, Richard e Kinney, Jay. *Hidden Wisdom: A Guide to the Western Inner Traditions* (Nova York: Penguin Arkana, 1999).

Sogyal Rinpoche. *The Tibetan Book of Living and Dying* (San Francisco: HarperSanFrancisco, 1993).

Taylor, Brian C. *Setting the Gospel Free: Experiential Faith and Contemplative Practice* (Nova York: Continuum, 1996).

Thich Nhat Hanh. *Living Buddha, Living Christ* (Nova York: Riverhead Books, 1995).

Tutu, Desmond M. *No Future Without Forgiveness* (Nova York: Doubleday, 1999).

Vardey, Lucinda, org. *God in All Worlds* (Nova York: Pantheon Books, 1995).

Wilber, Ken. *Sex, Ecology, Spirituality: The Spirit of Evolution* (Boston: Shambhala, 1995).

Yogananda, Paramahansa. *Autobiography of a Yogi* (Los Angeles: Self-Realization Fellowship, 1996)

Walsch, Neale Donald. *Conversations with God* (Nova York: Putnam, 1996).

Zweig, Connie e Steve Wolf. *Romancing the Shadow* (Nova York: Ballantine, 1997).

Sobre os Autores

Ao longo dos últimos 30 anos, Harold H. Bloomfield, M.D., tem-se dedicado a escrever sobre iluminação espiritual e temas associados às emoções como mestre renomado, agente de cura e autor de *best-sellers.* O Dr. Bloomfield escreveu 18 livros, que venderam mais de 8 milhões e meio de cópias e foram traduzidos em 34 idiomas. Dois dos seus *best-sellers,* de acordo com o *New York Times, Making Peace with Your Parents* (Fazendo as Pazes com Seus Pais) e *Making Peace with Yourself* (Fazendo as Pazes com Você Mesmo), introduziram para milhões de pessoas a atividade de fazer as pazes nos âmbitos pessoal e familiar. *How to Survive the Loss of a Love* (Como Sobreviver à Perda de um Amor) e *How to Heal Depression* (Como Curar a Depressão), tornaram-se clássicos de auto-ajuda. *TM: Discovering Inner Energy and Overcoming Stress* (MT: Descobrindo a Energia Interior e Superando o *Stress*) ajudaram a introduzir a meditação na América do Norte. *Hypericum (St. John's Wort) & Depression,* seu mais recente *best-seller,* de acordo com o *New York Times,* e *Healing Anxiety Naturally* (Curando a Ansiedade de Maneira Natural) ajudaram a catalisar a revolução da medicina herbácea (para informações sobre ervas, telefone para 800-255-8332).

O Dr. Bloomfield tem aparecido com regularidade na televisão nacional, inclusive nos seguintes programas da ABC: *20/20, Oprah, Good Morning America, Larry King Live* e *CNN.* Seu trabalho foi tratado com destaque nos periódicos *Time, Newsweek, U.S. News & World Report, People, Forbes, Cosmopolitan, Ladies' Home Journal, Prevention, USA Today, The New York Times, Los Angeles Times* e várias outras revistas e jornais.

O Dr. Bloomfield recebeu o Book Award (Prêmio de Livro) Theodor Geisel "Best of the Best" (O Melhor dos Melhores) de 1999, o Book of the Year Award (Prêmio Livro do Ano) da *Medical Self-Care Magazine*, o Golden Apple Award (Prêmio Golden Apple) como Outstanding Psychological Educator (Educador Psicológico Proeminente), e o Lifetime Achievement Award (Prêmio Realização Vitalícia) da American Holistic Health Association. São freqüentes as suas conferências em todo o mundo, para as quais leva uma presença amigável, compassiva e inspiradora às suas conferências públicas, encontros profissionais e seminários.

Atualmente aposentado na prática da medicina, o Dr. Bloomfield continua na prática particular como conselheiro espiritual e realizador de atividades de treinamento sobre vida pessoal. Para informações referentes aos serviços profissionais do Dr. Bloomfield, favor telefonar para 858-635-1235, ou contatar o *e-mail* harah@adnc.com, ou visite o seu *web site*: haroldbloomfield.com.

Philip Goldberg, Ph.D., conselheiro espiritual, professor de meditação e Ministro Interfaith ordenado, é autor ou co-autor de 17 livros, que incluem *The Intuitive Edge* (A Margem Intuitiva), que foi chamado de o livro definitivo sobre intuição, *Get Out of Your Own Way* (Saia Fora do Seu Próprio Caminho), *Passion Play*, *Pain Remedies* (Remédios para a Dor), *Making Peace with Your Past* (Fazendo as Pazes com o Seu Passado) e *The 6 Secrets of a Lasting Relationship* (Os Seis Segredos de um Relacionamento Duradouro). Seu próximo livro, *Don't Hurry, Be Happy: Road Signs for the Spiritual Path* (Não se Apresse, Seja Feliz: Placas Sinalizadoras para o Caminho Espiritual), trata dos desafios de integrar uma autêntica espiritualidade à vida cotidiana do mundo moderno. Ele tem feito muitas conferências a respeito de tópicos relacionados com o desenvolvimento humano e a espiritualidade, e tem aparecido em numerosos *talk shows* da televisão e do rádio, inclusive no *Today Show* da NBC. Seu trabalho tem sido destacado em revistas e jornais, inclusive no *Los Angeles Times*, na *Newsweek*, *Prevention*, *Cosmopolitan* e *Ladies' Home Journal*. Como romancista e roteirista cinematográfico, assim como autor de obras de não-ficção, seu primeiro romance, *This Is Next Year* (Este é o Ano Seguinte) atualmente está sendo transformado em filme.

O Dr. Goldberg está no conselho administrativo da Forge Guild of Spiritual Leaders and Teachers, uma associação profissional dedicada a estimular um renascimento da sabedoria espiritual. Mora em Los Angeles, onde, além de escrever, aconselha clientes, dirige grupos de apoio espiritual e orienta seminários. Para mais informações, visite o seu *web site*: www.philipgoldberg.com ou entre em contato com ele em 310-827-8266, ou em philgold@flash.net.

Os leitores poderão visitar os autores *on-line* em www.makingpeacewith god.com.